Tanzdielen und Vergnügungspaläste

Knud Wolffram

Tanzdielen und Vergnügungspaläste

Berliner Nachtleben in den dreißiger und vierziger Jahren.
Von der Friedrichstraße bis Berlin W,
vom Moka Efti bis zum Delphi

EDITION HENTRICH

Umschlagentwurf:
Grischa Meyer

Reihe Deutsche Vergangenheit
Stätten der Geschichte Berlins Bd.78

Gesamtherstellung: Druck- und Verlagsgesellschaft
Rudolf Otto mbH, Berlin

ISBN 3-89468-169-1
4. durchgesehene und ergänzte Auflage 2001
Printed in Germany

Inhalt

Anhang

Max Ackermann, Entwurf für eine Tanzbar (Foto: Hans-Joachim Bartsch)

1. Vorwort

Alte Tanzmusik hat Konjunktur. Wer das Radio einschaltet, abends, wenn die Plätscherwellen verstummt sind und nur noch die Unentwegten vor den Radiogeräten sitzen, der kann sie immer öfter hören, die rauschenden Schellacks aus den zwanziger, dreißiger und vierziger Jahren, die unzähligen Kapellen mit Namen wie Dajos Béla, Oskar Joost oder Kurt Widmann. Bei Sammlerauktionen erzielen Schellackplatten zum Teil schwindelerregende Preise, und auf Schellack-Parties wird wieder zur Musik der alten Scheiben getanzt.
Kaum vorstellbar, daß diese Musik, die heute vielen als eine Kostbarkeit erscheint, einmal reine Gebrauchsmusik war, Musik, die allein in Berlin in Hunderten von Lokalen Abend für Abend zum Tanz oder zur Unterhaltung gespielt wurde. Das war vor 50 oder 60 Jahren. Seit den zwanziger Jahren waren in Berlin Tanzlokale wie Pilze aus dem Boden geschossen, überboten sich gegenseitig an Pracht und Attraktionen und zogen in Scharen ein Publikum an, das – trotz oder vielleicht auch gerade wegen aller politischen und wirtschaftlichen Katastrophen – verrückt war nach Tanz und Zerstreuung, Unterhaltung und Musik.
Was früher ein wesentlicher Teil großstädtischer Alltagskultur war, ist heute nahezu vollständig verschwunden. Nicht nur die Musik hat sich verändert. Auch von den Lokalen

Berliner Lokal-Anzeiger, 1. 12. 1935

hat nicht eines in seiner ursprünglichen Funktion überlebt: Sie wurden im Kriege zerstört, abgerissen, zu Kinos oder Kantinen umgebaut. Gewiß, einige wenige Vertreter dieser Gattung existieren auch heute noch, das *Café Keese*, das *Palais Madame*, das *Café Huthmacher* am Zoo oder die drei übriggebliebenen Ballhäuser im Ostteil Berlins[1]. Doch sie bilden eigentlich nur noch eine anachronistisch anmutende Nische im Vergnügungsleben, und der Kreis derer, die diese Lokale und Ballhäuser besuchen, wird zusehends kleiner. Diskotheken sind an die Stelle der Tanzlokale von einst getreten, die *Femina* und *Delphi*, *Resi* oder *Moka Efti* hießen, und selbst ihre Namen klingen heute, wo Lokale sich *Loft* und *Trash*, *Extasy* und *Tolstefanz* nennen, nur noch rührend antiquiert.

Um so wichtiger erscheint es, daran zu erinnern, welch bedeutende Rolle Tanzlokale einst im großstädtischen Vergnügungsleben – nicht nur Berlins – gespielt haben. Unübersehbar war ihre Zahl; die Gastronomie war schon damals eine Branche mit hoher Fluktuation: Lokale kamen und gingen, lebten unter anderen Namen oder an anderer Stelle weiter. Eine auch nur halbwegs »vollständige« Erfassung erscheint daher ausgeschlossen, nur ein Bruchteil von ihnen kann beschrieben werden, darunter heute noch legendäre ebenso wie schon fast vergessene, hypermoderne wie altmodisch-gemütliche, Stätten bürgerlichen Vergnügens ebenso wie Swingtempel und Szene-Treffpunkte.

Dieses Buch erhebt nicht den Anspruch, »die Geschichte« der Berliner Tanzlokale darzustellen, es will nicht so sehr systematisch beschreiben und analysieren, sondern eher Geschichten erzählen; es ist nicht mehr als der Versuch, wenigstens in Ausschnitten das Bild eines Zustandes zu rekonstruieren, wie er für die dreißiger und vierziger Jahre typisch war.

Postkarte, um 1920

Aber nicht nur die Auswahl der einzelnen Lokale ist begrenzt; bestimmte Kategorien von Tanzlokalen fehlen völlig, etwa die Ausflugslokale, darunter z. B. der berühmte *Blumengarten* in Oberschöneweide, ein Lokal, das nicht nur unter Ausflüglern und besonders Wassersportlern beliebt war, sondern auch bei den Tanzbegeisterten aus allen Teilen der Stadt; hier, im Berliner Osten, an den Ufern der Spree und eigentlich schon »j. w. d.«, konnte man an den Wochenenden die »Crème« der Berliner Tanzkapellen erleben, Kapellen, die sonst nur in den teuren und für viele unerschwinglichen Hotels zum Tanz aufspielten.

Ebenso fehlt hier die Kategorie der First-class-Hotels, deren Tanztees zwar keineswegs volkstümlich, dennoch nicht nur den »Oberen Zehntausend« vorbehalten waren, sondern, wie Eugen Szatmari in seinem Berlin-Führer »Was nicht im Baedeker steht« 1927 anmerkt, seit den zwanziger Jahren geradezu zur »Domäne des Mittelstandes« geworden waren. Die großen Hotels leisteten sich fast alle nur die besten und teuersten Kapellen, angeführt von Marek Weber oder Dajos Béla im Hotel *Adlon* sowie Bernhard Etté oder Barnabas von Géczy im *Esplanade*.

Vor einiger Zeit hat man bei Erdarbeiten vor dem heutigen Kino *Delphi*, früher einem der bedeutendsten und prächtigsten Tanzpaläste, Teile der alten Fassadendekoration – Säulen und Putten – zu Tage gefördert. Fast könnte man sagen: Was noch vor wenigen Jahrzehnten, für die Generation unserer Eltern, zum Alltagsleben gehörte, ist damit bereits zum Gegenstand der Archäologie geworden. Nicht immer mußte gegraben werden, um Vergangenes freizulegen, und doch droht mittlerweile auch die Erinnerung daran verschüttet zu werden.

Bei Durchsicht der Literatur zum Thema stellt man fest: Über Tanzlokale und Tanzkapellen sind nie viel Worte ver-

Hotel *Adlon*. Postkarte, Zeichnung: Conny (Conrad Neubauer)

loren worden, vielleicht, weil sie so selbstverständlich zum Alltag gehörten. Seit Curt Morecks 1931 erschienenem »Standardwerk«, dem »Führer durch das ›lasterhafte‹ Berlin«, ist das Thema ausgesprochen stiefmütterlich behandelt worden. Etliche Berlin-Bücher mit nostalgisch verklärtem Blick auf die Vergangenheit – das war lange Zeit nahezu das einzige, was dem interessierten Leser zur Verfügung stand. Hinzu kam eine Reihe von Künstler-Memoiren, deren Wert als »historische Quellen« verständlicherweise beschränkt ist und die mitunter so manches an Ungenauigkeiten, Halbwahrheiten und Mythen in die Welt setzten oder weiterführten. Die Tatsache etwa, in der Nazizeit Swingmusik gespielt zu haben, wurde so von manchem prominenten Musiker fast zum Widerstandsakt hochstilisiert; dabei gehörte swingende Tanzmusik zum Standardrepertoire jeder Kapelle, die auch nur einigermaßen up to date sein wollte.
An ernsthaften oder gar wissenschaftlich zu nennenden Untersuchungen zu diesem Themenbereich herrscht – im Unterschied zu verwandten Themen wie Kabarett- oder Varietégeschichte – ausgesprochener Mangel. Das Themenfeld Tanzmusik hat man dagegen, ausgehend von einem normativen Kulturbegriff, bisher allenfalls als »Randgebiet« der Jazzgeschichte behandelt, Tanzlokale ausschließlich hinsichtlich ihrer baugeschichtlichen Bedeutung für erwähnenswert befunden. Abgesehen von solchen jazz- und bauhistorischen Arbeiten existiert also nur

Tanz im *Eden*-Dachgarten, Kapelle Oscar Joost, 1938

wenig an soliden Vorarbeiten, auf die zurückgegriffen werden konnte.
Es mußten also andere Quellen herangezogen werden: neben Reiseführern und vereinzelt erschienenen Programm- oder Werbebroschüren mancher Lokale waren das im wesentlichen alte Bau- und Handelsregisterakten sowie zeitgenössische Zeitungen und Zeitschriften. Als besonders ergiebig und nützlich erwies sich unter diesen der wöchentlich erschienene *Berliner Herold*, ein Blatt, das sich intensiv Themen der Berliner Gastronomie und des Vergnügungslebens widmete, mit einer allerdings durchweg zu beobachtenden einseitigen Parteinahme zugunsten der mittelständischen Berliner Geschäftswelt.
Abgesehen davon, daß viele dieser alten Unterlagen durch den Krieg zerstört oder verlorengegangen sind – so existieren beispielsweise nur noch Bruchstücke des Aktenbestandes der Reichsmusikkammer –, sind drei Probleme anzumerken, die mir wichtig erscheinen:
1. In den zeitgenössischen Medien hat das Thema Tanzmusik oder Tanzlokale nie die Beachtung gefunden wie die angrenzenden Bereiche Kabarett, Kleinkunst usw. Entsprechend gering ist die Ausbeute bei der Auswertung von Zeitungen und Zeitschriften.
2. Branchenspezifische Druckwerke, wie z. B. die genannten Programmhefte oder Werbebroschüren, die Zeitschriften »Der Artist« oder »Das Deutsche Podium«, die für die Erforschung ergiebiger wären, sind in den allgemein zugänglichen Bibliotheken und Archiven der Bundesrepublik so gut wie gar nicht vorhanden. Offenbar hat man solche Druckwerke zum Zeitpunkt ihres Erscheinens nicht für beschaffungswürdig erachtet.
3. Entsprechendes Material befindet sich daher zu einem

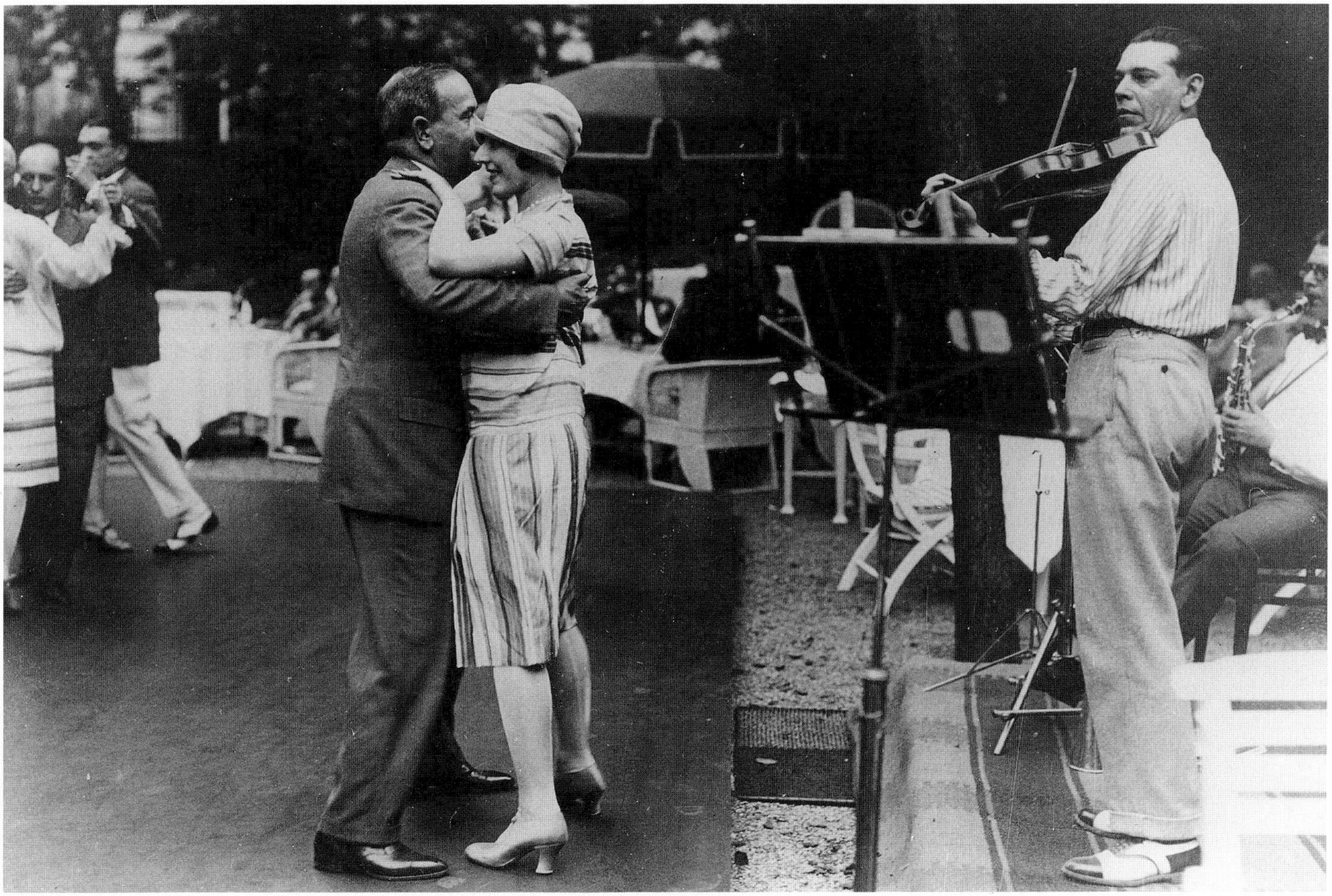

5-Uhr-Tee im Hotel *Esplanade*, 1926

wesentlichen Teil weit verstreut in privaten Händen, im Besitz der Künstler bzw. ihrer Nachkommen oder von Sammlern. Um den Erhalt zu sichern und derlei Material einer wissenschaftlichen Auswertung zur Verfügung zu stellen, wäre es wünschenswert, interessante Privatbestände und Nachlässe – wie im Falle des 1990 verstorbenen Schlagzeugers und Bandleaders Freddie Brocksieper geschehen – in allgemein zugänglichen Archivbestand zu übernehmen und kleinere Sammlungen zumindest öffentlich zu registrieren, um sie so allgemein nutzbar zu machen.
Wichtige Quellen waren aber vor allen Dingen Berichte von Zeitzeugen, zumeist Musikern, denen wesentliche Informationen und Hinweise zu verdanken sind. Ohne an dieser Stelle auf methodische Probleme im Zusammenhang mit Oral History einzugehen, soll aber darauf hingewiesen werden, daß Zeitzeugenberichte, für sich genommen, nur von sehr begrenztem Aussagewert sind. Dennoch sind sie in vielerlei Hinsicht unverzichtbar, gerade für einen Themenbereich wie diesen, für den nur wenig an schriftlichem Material vorliegt. Allen, die als Zeitzeugen mitgewirkt und oft liebevollen Anteil an meiner Arbeit des Suchens und Aufdeckens genommen haben, möchte ich an dieser Stelle ganz herzlich danken. Ohne ihre Mithilfe wäre das Buch nicht zustande gekommen.
Vieles, worum es in diesem Buch geht, mußte ungeklärt bleiben, vor allem aufgrund der schwierigen Materiallage. Dennoch: Dieses Werk soll, um im Bilde der Archäologie zu bleiben, wenigstens Bruchstücke einer fast vergessenen Form großstädtischer Alltagskultur, die Erinnerung an die Berliner Tanzlokale und ihre Geschichte, wieder an die Oberfläche befördern und damit zugleich auch Anregung für andere sein, weiterzugraben und Verschüttetes weiter freizulegen.

Das *Alte Ballhaus* in der Joachimstraße, um 1910

2. Pleiten, Prunk, Pläsierkasernen: Die Blütezeit der Berliner Tanzlokale

Die Blütezeit der Berliner Tanzlokale, das waren die dreißiger und vierziger Jahre. Ausgerechnet Zeiten, die durch Nationalsozialismus und Krieg geprägt, also alles andere als ruhig waren, brachten diese Hochkonjunktur der Tanz- und Vergnügungslokale hervor. Getanzt wurde immer in Berlin; nie zuvor und niemals danach aber gab es eine solche Menge an Lokalen in der Stadt, niemals wieder spielten diese Lokale eine so wichtige Rolle im Alltagsleben wie in den dreißiger und vierziger Jahren.

Natürlich hatte es schon in der Vergangenheit Stätten gegeben, an denen die Berliner das Tanzbein schwingen konnten. Im 19. Jahrhundert waren das zumeist offene Konzert- und Tanzsäle inmitten von Park- und Gartenanlagen, die daneben oft ein ganzes Arsenal an Volksbelustigungen boten wie z. B. »Plätze für Spiele im Freien, Schiess- und Würfelbuden, Kegelbahnen und (...) Schaukeln, Karoussels, Rutschbahnen etc. (...)«[1] Solche Vergnügungsparks lagen zumeist in den damaligen »Randgebieten« Berlins, auf dem Kreuzberg, in der Hasenheide oder am Gesundbrunnen.

Eigentliche großstädtische Tanzlokale, in der Innenstadt gelegen und mit zumeist täglichem Betrieb, kamen erst später vereinzelt auf: »Die Entstehung der Tanz- und Balllokale, in denen sich die Halbwelt Berlins und ihre Verehrer einzufinden pflegen, ist fast durchgehend seit dem Jahre 1848 erfolgt und hängt mit den Veränderungen zusammen, die damals in der polizeilichen Behandlung dieser Sphäre des sozialen Lebens beliebt wurden.«[2] Paradebeispiele dafür waren – neben einigen weiteren – in erster Linie das *Orpheum* in der Alten Jakobstraße sowie das *Ballhaus* in der Joachimstraße, in der Gegend des Scheunenviertels, all dies aber Lokale von recht zweifelhaftem Ruf, und so wurde es eher als ein gutes Zeichen angesehen, »dass dies unvermeidliche grosstädtische Element verhältnismässig kümmerlich auftritt«[3]. Entsprechend findet sich einige Jahre später, in einem Reiseführer aus dem Jahre 1905 der die Bälle bei *Kroll* und im *Wintergarten* betreffende Hinweis: »Letztere werden von Damen der besseren Gesellschaft nicht besucht, ebensowenig die öffentlichen Ballokale, welche meist mit großem Luxus ausgestattet sind.«[4] Den Grund für eine solche Ermahnung spricht Hans Ostwald 1905 deutlich aus: »So sind

denn die meisten Tanzlokale nichts weiter als Märkte der Prostitution (...)«[5] Eines der zu dieser Zeit bekanntesten Lokale – neben dem schon erwähnten *Ballhaus* in der Joachimstraße – war das Ballhaus *Mundt*. Nicht gerade einladend wirkt, was Hans Ostwald über die Räumlichkeiten dieses Etablissements mitzuteilen hat, die er als »altväterisch kleinbürgerlich« empfindet:

»Alles, Wände, Säulen in jenem lehmigen Gelbbraun, das keine Altersstellen, keine Schmierflecke vom Anlehnen zeigt. Und dann recht viel Gipsstuck mit Goldbronze. Und einige Spiegel und kolossale Kronleuchter. Alles bronziert...
Unter den weit überragenden Rängen stehen Reihen von kleinen Tischen. Alle mit blauweißen Baumwolldecken belegt, die gelbliche Ringe und andere Bierflecke zeigen und die nach alten verschütteten Flüssigkeiten riechen.«[6]
Dieses Lokal hat sich trotzdem noch lange halten können; zu »Schnauzens«, wie man allgemein sagte, ging man auch noch in den dreißiger Jahren, mal zum »Strandfest am Bosporus«, mal zu den »Haremsnächten« oder auch zu den »Nächten auf Hawaii«. In den frühen dreißiger Jahren war das Lokal aber auch häufig Ziel eines bürgerlichen Publikums, das den Weg in die Köpenicker Straße nicht scheute, um hier, wie es bei Moreck heißt, »östliches Milieu« zu erleben. In Erich Kästners Roman »Fabian« von 1931, wo eine solche Exkursion beschrieben wird, findet sich folgende Schilderung eines Abends bei *Mundt* bzw. *Haupt*, wie das Lokal im Roman heißt:
»In Haupts Sälen war, wie an jedem Abend, Strandfest. Punkt zehn Uhr stiegen, im Gänsemarsch, zwei Dutzend Straßenmädchen von der Empore herunter. Sie trugen bunte Badetrikots, gerollte Wadenstrümpfe und Schuhe mit hohen Absätzen. Wer sich derartig auszog, hatte freien Zutritt zum Lokal und erhielt einen Schnaps gratis. Diese Vergünstigungen waren in Anbetracht des darniederliegenden Gewerbes nicht zu verachten. Die Mädchen tanzten anfangs miteinander, damit die Männer etwas zu sehen hatten.
Das von Musik begleitete Rundpanorama weiblicher Fülle erregte die an der Barriere drängenden Kommis, Buchhalter und Einzelhändler. Der Tanzmeister schrie, man möge sich auf die Damen stürzen, und das geschah. Die dicksten und frechsten Frauenzimmer wurden bevorzugt. Die Weinnischen waren schnell besetzt. Die Barfräuleins hantierten mit dem Lippenstift. Die Orgie konnte beginnen.«[7]
Erst seit den zwanziger Jahren hatte der Besuch von Tanzlokalen die Aura des Verwerflichen verloren, wurde im Gegenteil zu einem wesentlichen Element einer sich allgemein entwickelnden großstädtischen Freizeitkultur. »Niemals hat der Gesellschaftstanz eine solche Rolle gespielt wie heute«, wird 1927 von Felix Joachimson in einem

Plakat. Entwurf: Reinhard Hoffmüller, 1920

Jazzband!
(Zeichnung von
Conny.)

Almanach zur Eröffnung des *Cafés Schottenhaml* konstatiert.[8] Der Verfasser sieht diese Erscheinung im Zusammenhang mit dem Aufkommen des Jazz in den zwanziger Jahren: »Die rhythmische Energie der Jazzband hat uns immer weiter vom Persönlichen, vom Einzelerlebnis entfernt. Der Sieg der Jazzband ist der schlagendste Beweis für die fortschreitende Mechanisierung der Zeit.«[9] Mit diesem hier nur sehr vage angedeuteten Zusammenhang hat sich der Kultursoziologe Siegfried Kracauer seit den späten zwanziger Jahren wissenschaftlich auseinandergesezt. Kracauer sah in dem gewandelten Freizeitverhalten »der Masse« mit ihrem gesteigerten Bedürfnis nach Vergnügen und »Zerstreuung« deren Versuch, unbefriedigende Erfahrungen im Zusammenhang veränderter Bedingungen in der Arbeitswelt und der Sozialstruktur zu kompensieren.[10] Für die so gesellschaftlich »entwurzelten« Mittelschichten wurden die Tanz- und Vergnügungspaläste zu »Asylen für Obdachlose«.

Der Inbegriff einer solchen »Pläsierkaserne« (Kracauer)

Haus Vaterland, Rheinterrassen, um 1930

stellte das am Potsdamer Platz gelegene *Haus Vaterland* dar, das sich selbst stolz als »Deutschlands größter Vergnügungspalast« pries und mit seinen verschiedenen Ländern und Regionen gewidmeten Abteilungen den Besuchern »eine billige Erholungsreise« versprach.[11]
Die Anzahl der Berliner Tanzlokale zu ermitteln ist nicht ganz einfach. Nach dem Namen zu gehen würde nicht weit führen, da die allerwenigsten von ihnen einen entsprechenden Hinweis wie etwa »Tanzcafé« oder »Tanzpalast« im Namen führen. Die meisten der damaligen Lokalitäten verbergen ihre wahre Identität und nennen sich schlicht »Café« oder später, als die französische Schreibweise nicht mehr opportun erscheint, auch »Kaffeehaus«. Daß es sich dabei um eine außerordentlich vieldeutige Benennung handelt, vermerkt schon ein Reiseführer des Jahres 1925: »Von der einfachen Familien-Konditorei mit altväterlicher Behaglichkeit bis zum modernen Dielen-Café mit theaterartigen Bühnen und glanzvoller Aufmachung sind sämtliche Formen des Kaffeehauses in reichster Zahl vertreten.«[12] Der Straube-Führer von 1925 unterscheidet dann Konditoreien und Konzert-Cafés, von denen er zu berichten weiß: »Das Publikum ist im allgemeinen gemischt. Während das Café in den Quartieren der Arbeit meist nur aus einer Vorder- und Hinterstube besteht, mit engen nischenartigen Abteilungen, auf deren Sofabänken die Pärchen tuscheln, mit einer ›Kapelle‹ aus

Haus Vaterland, Werbung aus dem Jahre 1931

zwei bis drei Mann, mit bunten Lappen über den Lampen und mit ›Betrieb‹ nur am Abend, hat sich das Konzert-Café in der Friedrichstadt und im Westen zu großartigen Dimensionen entwickelt. Der Betrieb beginnt hier schon vormittags und die Musik, von einem vollen Orchester häufig künstlerischer Art ausgeführt, schon nachmittags 4 Uhr oder gar schon mittags. Das Parterre ist gewissermaßen Passanten-Café, die erste Etage ist die ›Diele‹ mit Fauteuils und intimerer Musik. Diese Dielen (nicht zu verwechseln mit gewissen Tanz-Dielen) der ersten Konzert-Caféhäuser werden auch vom guten Publikum gern zu gesellschaftlichem Zusammensein besucht und bilden eine angenehme Erweiterung des Caféhauswesens.«[13]

Getanzt werden durfte in Gaststätten, die eine »Genehmigung zur Veranstaltung von Tanzlustbarkeiten«, volkstümlich »Tanzkonzession« genannt, besaßen. Die zum Tanzen erforderliche Begleitmusik konnte ohne weiteres stattfinden, soweit sie rein instrumental blieb. Schwieriger wurde es, wenn zu den Klängen der Kapelle auch noch gesungen wurde. § 33 a der Gewerbeordnung bestimmte in diesem Fall nämlich: »Wer gewerbsmäßig Singspiele, Gesangs- und deklamatorische Vorträge, Schaustellungen von Personen oder theatralische Vorstellungen, ohne daß ein höheres Interesse der Kunst oder Wissenschaft dabei obwaltet, in seinen Wirtschafts- oder sonstigen Räumen öffentlich veranstalten oder zu deren öffentlicher Veranstaltung seine Räume benutzen lassen will, bedarf zum Betrieb dieses Gewerbes der Erlaubnis ...« Sobald also jemand mit einem »Gesangsvortrag« auftrat, brauchte der Wirt eine solche Erlaubnis. Viele Gastwirte werden diese ohnehin eingeholt haben, um ihren Gästen kleine Varietéprogramme bieten zu können. Gängig waren in Tanzlokalen hauptsächlich teils akrobatische, teils mehr oder weniger freizügige Tanzvorführungen, und gewiß obwaltete bei diesen Vorführungen nur in den seltensten Fällen »ein höheres Interesse der Kunst oder Wissenschaft«.

Haus Vaterland, Löwenbräu. Postkarte, um 1940

Gaststätten, die keine »Singspielkonzession« besaßen, durften demnach also keine »Gesangsvorträge« darbieten. Nun ließ sich aber sicherlich darüber streiten, ob jeder in einem Tanzlokal dargebotene Gesang als »Gesangsvortrag« im Sinne der Gewerbeordnung zu gelten hatte. Wenn zum Beispiel Kapellmeister Heinz Wehner inmitten eines Instrumentalstücks an das Mikrophon trat und ein paar Refrainzeilen zum besten gab, so war sein Gesang – das läßt sich heute unschwer anhand der zahlreichen Plattenveröffentlichungen dieses Orchesters feststellen – der Instrumentalmusik weitgehend untergeordnet, hatte jedenfalls keine eigenständige Bedeutung, fiel also mit Sicherheit nicht unter die »Singspielkonzession«. Das erklärt vielleicht, warum in diesen Jahren Tanzmusik im wesentlichen Instrumentalmusik war, während der Gesang fast immer eine untergeordnete Rolle spielte. Eine Handvoll Refrainsänger wie Rudi Schuricke, Erwin Hartung und noch ein paar andere reichte aus, um Plattenaufnahmen zu bestreiten, berühmt wurden damals nur die wenigsten unter ihnen, teilweise wurden sie auf den Plattenetiketten nicht einmal namentlich genannt. Für die allabendlichen Auftritte in den Lokalen leisteten sich nur die allerwenigsten Kapellen besondere Sänger oder Sängerinnen. Meist reichte es vollkommen, wenn der Kapellenleiter oder einer der Musiker, der über ein angenehmes Organ verfügte, sich ans Mikrophon stellte. Zu diesen Musikern gehörten – neben dem schon genannten Heinz Wehner – die Bandleader Horst Winter, Fritz Weber und Rudi Rischbeck, die übrigens beide unter der Bezeichnung »Der singende Geiger« firmierten.

Wer wissen möchte, wie viele Gaststätten Berlin z. B. im Jahre 1937 besaß, der kann im Statistischen Jahrbuch des betreffenden Jahres nachschlagen. Er erfährt dort, daß es in Berlin 13.346 Gaststätten gab, daß also (im Schnitt) auf 322 Berliner und Berlinerinnen eine Gaststätte kam.[14]

Wenn man unter den Begriff Tanzlokale alle Lokale faßt, die eine allgemeine Tanzerlaubnis besitzen, so kommt man auf eine Gesamtzahl von 899 im Jahr 1930, der überwiegende Teil davon, ein knappes Drittel, in den Innenstadtbezirken Mitte und Charlottenburg/Tiergarten. Dazu gehören alle Lokale, die regelmäßig »Tanzlustbarkeiten« veranstalten, vom kleinen Tanzcafé bis zum Giganten unter den Tanz- und Vergnügungspalästen, dem *Haus Vaterland*, von der Bar bis hin zum Ausflugslokal.

Anzahl der Lokale mit allgemeiner Tanzerlaubnis

im Bereich des Polizeiamtes	im Kalenderjahr						
	1930		1931			1932*	
	neu	insgesamt	neu	insgesamt	Differenz zum Vorjahr in %	insgesamt	Differenz zu 1930 in %
Mitte	23	152	6	74	–51,3	72	–52,6
Charlottenburg/Tiergarten	17	119	?	113	– 5,0	110	– 7,6
Wedding/Reinickendorf	6	102	6	84	–17,7		
Köpenick	1	90	3	91	+ 1,1		
Neukölln	3	74	1	71	– 4,1		
Pankow/Weißensee/ Prenzlauer Berg	2	73	?	?	?	51	–30,1
Lichtenberg/Friedrichshain	2	69	8	77	+11,6		
Kreuzberg/Tempelhof	3	63	1	53	–15,9		
Spandau	1	58	3	60	+ 3,5		
Steglitz/Zehlendorf	7	50	22	55	+10,0		
Schöneberg/Wilmersdorf	6	49	3	42	–14,3		
Summe:	71	899					
– ohne Pankow/Weißensee/ Prenzlauer Berg	69	826	53	720	–12,8		

*) für 1932 liegen nur sehr unvollständige Angaben vor.

Aufstellung nach: Statistik über neu erteilte Tanzerlaubnis und Lokale mit allgemeiner Tanzerlaubnis. Akten des Polizeipräsidenten Berlin/Gewerbepolizei. (BLHA Rep. 30 Berlin C Nr. 1599)

Die Ausgabe vom 19. Mai 1939 der Zeitschrift *Das Deutsche Podium* listet – ohne jeden Anspruch auf Vollständigkeit – allein für die Gebiete um den Kurfürstendamm, den Nollendorfplatz, Schöneberg, Potsdamer Platz, Stadtmitte, Alexanderplatz und Hasenheide – also die Innenstadt im weiteren Sinne – 143 Musikgaststätten auf, in denen im Mai 1939 an die tausend Musiker beschäftigt sind, vom Alleinunterhalter über die Bayernkapelle von Maxel Schmidt (8 Herren) bis hin zum Orchester von Oscar Joost mit 15 Musikern.

Das Gros der Tanzlokale lag natürlich dort, wo sich das Vergnügungs- und Nachtleben Berlins konzentrierte. Das war zum einen die »City«, wie die Gegend um die Friedrichstraße mitunter in »weltstädtischer« Manier genannt wurde, und zum anderen der »neue Westen«, also vor allem der Kurfürstendamm und der Bereich um den Bahnhof Zoo und Gedächtniskirche. Waren aber Friedrichstraße, Behren- und Jägerstraße noch im Kaiserreich der »Inbegriff, die Substanzierung der Weltstadtexistenz Berlins«[15] gewesen, für den angereisten Besucher aus der »Provinz« der »Inbegriff einer Märchenwelt voll Licht, Frauen, Erotik«[16], so wirkte in den zwanziger und dreißiger Jahren alles etwas heruntergekommen, hatte viel von seinem einstigen Glanz verloren: »Über alle Dinge hat sich etwas Staub gelegt, hat sich etwas die Melancholie der Vergänglichkeit ausgebreitet.«[17]

Einen exotischen Reiz für Besucher aus dem fernen Berliner Westen übten manche Lokale der Friedrichstadt und um den Alexanderplatz dennoch aus, und eine Zeitlang war es nicht nur Mode, zu *Mundt* in die Köpenicker Straße oder zu Erich *Carows Lachbühne* in den Weinbergsweg hinauszupilgern. Ein ähnliches Schicksal ereilte u. a. auch

Die Friedrichstraße, um 1936

das Tanzlokal *Sommerlatte* am Bahnhof Friedrichstraße. 1931 setzte ein regelrechter Run auf das Lokal ein, Prominente wie der Architekt Erich Mendelsohn, die Bildhauerin René Sintenis, der Dichter Joachim Ringelnatz und selbst Bühnen- und Filmstar Hans Albers waren dort anzutreffen, nachdem Max-Reinhardt-Sohn Gottfried das Etablissement in der Theaterfassung von Erich Kästners »Pünktchen und Anton« auf die Bühne gebracht hatte:
»Die Privatautos aus dem Westen donnern vor *Sommerlatte* in der Albrechtstraße vor, daß es nur so eine Art hat. Es ist nämlich sehr reizend bei *Sommerlatte*. Das ganze Lokal ist in Sumatra getaucht, es spielt eine Kapelle, die den Rumba-Rhythmus schon mit der Muttermilch eingesogen hat – na, und *Sommerlattes* Negertänzer und Negertänzerinnen und der witzige Conférencier: derlei gibt es in manchem großen Varieté-Konzern nicht zu sehen.«[18]
Ganz auf der Höhe der Zeit dagegen das Viertel um Zoo und Gedächtniskirche, das der Friedrichstadt, der alten

»City«, längst den Rang als attraktive Amüsiergegend abgelaufen hatte: »Der Kurfürstendamm ist Berlin, das heutige, das lebendige, gegenwartssichere Berlin«, schreibt Curt Moreck 1931. »Wenn irgendwo, so kann man hier von Nachtleben sprechen, denn hier lebt die Nacht, hier entwikkelt sie ihre ganze intensive Lebendigkeit, hier fängt das Leben mit der Dämmerung an und endet erst mit der Dämmerung, und zwischen Abend und Morgen wandelt hier eine Menschheit, der das Leben leicht geworden zu sein scheint.«[19]

Die großen Berliner Tanzlokale entstanden in den Jahren 1927–29: 1927 das Café *Schottenhaml* (später: *Moka Efti am Tiergarten*), das *Casanova*, das *Palais am Zoo* und die Lokale im *Europahaus*, 1928 *Haus Vaterland*, *Gourmenia*, *Ambassadeurs* und *Delphi*, 1929 *Uhlandeck* und *Femina*.[20] Von diesen Neubauten lag kein einziger mehr in der Friedrichstadt, dem traditionellen Vergnügungsviertel Berlins. Dies ist kein Zufall; am Ende der zwanziger Jahre war der Konkurrenzkampf der beiden Vergnügungszentren Berlins längst zugunsten des Westens entschieden. Natürlich kam es auch in der und um die Friedrichstraße noch vereinzelt zu Neugründungen von Lokalen (*Moka Efti* 1929, *Atlantis* 1934); dabei handelte es sich aber ausnahmslos um Modernisierungen bereits bestehender Lokale, von denen insbesondere der von Jean Krämer um 1926 neugeschaffene *Rote Saal* des *Cafés Imperator* von architektonischer Bedeutung war.

Am Kurfürstendamm dagegen wurden keine Kosten gescheut, und bedeutende Architekten jener Jahre lieferten die Entwürfe. Einer von ihnen ist Michael Rachlis. Rachlis galt in diesen Jahren als ausgesprochener Spezialist für die architektonische Gestaltung von Tanzlokalen. Auf sein Konto gehen u. a. 1928 der Erweiterungsbau des *Eden-Hotels* in der Kurfürstenstraße 90/Ecke Nürnberger Str. mit *Eden*-Pavillon, Bar und Dachgarten, 1929 das *Grand Café* im *Femina*-Haus und die *Cascade* in der Rankestraße sowie schließlich 1930/31 die *Rio Rita-Bar* in der Tauentzienstraße.

Speziell der Gestaltung von Tanzlokalen widmete sich auch die Architektengemeinschaft Kaufmann & Wolffenstein, die zusammen mit Max Ackermann als künstlerischem Leiter eine Reihe bedeutender Lokale entwarf, darunter das *Café/Grill/Palais am Zoo* (1927), die *Kakadu-Bar* (1928), das *Ambassadeurs* als Erweiterungsbau der *Barberina* (1928/29) und das *Café Uhlandeck* (1929). Architektonisch bedeutsam sind außerdem das *Haus Gourmenia* von Leo Nachtlicht und das *Café am Tiergarten (Café Schottenhaml,* später *Moka Efti am Tiergarten)* von Oskar Kaufmann.

Ebenso wie bei den in dieser Zeit entstandenen großen Filmtheatern herrschte auch bei den Tanzpalästen »gepflegter Prunk der Oberfläche« (Kracauer). Architektur im Stile feudaler Paläste bestimmte das Bild, die, ebenso wie die oft feudalem Wortschatz entstammenden Namen, darauf gerichtet war, zu beeindrucken und den Anschein »hochherrschaftlicher Umgebung« zu erwecken. Mehr

Expressionistische Stilelemente in der *Barberina*-Bar

»Neue Sachlichkeit«: Das *Haus Gourmenia* mit dem *Café Berlin* (linke Seite)

noch als für das Filmtheater galt für das Tanzlokal aber, was der Architekt Michael Rachlis 1931 schrieb: »Der Raum selbst, nicht die Darbietung, wie es im Vortragssaal, Theater oder Kabarett der Fall ist, muß das Publikum anziehen, dem Auge eine Befriedigung geben und eine Atmosphäre schaffen, die sich dieses Publikum erwünscht und in der es sich wohlfühlt.«[21]

Geschah dies anfangs noch mit Rückgriffen in die Baugeschichte, im Stile des Barock oder Rokoko, so wurden bald andere Stilrichtungen bevorzugt. Dies war zunächst der Expressionismus, wenngleich der Begriff in diesem Zusammenhang sicherlich etwas hochgegriffen ist. Immerhin wurde in Anlehnung an Malerei und Kunstgewerbe gewissermaßen eine »Popularisierung« typischer Stilelemente des Expressionismus in der Architektur versucht. Dazu gehört insbesondere – ähnlich wie bei den Stilformen des Barock oder Rokoko – die starke Betonung des Dekorativen, außerdem die Vorliebe für eigenwillig-bizarre Formen und lebhafte Farbwirkungen.

Expressionistisches Bauen ging dann nach und nach über in den Stil der Neuen Sachlichkeit, der sich nun einfacher Formen bediente, die eindeutig der Funktion untergeordnet waren. Solche Räume, wie etwa der des *Café Berlin* im *Haus Gourmenia*, wirkten in ihrer nüchternen Funktionalität mitunter etwas unterkühlt. Doch schon die Verwendung zumeist wertvoller Materialien zeigt: Auch die Tanzlokale der Neuen Sachlichkeit waren darauf gerichtet zu beeindrucken, sicherlich nicht durch Rückgriffe auf die Baugeschichte, durch Dekoration und ornamentale Verzierungen. Auch sie stellten Paläste dar, allerdings Paläste des Fortschritts, die mit den Insignien der Modernität imponieren wollten, dazu mit einer Technik, der nahezu nichts mehr unmöglich schien.

Waren die Jahre 1927–29 von einem wahren Gründerfieber in der Vergnügungsbranche bestimmt, so brachte der New Yorker Börsenkrach vom 25. Oktober 1929 und die sich daraus entwickelnde Weltwirtschaftskrise auch für diese Branche und alle, die wirtschaftlich von ihr abhingen, einen deutlichen Einschnitt.

Unmittelbar betroffen waren insbesondere die Musiker. Im November und Dezember 1929 liefen in den Filmtheatern Berlins die ersten abendfüllenden Tonfilme. Nach und nach wurden alle Kinos auf diese neue Technik umgestellt. Hatten bisher unzählige Musiker in den Kinos und Filmtheatern Arbeit gefunden, so bedeutete die Einführung des Tonfilms nun den sicheren Verlust all dieser Arbeitsplätze. 1933 war in Deutschland fast die Hälfte aller »Musiker, Musiklehrer und Kapellmeister in abhängiger Stellung« – genau waren es 23.889 oder 46 % – arbeitslos.[22]

Für die Musiker entstand so eine katastrophale Situation, die natürlich auf der anderen Seite für die Gastwirte, die ja angesichts der Wirtschaftskrise auch mit dem Rücken zur Wand standen, durchaus von Vorteil war, konnte man so doch die Gagen der Musiker drücken oder gar, wie im Falle des *Cafés Schottenhaml*, aus der Not der Musiker die (zweifelhafte) »Tugend« einer Publikumsbeslustigung machen. Unter der Überschrift: »Fünf Kapellen streiten« berichtet der *Berliner Herold* über ein solches Ereignis, in der für das Blatt typischen eher gastwirtsfreundlichen Tendenz:

»Ein viel angefeindeter Tanzkapellen-Wettstreit fand am Donnerstagabend im Porzellansaal im *Café Schottenhaml* statt. Die Direktion hat hier einmal mit dem sonst üblichen Engagementsbrauch von Kapellen gebrochen, in einem leeren Raum allein nur für den Chef und die Agenten zu spielen, um dann nach dem Probespiel evtl. engagiert zu werden. Vier engagementslose Kapellen waren durch die *Parenna*[23] vermittelt worden, bekamen für ihr einhalbstündiges Spiel ihre Entschädigung und mußten sich einschließlich der jetzigen Kapelle durch das zahlreich erschienene tanzlustige und erwartungsvolle Publikum auf Herz und Nieren, natürlich nur im Spiel, prüfen lassen, wer die beste ist und wert ist, ab 1. November im *Café Schottenhaml* im Porzellansaal zu spielen und engagiert zu werden.«[24]

Siegerin aufgrund des Publikumsurteils wurde die Tanzkapelle 3 *Lencetty*, die damit auch das Engagement für den kommenden Monat oder länger erhalten haben dürfte, und der *Berliner Herold* kommentiert zufrieden: »Diese Art zu engagieren kann man nur gutheißen. Den arbeitslosen Kapellen bringt sie eine kleine Gage und dem Publikum eine reizvolle Abwechslung.«[25]

In dieser angespannten Situation versuchte jeder auf seine Weise auf sich aufmerksam zu machen, wie etwa der Kapellmeister Hans Rodenbusch, der mit seiner Kapelle im Oktober 1931 im *Kaffeehaus Mokka* am Spittelmarkt mit 72 Stunden einen neuen Weltrekord im Dauerspiel aufstellte.

Gleichzeitig werden aber auch – wiederum im *Berliner Herold* – andere Töne laut: Ende November 1929 fand in Berlin eine Versammlung von Musikern statt, die unter der Parole »Wollt ihr noch weiter hungern?« auf die Nöte dieser Berufsgruppe aufmerksam machte. Der *Berliner Herold* nahm dies zum Anlaß, einen Großangriff auf die in Berlin arbeitenden ausländischen Musiker zu starten. »Überfremdung« hieß das Stichwort; kritisiert wurde die Vorliebe der Berliner für Exotisches:

»Fast kein Caféhaus – keins mit Namen jedenfalls –, welches nicht einen ausländischen Namen in seinen Ankündigungen nennt. Meist noch mit den lobenden Attributen, die sich nicht nachprüfen lassen. ›Der große Zigeunerprimas‹, ›Der König der Barsänger‹, ›Der berühmteste Jazzspieler Budapests‹ – – und in ihrer Heimat stehen sie an den Ecken und fiedeln. Oder spielen in kleinen Kneipen.

Hier ist ein exotischer Musiker große Mode. Und diese läppische Mode hat uns eine Invasion schlechter Musik gebracht (oder ist das Jazzgedudel dieser fremden Kapellen etwa mehr?) – sie wird soweit führen, daß unsere Musiker – in der Welt berühmt für künstlerische Sauberkeit und Genauigkeit, an den Ecken stehen und fiedeln! Während droben im Café ein schwarzgelockter Zigeuner aus Krotoschin der gnädigen Frau zum Tee aufspielt.«[26]

In Zukunft soll, so fordert das Blatt, eine »ausländische« Kapelle nur noch dann engagiert werden können, wenn gleichzeitig eine »einheimische« verpflichtet wird. Wenige Jahre später wurde, was hier noch harmlos als arbeitsmarktpolitisch motivierte Forderung erscheint, zur offiziellen Kulturpolitik des nationalsozialistischen Staates, eine Politik, die bei bloßer Ausgrenzung bekanntlich nicht haltmachte.

Auch für die Unternehmer der Vergnügungsbranche wurde die Lage problematischer. Schon wegen der gestiegenen Anzahl an Tanzlokalen war die Konkurrenz härter geworden; nun wurde es noch dadurch schwieriger, daß sich jeder bei steigenden Arbeitslosenzahlen und wirtschaftlicher Unsicherheit den Besuch eines solchen Lokals dreimal überlegte. Auf der anderen Seite bestand natürlich gerade aufgrund der wirtschaftlichen und politischen Krisensituation ein Bedürfnis nach Vergnügung, und so wurde die Parole ausgegeben: »Die Zeiten sind schlecht, man muß sich trösten!« Und außerdem: Wer in diesen Zeiten ein Tanzlokal besuchte, so wurde suggeriert, der tat damit nicht nur sich selbst einen Gefallen, nein, er belebte damit gleichzeitig die Konjunktur.

»Lustigsein in ernsten Zeiten ist nichts Verwerfliches, im Gegenteil: Vergnügen gibt Brot!« – diesen beruhigenden Hinweis konnte man im Februar 1933 lesen.[27] Und auf eine Umfrage des *Berliner Herolds* 1931 zu der Frage: »Was tun Sie, damit es besser wird?« äußert sich die Firma Hoffmann & Retschlag vom *Clou*:

»Wenn auch die Ernährung, die Wohnung und die Kleidung für jeden Menschen das Nächstliegende ist, so hat doch jeder – auch in der mißlichsten Lage – ein gewisses Bedürfnis nach Erholung und Vergnügen. (...) Wir haben deshalb die Wintersaison nach dem Grundsatz vorbereitet: Etwas Vergnügen muß sein, nur muß man sich nach dem Geschmack und nach der Wirtschaftslage des Publikums richten, d. h., das Vergnügen muß solid und billig sein.«[28] Nach diesem Rezept verfahren, der Not gehorchend und mit mehr oder weniger Erfolg, die meisten Wirte von Tanz- und Vergnügungslokalen. Als Entsprechung zu dem »Personalabbau«, dem die Besucher der Lokale im Arbeitsleben ausgesetzt sind, winkt ihnen in den Vergnügungsstätten dafür »Preisabbau«: Verbilligte Nachmittagsveranstaltungen werden angeboten, das vorher in vielen Fällen verlangte Eintrittsgeld entfällt, ebenso der bis dahin oft noch bestehende »Weinzwang«.

Auch die Institution des Eintänzers existierte noch in den dreißiger Jahren: Herren, die in den Tanzlokalen zumeist fest angestellt waren und deren Aufgabe darin bestand, den weiblichen Gästen als Tanzpartner zur Verfügung zu stehen. Das war vor allem bei den nachmittäglichen Tanztee-Veranstaltungen bitter nötig, wo die Frauen weitgehend unter sich blieben. Wer also als Gastwirt Tanztees veranstaltete, mußte konsequenterweise auch für Eintänzer sorgen. Man verstand sich übrigens als durchaus seriöse Berufsgruppe, keineswegs als männliches Pendant zu den in erster Linie zur Steigerung des Getränke-Umsatzes tätigen Animierdamen. Sogar eine Art Berufsverband existierte, der »Club der Gesellschaftstänzer e.V.«, der am Bußtag des Jahres 1930, dem einzigen arbeitsfreien Tag, im *Europa-Pavillon* unter seinen Mitgliedern den »König

der Eintänzer« kürte, also denjenigen, der über das beste Aussehen verfügte und am elegantesten tanzte. Sieger wurde übrigens Günther Mertino vom *Europa-Pavillon*.[29]
Wer überhaupt nicht mehr in der Lage war, das Geld für einen vergnügten Nachmittag oder Abend aufzubringen, der konnte, wenn er Glück hatte, mit einer gleichermaßen wohltätigen wie werbewirksamen Einrichtung rechnen, wie sie viele Gastwirte praktizierten, unter ihnen das *Palais de Danse*, das im Winter 1931 täglich 30 Mittagessen für die *Winterhilfe* zur Verfügung stellte. Darüber hinaus mit politischer Propaganda gewürzt war eine Veranstaltung, über die es am 4. Februar 1934 im *Berliner Herold* unter der Überschrift »*Moka Efti* speiste 50 Erwerbslose« heißt:
»Anläßlich der ersten Jahresfeier der nationalen Erhebung hatte die Direktion des *Moka-Efti*-Betriebes am Tiergarten 50 erwerbslose Parteigenossen zum Mittagessen eingeladen. (...) Vor dem Mittagessen begrüßte der Zellenobmann des Betriebes *Moka Efti*, Boy, die erschienenen Volksgenossen. Alsdann griff der Betriebsleiter Hösel-Uhlig das Wort und wies kurz auf die Würde des heutigen Tages hin. Zum Schluß brachte er ein dreifaches Sieg Heil auf den Führer und Retter Deutschlands aus. (...) Es gab Sellerie-Suppe, Ravioli, Schweinebraten mit Gemüse und Kartoffeln, Birnen-Kompott. Die Kapelle Egon Kaiser spielte während des Mittagessens, und alle Anwesenden waren durch die exakte und künstlerische Musik begeistert.«[30]
Trotz aller Bemühungen blieben aber viele der oft erst vor kurzem eröffneten Tanzpaläste von Pleiten nicht verschont. Der Höhepunkt dieser Pleitewelle war bereits Anfang 1930 erreicht, als die *Gourmenia* schließen mußte

Anzeige von 1942

und andere, wie *Barberina* und *Ambassadeurs*, *Moka Efti* und *Imperator* kurz davor standen. Verantwortlich dafür war – abgesehen von unterschiedlichen individuellen Ursachen – eine weitere allgemein wirksame Erscheinung, deren Wurzeln in bestimmten Entwicklungen der Berliner Vergnügungsbranche v. a. des Westens lag: Zwischen den Unternehmen tobte ein gnadenloser Verdrängungswettbewerb, der fast keines der großen Lokale verschont ließ.
Eine durchgreifende Besserung der wirtschaftlichen Verhältnisse für die Berliner Tanzlokale trat wohl erst 1936 im Zusammenhang mit der Olympiade ein. Meist schon vorher waren die Betriebe, von denen sich sehr viele in den Händen jüdischer Inhaber befunden hatten, arisiert worden, also in »nicht-arischen« Besitz überführt worden. Eine Reihe von Lokalen, vor allem bestimmte Bars, mußten Anfang 1933, oft aber auch schon vor 1933, ihren Betrieb auf polizeiliche Anordnung einstellen, wie das berühmt-verruchte *Eldorado*, das wohl schon 1932 im Rahmen verstärkter polizeilicher »Säuberungsaktionen« gegen Homosexuellen-Treffpunkte geschlossen worden war.
Während des Krieges war das Tanzen nur noch zeitweilig erlaubt. Mit Kriegsbeginn 1939 erging durch Polizeiverordnung vom 4. September ein Verbot aller öffentlichen Tanzveranstaltungen »bis auf weiteres«. Bereits am 27. September wurde dieses Verbot insofern wieder abgemildert, als es (mit Wirkung vom 30. 9.) nur noch für Veranstaltungen vor 19 Uhr galt. Zwischen Dezember 1939 und Februar 1941 wurde zu besonderen Anlässen per Ausnahmeregelung auch dieses Nachmittags-Tanzverbot bisweilen außer Kraft gesetzt, bis dann am 17. Januar 1942 wieder ein vollständiges Verbot erlassen wurde, das außer für öffentliche Veranstaltungen auch für »Tanzlustbarkeiten von Tanzstundenzirkeln, Vereinen und vereinsähnlichen Zusammenschlüssen, auch wenn sie nicht öffentlich sind«[31], galt. Dieses Totalverbot blieb bis Kriegsende bestehen.
Mit dem totalen Krieg, den Goebbels am 18. Februar 1943 ausgerufen hatte, kam dann für die meisten Tanzlokale das Ende. Nachtbars, den Nazis von jeher als Inbegriff dekadenter Verweichlichung ein Dorn im Auge, mußten als erste schließen. Von nun an hatte alles nur noch auf den Krieg ausgerichtet zu sein. Aus der traditionsreichen *Kakadu-Bar* wurde so beispielsweise eine Unterkunft für »Arbeitsmaiden«. Am 31. August 1944 mußten schließlich auch die allerletzten noch verbliebenen Lokale schließen. In der folgenden Zeit wurden die meisten von ihnen bei Luftangriffen zerstört; nur wenige überstanden den Krieg.

Nr. 1 Preis 20 Pfg. 26. Jahrgang

Berliner Herold

Die interessante deutsche Wochenzeitung

Politik • Gesellschaft • Theater • Film Sport • Börse • Gastronomie

Vereinigt mit „Bilanz- u. Emissions-Anzeiger" und dem „Deutschen Industriellen"

Der „Berliner Herold" erscheint wöchentlich: Sonntags
Bezugspreis pro Quartal in Deutschland durch die Post 2,40 M. (excl. Bestellgeld), per Kreuzband 3,— Mark (incl. Porto). — Einzelnummer 20 Pf.

Berlin, 5. — 11. Januar 1930
Verlag u. Redaktion: Berlin SW 11, Großbeerenstraße 86 (Ecke Hallesches Ufer)
Tel.: Bergmann F 5 7480 u. 7481 — Tel.-Adr.: Berlinherold 11 — Postscheckkonto Berlin Nr. 463 25 — Bk.-Kto.: Deutsche Bank, Berlin, Depositen-Kasse 0, Belle-Alliance-Platz 15

Anzeigenpreise: die 12gespaltene Millimeter-Zeile 0,36 Goldmark, Reklame-Zeile 2,— Goldmark
Sprechstunden der Redaktion täglich außer Sonnabends von 11—1 Uhr. Für unverlangt eingesandte Zuschriften übernehmen wir keine Verantwortung

Massenpleite der Vergnügungsindustrie

Gewitter im Westen — Gourmenia, Onkel Tom und Schweimler

Wer wird der Nächste sein?

Die Warnungen des Berliner Herold erfüllen sich

Berlin, 4. Januar.

Die vom „Berliner Herold" schon immer bekämpfte Produktion neuer Gast- und Vergnügungsstätten in Berlin hat nun die von uns längst prophezeiten Folgen gezeitigt: Der Krach, der Riesenkrach ist da.

Der Gourmenia-Palast hat seine Zahlungsunfähigkeit bekennen müssen und steht mit einer Schuldenlast von einigen Millionen vor dem Konkurs. Dessen Unvermeidbarkeit war uns schon seit Wochen bekannt. Wir haben geschwiegen, weil wir nicht durch vorzeitige Veröffentlichung etwaige Rettungsmöglichkeiten stören wollten, durch die die zahlreichen großen und kleinen Gläubiger und Lieferanten des Unternehmens vielleicht doch noch zu ihrem Gelde gekommen wären. Nachdem diese Rettungsmöglichkeiten ziemlich erschöpft sind, und nachdem das Unternehmen selbst seine Zahlungsunfähigkeit bekennen mußte, ist es allerdings Zeit, ein offenes Wort zu sprechen.

Bei aller Sorge, die das Ueberhandnehmen neuer Gaststätten macht, konnte man von Anfang an dem Gourmenia-Palast wohlwollender gegenüberstehen. Denn ganz ohne volkswirtschaftliche Berechtigung war seine Gründung nicht. Am belebtesten Boulevard des Westens und seinen größten Verkehrsknotenpunkten, unmittelbar an einem Fern- und wichtigen Stadtbahnhof, inmitten vieler Theater- und Kinopaläste, ist bestimmt ein Bedürfnis nach einem modernen weltstädtischen Speiserestaurant, wie es das „Weinhaus Traube" mit seiner hervorragenden architektonischen Gestaltung darstellte, gewesen. Der gute Geschäftsgang des Unternehmens hat das auch bestätigt. Und wenn mutige Gastronomen das Ihre zur Modernisierung und Verschönerung Berlins tun, so erwerben sie sich durchaus ein Verdienst um Berlin. Bedauerlich aber bleibt, wenn sie neben ihrer Initiative und unternehmerischen Tatkraft das volkswirtschaftliche Denken in die zweite Front stellen. Wie heute unsere Wirtschaft liegt, darf der einzelne Unternehmer nicht bloß an seine Dividende denken, er hat auch eine Verantwortung dafür zu tragen, wie sein Wirken auf diese ganze Branche und die übrige Wirtschaft wirkt. Die gastronomischen Neugründer im Berliner Westen haben bewirkt, daß im Westen der ganze gastronomische Markt auf lange Zeit hinaus verwüstet ist. Hinter dem Angebot an Konsumstätten blieb die Nachfrage des Publikums immer mehr zurück, die Neugründungen entzogen den schon bestehenden Unternehmungen wichtige Besucherschichten und es ist so weit gekommen, daß von den hunderten gastronomischen Stätten im Westen bis auf ganz wenige Ausnahmen, die man an einer Hand abzählen kann, überhaupt keine mehr richtig floriert und gesund wirtschaftet. Man hat auf diese Weise bisher rentable Geschäfte ruiniert — und zu welchem Zweck? Damit man nun auch selber noch Pleite geht! Damit man auch selber noch Banken, Lieferanten, Handwerker und Personal und schließlich sich selber ins Unglück stürzt.

Wir haben allerhand Hochachtung vor der Schaffenskraft eines Joseph Liemann. Dieser kleine Mann und ewig unruhige Kopf, in dem es von Ideen und Einfällen so sprudelt, daß zehn Minister davon regieren könnten, ist das Opfer seines Schaffenstriebs. Es ist seine Leidenschaft, immer etwas Neues auf die Beine zu stellen. Hat er ein Werk vollendet, so zuckt ihm schon das Nächste in den Fingern. Während schon der Gourmenia-Palast in allen Fugen krachte, war er dabei, einen großartigen Erweiterungsbau zu inszenieren. An sich sind seine Berechnungen durchaus eingetroffen. Jeder Stuhl im Gourmenia-Palast hat genau so viel eingebracht und sogar noch mehr, als Joseph Liemann im im voraus berechnet hatte. Nur die Baukosten haben nicht gestimmt. Sie sind viel höher geworden als die Voranschläge. Und das ist die Schuld der Emil Heinicke A. G. Diese stellt es jetzt so dar, als seien ihre Zahlungsschwierigkeiten das Resultat des Zusammenbruchs der Gourmenia. Grade das Umgekehrte ist der Fall. Weil der Heinecke A. G. Bankkredite gesperrt wurden, mußte der Gourmenia-Palast seine Baukosten schneller tilgen, als vorgesehen war und geriet dadurch gegenüber anderen Lieferanten in Verzug. Nicht Herr Korotowski ist über Joseph Liemann, sondern Joseph Liemann ist über Korotowski gestürzt.

Die weitere Entwicklung kann vermutlich dahin gehen, daß eine Großbank den an sich rentablen Gourmenia-Palast billig an sich reißen wird. Die Gläubiger und Liefe-

(Fortsetzung umstehend.)

Schluß mit der Arzneikorruption!

Der Herold ruft zur Abwehr auf — Die Liste der Kommission an die Oeffentlichkeit — Endlich sauberen Tisch

Berlin, 4. Januar.

Zum Streit um die Arzneimittelkorruption sind uns weitere Zuschriften zugegangen. Darunter auch eine Berichtigung, die wir abdrucken, weil das Pressegesetz es vorschreibt. Also man schreibt uns:

Es ist unwahr, daß ich Provisionen erhalte. Wahr ist, daß ich Angestellter des Hauptverbandes deutscher Krankenkassen bin und mit der Aufstellung oder Herausgabe eines Arzneiverordnungsbuches gar nichts zu tun habe. Unwahr ist daher, daß ich „größter Verdiener" bin und „Riesenprovisionen verlieren kann".

gez.: Dr. Pryll.

•

Berichtigungen müssen auch abgedruckt werden, wenn sie nicht der Wahrheit entsprechen. Nachstehend veröffentlichen wir die Liste der Aerzte, die für die Aufnahme ins Verordnungsbuch zuständig sind und von denen es abhängt, wessen chemische Produkte für den großen Kundenkreis der Patienten in Betracht kommen:

1. Dr. Friedrich Behrend, Berlin S 42, Ritterstraße 99.
2. Dr. Friedrich Falkenberg, Berlin O 34, Frankfurter Allee 343.
3. Dr. Max Soldin, Berlin W 15, Pariser Straße 14 a.
4. Sanitätsrat Dr. Weibgen, Berlin NW 23, Flensburger Straße 7.
5. Sanitätsrat Dr. Müllerheim, Berlin N 54, Rosenthaler Straße 43.
6. Sanitätsrat Dr. Friedemann, Berlin W 50, Würzburger Straße 3.
7. Sanitätsrat Dr. Freudenthal, Berlin C 2, Königstraße 51.

Sanitätsrat Dr. Freudenthal ist Vorsitzender der Kommission.

•

Die Entscheidung dieser Männer ist irreparabel. Sie tragen sozusagen Vermögen in ihrem Gewande. Daß die jetzigen Zustände auf die Dauer nicht haltbar sind, haben unsere bisherigen Darlegungen erwiesen. Wir rufen deshalb zu ihrer Besserung auf. Wer Anregungen und Anklagen vorzubringen hat, möge sich melden — hier soll ein sauberer Tisch gemacht werden!

Im Hintergrunde der Krachs

Gildemeister

Geflüster um Herrn Gildemeister!

Wer das ist? Einer der reichsten Leute der Welt — er kontrolliert fast den ganzen Kaffeehandel Südamerikas. Vor dreißig Jahren dorthin aus Bremen ausgewandert. Gründete dann zur nützlichen Bewirtschaftung seiner europäischen Lieferungen in Bremen eine Bank, deren Leitung er zwei jungen tüchtigen Leuten anvertraute. Die verstanden ihm bald klar zu machen, daß eine solche Bank besser in der Reichshauptstadt ihr Zentralbureau habe. Machen wir! Eine Villa in der Tiergartenstraße war bald zu diesem Zweck gemietet. Die jungen Bankdirektoren waren bald vom Glanz des Kurfürstendamms geblendet und ließen sich verleiten, die Ueberschüsse der Bank in Berliner Hotels, Bars und Tanzpalästen zu investieren. Die Architekten schmunzelten. Was gab es da für Aufträge, um Hotelzimmer und Dielen mit Seide und Mahagoni zu bekleiden! Im Herbst kam der alte Herr Gildemeister nach langer Abwesenheit wieder einmal nach Europa und fand sich zu seinem Erstaunen als Hauptteilhaber von einem Dutzend kostspieliger Luxusgaststätten. Er soll nicht schlecht aufgeschaut haben. Jedenfalls bremste er mächtig. Er baute seine Beteiligung an diesen Dingen sofort ab und verbot, daß seine Peseten weiter dazu verwandt würden, Brotstätten für Eintänzer zu schaffen. Das Donnerwetter fuhr in die ganze Berliner Vergnügungsindustrie, die sich darauf eingerichtet hatte, sich vermittels der Kaffeedividenden von Rio de Janeiro weiter auszudehnen. Das ist dann Essig. Die Folge: ein Krach jagt den andern.

Adomat ade!

Berlin, 4. Januar.

Wie wir hören, ist der Lustbarkeitssteuerdezernent beim Bezirksamt Mitte, Herr Adomat, von seinem Posten versetzt worden und der Fürsorgeabteilung überwiesen worden. Adomat war der schlimmste und unerbittlichste Eintreiber der Lustbarkeitssteuer in Berlin. Grausamer als er ist niemand mit den Sorgen eines rührigen Gewerbes umgesprungen. Er war der Typ des Bureaukraten, der nur den Paragraphen und nicht das Leben kannte. Hoffentlich verfährt er mit den armen Leuten in der Fürsorgeabteilung humaner ...

Café Schottenhaml, Spiegel- und Porzellansaal. Zeichnung: Martin Frost

3. Feenpaläste und Burgenromantik: *Moka Efti* Tiergarten, *Haus Gourmenia* und *Wilhelmshallen*

Architektonische Glanzleistungen besonderer Art stellten zwei Lokale dar, deren Entstehung nur zwei Jahre auseinanderlag und die dennoch ganz unterschiedliche Stilrichtungen repräsentierten: Das *Café am Tiergarten* und das *Haus Gourmenia.* Im Jahre 1926 entstand an der Ecke Bellevuestraße 11 und Victoriastraße 37, unmittelbar am Kemperplatz, das *Café am Tiergarten*, das im Januar 1927 als *Café Schottenhaml* eröffnet wurde und unter diesem Namen bis 1933 existierte. Seine eigentliche Bedeutung als gern besuchtes Tanzlokal erlangte das Haus aber erst – nach einem Besitzerwechsel – unter seinem späteren Namen *Moka Efti am Tiergarten.*

Die Entwürfe für das *Café am Tiergarten* stammen von Oskar Kaufmann[1], der sich zuvor als bedeutender Architekt einer Reihe von Villen und besonders Theaterbauten (Hebbel-Theater 1909, Renaissance-Theater 1911, Volksbühne 1913–15) einen Namen gemacht hatte.

Wohl selten gab es soviel einhelliges Lob für ein Bauwerk und seinen Architekten: »Berlin hat sein schönstes Kaffeehaus«, urteilte die Presse[2], und ebenso überschwenglich äußerte sich die zeitgenössische Fachöffentlichkeit: »... es ist ein Zauber von Materialien, ein Rausch von Ideen, eine Gelöstheit von Formen und Farben ...«[3] Von einem »Feenpalast« schwärmt kein Geringerer als Georg Her-

mann, Autor vielgelesener Romane[4], in der *Vossischen Zeitung*, und in einem Beitrag für den Almanach zur Eröffnung des neuen Cafés lobt er die architektonische Leistung Oskar Kaufmanns, an der ihm besonders die geglückte Verbindung von »moderner« Zweckmäßigkeit und »traditioneller« Schönheit imponiert; es gebe »nichts, das in ähnlich glücklicher Art und mit gleich künstlerischem Niveau für Räume, die doch modernen und modernsten Bedürfnissen der Gegenwart dienen und einer luxuriösen Gesellschaft dienen wollen, die Brücken vom Heute zum Einst schlägt.«[5]

Auf einer Nutzfläche von 1550 qm bot das Haus, ausgehend von einer zentralen Halle – dem sogenannten »Spiegelsaal« –, eine Reihe von Gasträumen, von denen schon jeder für sich sehenswert gewesen sein muß. Das *Café am Tiergarten* gilt als typisches Beispiel expressionistischen Bauens. Am deutlichsten wird dies vielleicht in der zentralen Halle, dem eigentlichen Café. Die Gäste konnten hier im Erdgeschoß Platz nehmen sowie auf zwei übereinanderliegenden Balkonen, von denen auch die weiteren Gasträume zu erreichen waren. Von dem unteren Balkon herab musizierte eine Kaffeehauskapelle.

Die Halle muß einen ausgesprochen lebhaften Eindruck gemacht haben, vor allem durch die interessante Raumaufteilung, die der Architekt geschaffen hatte. Dadurch ergab sich »ein überaus munterer Wechsel von hohen und gemütlich-niedrigen, von großen und kleinen Raum-Segmenten (...), ein fideles Treppauf-Treppab ...«[6]

Moka Efti am Tiergarten. Zum Tanz: Carlo Minari

Dieser Raumeindruck wurde noch verstärkt durch die Verwendung durchaus ungewöhnlicher Materialien bei der Ausgestaltung der Halle, was Georg Hermann so beschreibt:

»... ein Riesentreppenhaus ist ganz mit bunten Spiegeln ausgeschlagen, mit buntem Spiegelglas, das zwar nicht spiegelt, aber in allen Farben metallisch oxydiert: Kupfern, bronzen, grün und rosig, smaragden und purpur angelaufene quadratische Spiegelflächen sind als Wandbedekkung aneinandergesetzt und geben dem Raum, in dem rechts und links Treppen hochführen und der für ein Auf- und Hinabfluten der Menge bestimmt ist, ein fast exotisch-festliches Gepräge. An den kleinen Becken, die wie Schwalbennester an die Wände angesetzt sind, etagenweise übereinander und von denen von einem zum andern Wasser in feinen Strahlen hinunterrieselt, sitzen eben jene phantastischen Wundervögel mit der emaillierten Buntheit ihres Gefieders.«[7]

An weiteren Gasträumen sind zu nennen der Seidensaal, eine in rotem Saffianleder ausgestattete Bar, ein im Biedermeierstil eingerichtetes Alt-Berliner Porzellankabinett, wo in Schauvitrinen Erzeugnisse der *Staatlichen Porzellan-Manufaktur* präsentiert wurden, und schließlich die Tanzdiele, der sogenannte Alabastersaal, den wiederum Georg Hermann beschreibt:

»Ein anderer Raum ist jedoch oval; in der Mitte mit einem ausgesparten Tanzfleck. Er ist ganz mit Alabasterplatten umgeben. Auch die Türen verschwinden geheimnisvoll in Alabasterplatten. Aber er hat die Beleuchtung hinter den Wänden, so daß jenes andere Licht, das oben in der Dek-

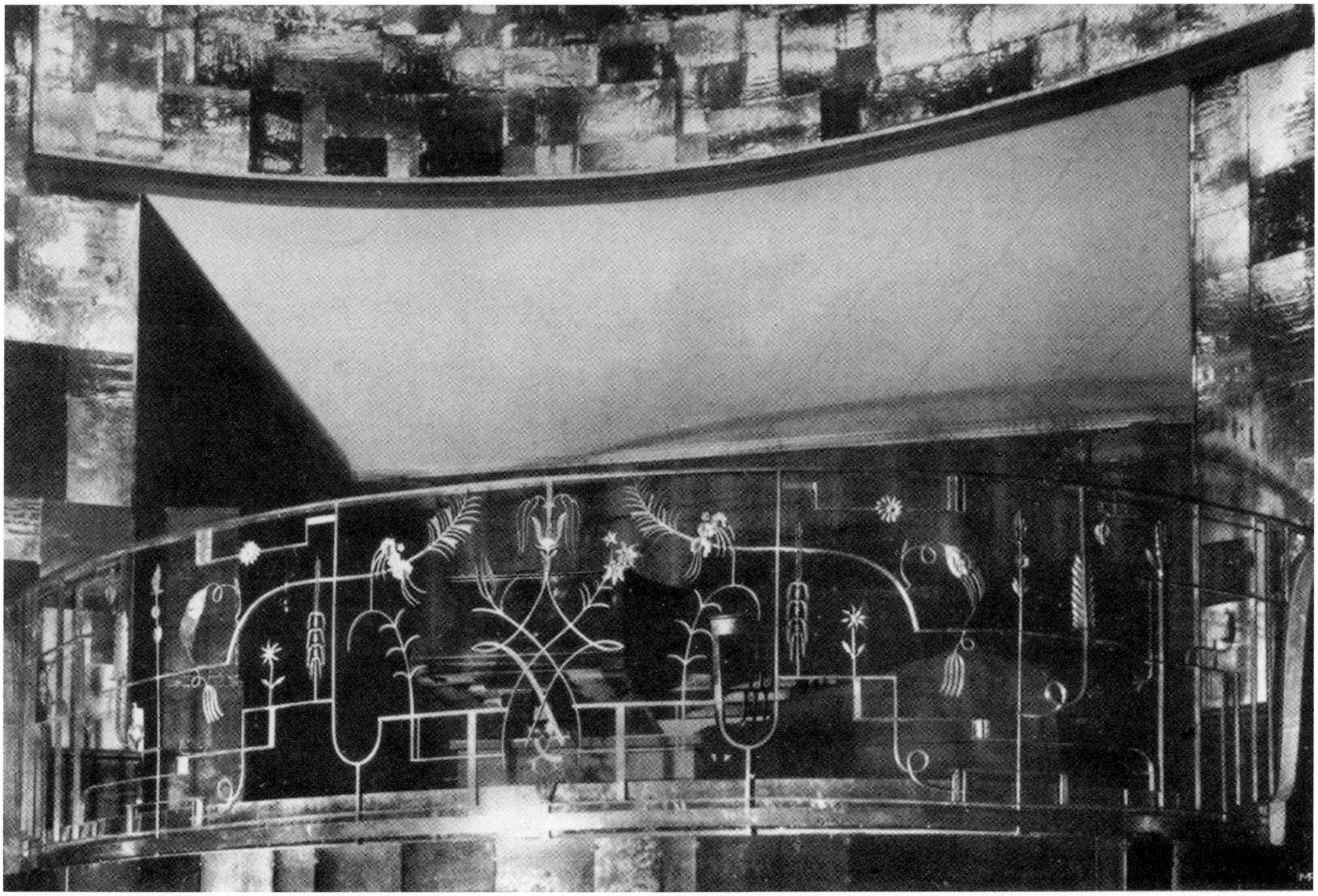

Das Orchesterpodium im Spiegelsaal des *Café Schottenhaml*

Café Schottenhaml,
der Spiegelsaal

Moka Efti am Tiergarten: Porzellansaal und Efti-Grill

Café Schottenhaml, Alabaster-Tanzsaal

kenvoute liegt, ganz abgeblendet wird durch die gleichmäßige taggoldene Helligkeit, die aus den Marmorierungen der Alabasterwände strahlt. Das, was wir nur bisher in Lampen und Ampeln hatten, dies schöne gedämpfte Licht, geheimnisvoll und amourös, ist hier zur Dominante für einen ganzen Raum geworden. Die tanzenden Paare, die, – wenn das Licht von oben kommt, – ein buntes Gewühl geben, die, – wenn, wie es ja auch gemacht wird, das Licht von unten kommt, – ein phantastisches Durcheinanderzucken der Farben darstellen, bekommen hier, wo das Licht von der Seite auf sie fällt, vor und hinter ihnen liegt, reine und schön-farbige Silhouetten. Bleiben eben das, was sie zuerst und zuletzt sein sollen, tanzende Paare. Tanzende in den Konturen, wie sie schon die griechischen Maler zu ihren Vasenzeichnungen begeisterten.«[8]

1933 wechselte das *Café am Tiergarten* Besitzer und Namen. *Café Schottenhaml* bezog sein neues Domizil im *Europahaus*, wo sich zuvor an der Ecke Stresemann- und Anhalter Straße das Lokal *Mokka Expreß* befunden hatte. Neue Hausherren am Kemperplatz, der nun Skagerrakplatz hieß, wurden Giovanni Efti und (jedenfalls in der Anfangszeit) Gustav Steinmeier, der gleichzeitig auch das *Moka Efti* in der Friedrichstraße übernahm. Am 12. Februar 1933 wurde das Lokal, das fortan den Namen *Moka Efti am Tiergarten* führte, eingeweiht. Es spielen die beiden Konzertkapellen Alfred Brox und Oswald von Heyden, und zum Tanz das Orchester Egon Kaiser. Auch hier wieder, wie schon im »alten« *Moka Efti* an der Friedrich-

Alabastersaal, *Café Schottenhaml*. Postkarte, um 1929. Zeichnung: Martin Frost

straße, gab es Telefondienst, Schreibmaschinenzimmer und Frisiersalons.

Mit diesem Wechsel trat auch ein Wandel in der Unternehmenskonzeption ein. Hatte Moreck noch 1931 festgestellt: »Wer ein vornehm-ruhiges Milieu vorzieht, der gehe ins *Café Schottenhaml* am Kemperplatz«[9], so war man offenbar schon während der »Ära Schottenhaml« genötigt gewesen, sich mittels »Preisabbau« und durch die Veranstaltung von Moden- und Wäscheschauen oder Tanzturniere etwas volkstümlicher zu geben. Das *Moka Efti am Tiergarten* entwickelte sich offenbar in dieser Richtung weiter und wurde zu einem der beliebtesten Tanzpaläste Berlins. Volkstümlich waren insbesondere auch die Preise: Im März 1934 zahlte man im *Moka Efti Tiergarten* zum Beispiel für ein kleines Radeberger Pilsner oder einen Likör 41 Pfennig; eine Tasse Kaffee, Marke *Moka Efti*, kostete 36 Pfennig.[10]

Im *Moka Efti* am Tiergarten, um 1933. Am Tische sitzend, ganz links: Kapellmeister Egon Kaiser, daneben (mit Zigarre) Giovanni Efti

Anzeige von 1934

Besonderen Wert legte man nun auch darauf, zugkräftige Kapellen zu engagieren. Neben den Konzert- und Barkapellen konnte man in der folgenden Zeit im *Moka Efti Tiergarten* u. a. die auch von Schallplatten bekannten Tanzorchester von Egon Kaiser, Emil Roosz und Georg Nettelmann hören.
Um den Gästen auch räumlich etwas Neues zu bieten, hatte man (schon 1932) umgebaut. Neu entstanden sind dabei – so ist aus Werbeanzeigen zu schließen – die *Yildiz-Bar* sowie die *Grotte*, deren Neueröffnung als »Berlins einzigartiges Lokal« im Januar 1934 angekündigt wird. Leider ist nicht bekannt, worin diese »Einzigartigkeit« bestand. Ebensowenig feststellbar ist, inwieweit bei diesen Umbauten in die ursprüngliche Gestaltung Oskar Kaufmanns eingegriffen wurde.
Das gesamte Tiergartenviertel und mit ihm das *Moka Efti* wurde während des Krieges zerstört. Heute ist die Gegend, wo das bekannte Tanzlokal einst gestanden hat, nur noch Wildnis. Einzig Teile des benachbarten früheren Hotels *Esplanade* haben überlebt. Jahrzehntelang in unmittelbarer Nähe der Mauer gelegen, war die Gegend für eine Neubebauung wenig interessant. Das hat sich mit dem Fall der Mauer nun geändert, und auch die Bellevuestraße wird in absehbarer Zeit wiederbelebt sein.
War das *Café am Tiergarten* mit seiner Betonung des verspielt Dekorativen, seinen lebhaften Formen und der kontrastreichen Farbgebung noch Ausdruck einer expressionistischen Innenraumgestaltung, so verkörperte das *Haus Gourmenia* an der Hardenbergstraße außen wie innen ganz eindeutig die Baukunst der Neuen Sachlichkeit: »Glas beherrscht die Front, schmale Metallrahmen unterteilen die Fläche in waagerechte Streifen und Felder, die Waagerechte wird zudem durch Gesims und Brüstungsstreifen betont. Im Mittelteil der beiden Obergeschosse schwingen die Scheiben zu einer zurückgesetzten Glasfront ein, vor der drei Lichtpylone stehen, welche dem Haus bei Dunkelheit zusammen mit dem Leuchtgesims zu einer beeindruckenden Reklamewirkung verhelfen.«[11] Mit einer solchen Fassadengestaltung stand das *Haus Gourmenia* in deutlichem Kontrast zu seiner neoromanischen Umgebung, von der Gedächtniskirche über die beiden Romanischen Häuser mit *Gloria-Palast* und *Romanischem Café* bis hin zu seiner unmittelbaren Nachbarschaft, den *Wilhelmshallen* und dem Kino *Ufa-Palast am Zoo*.
Hervorgegangen ist das *Haus Gourmenia* – ebenso wie *Ufa-Palast* und *Wilhelmshallen* – aus den alten Austel-

lungshallen am Zoo, die in den Jahren 1905–06 im ebenfalls neoromanischen Stil nach Plänen des Architekten Carl Gause errichtet worden waren. Die westliche, zum Bahnhof Zoo hin gelegene Halle I beherbergte seit 1912 zunächst das *Theater Groß-Berlin*, aus dem dann sehr bald ein Kino wurde; 1925 entstand daraus nach einem Umbau das Filmtheater *Ufa-Palast am Zoo.* Den westlichen Abschluß zum Bahnhof Zoo bildete das Ausstellungsrestaurant, aus dem dann 1916 die *Wilhelmshallen* wurden, ein beliebtes Varieté und Tanzlokal.
In der östlich gelegenen Ausstellungshalle II entstand 1928 nach Plänen des Architekten Leo Nachtlicht[12] das *Haus Gourmenia.*[13] Diese Großgaststätte beherbergte neben einem Feinkostgeschäft drei ganz unterschiedliche Lokale, die sich jeweils über die volle Höhe des Gebäudes von drei Etagen erstreckten. Im vorderen Teil des Hauses waren das Bierrestaurant *Stadt Pilsen* mit einem »American Buffet« sowie das *Café Berlin* untergebracht; im rück-

Die Hardenbergstraße mit dem *Haus Gourmenia* (später: *Germania*)

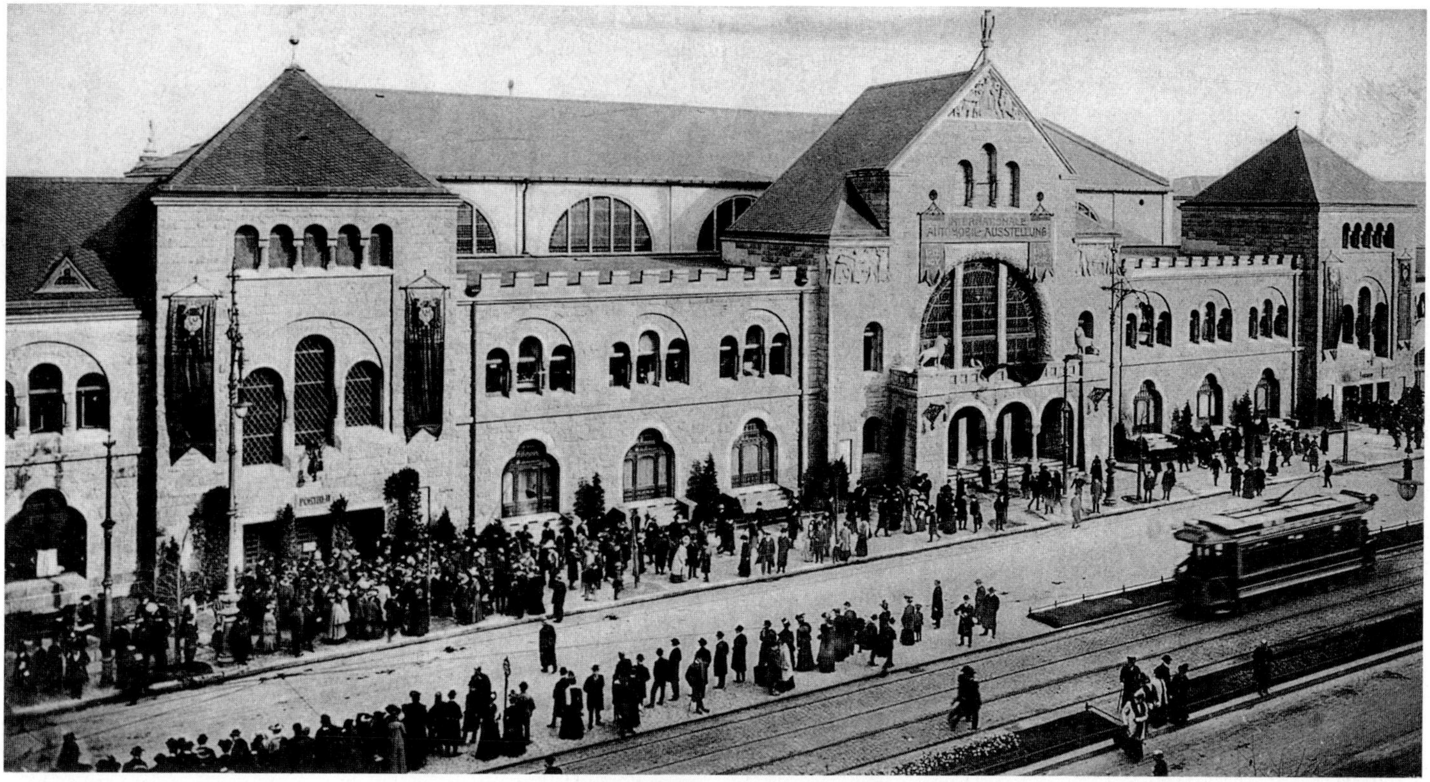

Ausstellungshallen am Zoo, um 1906

wärtigen Teil befand sich das Weinrestaurant *Traube*, dessen besondere Attraktion ein im Erdgeschoß angelegter subtropischer Garten mit exotischen Pflanzen und Tieren war. Hier war lange Zeit die Konzertkapelle Wilfried Krüger zu hören.
Bedeutung als Tanzlokal erlangte das *Café Berlin*. Den hallenartigen Raum hatte der Architekt in der Höhe durch zwei übereinanderliegende theaterähnliche Ränge gegliedert, die freie Sicht nach allen Seiten boten. Die Idee des Architekten bestand dabei darin, »das Café so anzuordnen, daß tunlichst viele Menschen sich sehen; denn die Freude an der Betrachtung ist im Menschen so groß, daß sein Gesichtsfeld so stark als möglich geweitet werden muß. Daher habe ich die theaterrangförmige Gestaltung der Stockwerke vorgenommen, daher habe ich auch den Raum in der Mitte durchbrochen.«[14]
Mit seinen ruhigen, fast strengen Linien, der Rosenholz-Täfelung und den in Perlgrau gehaltenen Stuckflächen dürfte der Raum eine eher nüchtern-unterkühlte Atmosphäre ausgestrahlt haben. Dieser Eindruck wurde durch die Verwendung von Materialien wie Glas und Metall zweifellos noch verstärkt. Um den Besuchern trotzdem ein Gefühl von Behaglichkeit zu geben, hatte man sich bei der Höhe der einzelnen Etagen an der üblichen Wohnungshöhe orientiert.
Vom Erdgeschoß erreichte man einen Teesalon, vom ersten Rang aus eine Cocktail-Bar, beide mit Wandgemälden von César Klein ausgeschmückt. Der zweite Rang beherbergte die Tanzdiele. Von dort aus – oder mit einem der drei Fahrstühle – konnte man auch auf den Dachgarten gelangen, der seit Juni 1929 in Betrieb war. Dieser bot 650 Personen Platz und galt damit als »Berlins räumlich größter Dachgarten«.[15] Bei der Ausstattung hatte man versucht, das Gartenartige zu betonen: Die Wände waren mit holzfurnierten Kupferplatten verkleidet, der Boden mit grünem Teppich ausgelegt. Grüne Möbel, farbig angestrahlte Springbrunnen, Kaskaden und Wasserbecken, Blumenarrangements sollten diesen Eindruck noch unterstreichen. Voller Begeisterung endet der Bericht im *Berliner Herold*: »Leo Nachtlicht hat jetzt über Berlin ein neues Licht aufgesteckt, das durch die Berliner Vergnügungsnächte wie ein großer Stern strahlen wird. Und aus

Haus Gourmenia: Weinrestaurant *Traube* und *Café Berlin*

den geöffneten Fenstern schallt die Musik der internationalen Kapellen, die ohne Pause aufspielen, beunruhigend und lockend herunter in das vieltönige Brausen der Weltstadt Berlin.«[16]

»Wir leben die Zeit der Massen, der großen Dimensionen, der riesenhaften Abmessungen, die Zeit des Hastens und Sichabrackerns. Unsere Städte sind zu steinernen Wüsten geworden, die sich nicht mehr nur auf der ebenen Fläche ausbreiten, sondern auch in die Luft hineinwachsen, zu steil aufsteigenden Gebirgen von Wolkenkratzern erstarren, die tief unten sich dahinziehenden Straßen zu engen Schluchten gestalten, die Sonne verdrängen und uns von der Luft absperren. Aber der Drang des Menschen nach Licht, Luft und Sonne ist gewaltig. Und so flüchtet er sich auf die Gipfel der Wolkenkratzerberge, auf die Dächer der Stadt, wo er sich Erholung schaffen kann, wo es noch Licht, Luft und Sonne gibt.«[17]

Teeraum im *Café Berlin*

Vermutlich zur Eröffnung der *Gourmenia* im Februar 1929 erschien eine Werbebroschüre, der diese Zeilen entstammen. Der Großstadtmensch, der sich auf der Suche nach Licht, Luft und Sonne auf die »Gipfel der Wolkenkratzerberge« flüchtet – das wirkt angesichts der realen Berliner Verhältnisse im allgemeinen und der *Gourmenia* mit ihren gerade mal drei Etagen im besonderen leicht übertrieben. Interessant ist aber, wie hier quasi eine »Philosophie des Dachgartens« und damit gleichzeitig eine Unternehmensphilosophie der *Gourmenia* entwickelt wird, wie sie für diese Zeit nicht untypisch ist. Der Dachgarten ist damit nicht nur einfach eine gastronomische Modeerscheinung. Er will mehr sein: großstädtische Ersatznatur, Rückzugsstätte, die »vollendete Illusion des Freien inmitten des Lebens der großen Stadt«[18].

Doch das allein erklärt noch nicht die außerordentliche Beliebtheit von Dachgärten zu dieser Zeit. Zahlreiche Hotels, Gaststätten und selbst Kaufhäuser verfügten darüber, so daß man fast von einer Modeerscheinung sprechen kann. Etwas Wesentliches kommt hinzu: Der Dachgarten gewährte nicht einfach nur die »Illusion des Freien«, bot nicht nur Naturersatz; er war besser als die Natur, weil fehlerfrei:

»Bei herrlichem Sommerwetter sitzen wir nun auf dem Dach der *Gourmenia* im Freien, trinken, tanzen, erfreuen uns an der guten Musik und glauben, daß es gar nicht

anders sein könne. Plötzlich verliert die Sonne ihren Glanz, graue Wolken bedecken den vorher so strahlend blauen Himmel über der Gedächtniskirche. Es sieht so aus, als ob jeden Augenblick ein Wetter losbrechen müßte. Unbekümmert aber sitzen alle die vielen Menschen, kein einziger macht Anstalten, die schützenden Innenräume aufzusuchen, kein ›Ober, zahlen‹ hört man. Der geht jetzt ganz gemütlich heran an den kleinen Bronzeschrank, drückt auf einen Knopf, und geräuschlos schließt sich das Glasdach des Gartens. Mit einem Gefühl des Behagens, des Geborgenseins, lassen wir die entfesselten Elemente sich austoben, und wenn dann der Ober später zum zweiten Mal auf den Knopf drückt und das Dach sich in majestätischer Ruhe zur Seite schiebt, dann geht ein hörbares, von allen empfundenes Atmen durch den Raum; in vollen Zügen wird die durch das Gewitter gereinigte Luft aufgenommen und mit erhöhter Freude empfindet man die technische Entwicklung auch als Retterin eines vergnüglich begonnenen Tages.«[19]

Mit deutlichem Stolz wird dies vermerkt, dem Stolz darüber, den Naturgewalten mittels technischen Fortschritts ein Schnippchen geschlagen zu haben.

Überhaupt scheint damit der Dachgarten und die euphorische Art seiner Beschreibung in der Broschüre fast zum Sinnbild einer *Gourmenia*-Unternehmensphilosophie zu werden, wie sie in der Werbebroschüre zum Ausdruck kommt. Immer wieder wird der Anspruch deutlich, mehr als nur ein Vergnügungslokal sein zu wollen, nämlich eine fehlerlose, störungsfrei funktionierende Kunstwelt. Dazu trägt nicht nur der von dem Gartenarchitekten Georg Béla Pniower für das Weinrestaurant *Traube* geschaffene Wintergarten mit seiner exotischen Phantasielandschaft bei. Vor allem die Technik spielt auch hier wieder eine entscheidende Rolle. Durch den Einsatz moderner Klimatechnik ist man in der Lage, sich unabhängig von natürlichen Witterungsbedingungen zu machen. Doch auch hier wird daraus wieder so etwas wie eine Philosophie, und die ausführliche Beschreibung dieses Verfahrens in der Broschüre gipfelt in dem recht euphorisch klingenden Satz: »Man ist in der Lage, sein eigenes Wetter zu machen.«[20] Folgerichtig lautet dann auch der Name des Gerätes »Waßmuth Wetterfertiger«!

Bei soviel Technik-Vergötterung fällt auf, daß das sonst übliche Tischtelefon, allgemein der Inbegriff von Technik in Tanzlokalen, im *Haus Gourmenia* fehlt. Doch scheint darin eine gewisse Konsequenz zu liegen. Offenbar glaubte man, ein solches kleinbürgerlich anmutendes Kontaktanbahnungs-Instrument für Verklemmte dem *Gourmenia*-Publikum nicht zumuten zu dürfen. So wie die Broschüre die *Gourmenia* als Ideal-Unternehmen darstellt, so skizziert sie auch die Besucher als Ideal-Gestalten, als Mitwirkende in einer wirklichkeitsfremden Kinowelt. Passend dazu hat man das entsprechende Kapitel der *Gourmenia*-Broschüre (»Berlins letzte Sensation – Die Wunder des Hauses *Gurmenia*«) im Stile eines Film-Treatments abgefaßt. Und in einem Beitrag, den César Klein, der die Wandmalereien für Teeraum und Cocktail-Bar besorgte, für die Broschüre verfaßte, heißt es: »Folio für schöne Frauen und elegante Männer soll der Raum sein«.[21] Denselben Eindruck vermitteln die Zeichnungen, mit denen Curt Aren die Broschüre ausstattete: Bei genauer Betrachtung fällt auf, daß es sich hierbei durchweg um hochgewachsene, schlanke Menschen in eleganter Abendgarderobe handelt, die zur Kontaktaufnahme natürlich ein Instrument wie das Tischtelefon nicht benötigen.

Anders als zum Beispiel im *Resi*, das sich selbst das Attribut »Ballhaus der Technik« verpaßte, hat die Technik in der *Gourmenia* eine eher unauffällige Funktion, nämlich die, alles so störungsfrei und reibungslos wie möglich ablaufen zu lassen, Störungen von außen so weit wie möglich fernzuhalten, eine hermetische Welt zu schaffen. Im *Resi*

Dachgarten Berlin
Fritz Unger

Zeichnung: Curt Aren

dagegen wird die Technik zum Spielzeug; Tischtelefone und Tischrohrpost als Mittel der Kontaktaufnahme und des Zeitvertreibs, Wasser- und Lichteffekte als optische Sensation.

Das Ideal einer reibungslos funktionierenden Maschinerie – dazu gehört auch der Kundendienst. Der Satz: »Das Haus hat dem Kunden zu dienen!« solle als Motto – so fordert die Broschüre – »mit unsichtbaren Buchstaben an jeder Wand eingegraben sein«[22]. Doch Kundendienst kann, ebensowenig wie Technik-Euphorie und Fortschrittsbegeisterung, Selbstzweck bleiben. Schließlich ist die *Gourmenia* ein Wirtschaftsunternehmen, und so ist all dies einem kaufmännischen Ziel untergeordnet: »Die Amerikaner haben den Dienst am Kunden unter dem Schlagwort ›Service‹ zu einer Wissenschaft ausgestaltet, die heute die gesamte Wirtschaftspolitik der Neuen Welt beherrscht. In hohem Maße hat diese Betreuung des Kunden Kauflust und Kaufkraft durch gesteigerten Konsum gefördert und dem gesamten wirtschaftlichen Leben jenseits des großen Teichs einen neuen, nicht zu unterschätzenden Antrieb gegeben.«[23]

Die Zauberformel für reibungsloses Funktionieren und erfolgreiches geschäftliches Handeln kann im Jahre 1929, dem Jahr der *Gourmenia*-Eröffnung, nur »Rationalisierung« heißen und stammt – ebenso wie der Begriff Service – aus den USA, dem Mutterland allen technischen Fortschritts. Es ist die Vorstellung des Fließbandes, das die Aufteilung in einzelne Arbeitsgänge, die Arbeitsteilung und Spezialisierung fordert. Zur Dichtung steigert sich die Sprache der *Gourmenia*-Broschüre, wenn sie diesen Vorgang beschreibt:

»Das ist eine Melodie, die den Eintretenden entgegenschlägt, es ist die Melodie des Lucull des zwanzigsten Jahrhunderts. Also: Teller- und Porzellangeklirr von zehntausend Tellern, ein Klingen und Schmettern von Silber und wieder Silber, ein Klingeln von tausend Glocken, eine Reihe von Rohrposten surren, und die Aufzüge, kleine Aufzüge, und einer, der ein paar mächtige Bullen zum Himmel fahren könnte – achthundert Zentner Traglasten! – sausen ohne Unterlaß auf und ab.

Wo man steht, steht man im Wege. Hunderte von Bediensteten jagen an einem vorbei. Köche in der turmhohen Mütze, Küchenmädchen aller Jahrgänge, Kellner im angegossenen Frack mit Platten, groß wie der Platz der Gedächtniskirche, jonglierend, vorbei an einem, vorbei und wie ein abgeschossener Pfeil hinunter, wo der Gast

wartet. Alles geht hier am laufenden Band, die Teller, eben noch mit Resten bedeckt, wandern in einen Behälter und kommen sauber gewaschen heraus, sauber gewaschen nicht durch Handarbeit, sondern durch das Wunder der Elektrizität! Der kocht und bratet das Fleisch, der die Fische, die eben noch munter im Bassin schwammen, und der macht nur in Geflügel, wieder andere Köche sind nur für das Gemüse, nur für Kartoffeln, von der neuen Pellkartoffel bis zur pomme frites und pomme de paille, verantwortlich. Da wären noch die Kaffeeköche, die Konditoren und Zuckerbäcker, die Eisspezialisten, Küchenchefs und Kellermeister. (...) Aber, ob Küchenchef oder Kartoffelschäler, ob Lastfahrstuhlführer oder der Kellner mit der phantastischen Platte, alles geht wie am Schnürchen, alles ist wie aufgezogen, alles wie elektrisch geladen – da muß irgendein Giganter auf den Knopf gedrückt haben, daß alles so läuft, so eilt und jagt, ohn Unterlaß, ohne Atempause.«[24]
Das Motto der *Gourmenia*: »Das Haus hat dem Kunden zu dienen!« galt übrigens ausdrücklich auch für die Musik: Der Gast »will gute Musik hören, und nur die ersten Kapellen genügen heute den verwöhnten Ansprüchen. Bei der Auswahl der Musik muß darauf Bedacht genommen werden, ob es Tanzmusik oder Unterhaltungsmusik ist, die der Gast hören will. Im Tanzraum darf die Musik eigentlich nie schweigen, und die besten Kapellen sind gerade gut genug, um sich fortgesetzt abzulösen. Fünf solcher ausgesuchten Orchester konzertieren in der *Gourmenia.* Agenten aus aller Herren Länder sind beauftragt, in New York und in London, in Paris und in Rom, in Wien und in Budapest, selbst in Buenos Aires und in Rio de Janeiro Kapellen ausfindig zu machen, die dazu beitragen, den Dienst am Kunden zu vervollständigen.«[25]
Kundendienst also auch in musikalischer Hinsicht: Wer heute die Namen der Orchester liest, der findet diese Werbeaussage ganz und gar bestätigt. Die Liste der für das Haus *Gourmenia* verpflichteten Kapellen liest sich wie ein Lexikon des Jazz der Jahre um 1930. Im April 1929 konnte man in der Tanzdiele des *Café Berlin* die *Excellos Seven* erleben, eine Gruppe, die wahrscheinlich identisch ist mit den *Excellos Five.* Diese im wesentlichen aus holländischen Musikern zusammengesetzte Band hatte schon in den Jahren 1925–26 in Berlin gastiert und bei dieser Gelegenheit eine Reihe Schallplatten aufgenommen, die Horst H. Lange in seinem Standardwerk »Jazz in Deutschland« urteilen lassen: »Diese Band konnte, wenn sie wollte, mit Verve und Perfektion guten Jazz spielen.«[26] Dieselbe

Gruppe konnte man im Juni 29, zusammen mit der Tango-Kapelle Manuel Romeos, auch auf dem *Dachgarten Berlin* erleben. Weitere Glanzlichter im Eröffnungsjahr: das Orchester Norbert Faconi im September, und im Oktober der aus den USA stammende Lud Gluskin, sicherlich nicht zu Unrecht als »Europas bestes Tanzorchester« angekündigt. Die Bedeutung dieses Orchesters bestand aber vor allem darin, daß es in den etwa zwei Jahren seines Deutschland- bzw. Berlin-Aufenthalts einen nicht zu unterschätzenden Einfluß auf die Entwicklung des Jazz in Deutschland ausübte und »zu einem Meilenstein der deutschen Jazzgeschichte (wurde), da etliche gute deutsche Musiker von ihm inspiriert wurden«[27]. Einer dieser deutschen Musiker war der damals blutjunge Georg Haentzschel[28], der 1929 für einige Zeit als Pianist bei Lud Gluskin arbeitete. Später wurde er u. a. als Co-Leader des *Deutschen Tanz- und Unterhaltungs-Orchesters* (neben Franz Grothe) und vor allem als Filmkomponist (»Münchhausen«) bekannt.
Auch nach der Übernahme des *Cafés Berlin* durch Fritz Unger im April 1930 bietet das Programm Erlesenes. Für den Oktober 1930 hat man eigens den »Funktanzmeister«

Walter Carlos »mit seiner charmanten Gattin« engagiert, der im Dachwintergarten dreimal in der Woche – montags, mittwochs und freitags – »Tanz nach Plan« unterrichtete. Die Tänze der Saison sind Tango, Foxtrott und Waltz, und der *Berliner Herold* beobachtet: »Nichts Abgehacktes, Steifes mehr, lange Schleifschritte und leichtes Wiegen in den Hüften ist die Parole.«[29]
Auch die Orchester, die man 1930 für den Dachwintergarten verpflichtet hatte, konnten sich sehen und hören lassen. Im April erlebte das Publikum des *Cafés Berlin* mit dem Gastspiel von Sam Wooding »und seinen 12 chocolate kiddies« eine absolute Sensation. Diese ausschließlich aus schwarzen Musikern bestehende Band – »eine Elite der farbigen Musiker New Yorks«[30] – war seit ihrer sensationellen ersten Bühnenschau 1925 im Berliner *Admiralspalast* nun schon das vierte Mal auf Gastspielreise in

Deutschland, aber immer wieder eine besondere Attraktion.
Im November war schließlich noch einmal die Big Band von Lud Gluskin zu hören, von deren Leiter der *Berliner Herold* schwärmt: »Man muß ihn sehen, wenn er auf dem Podium steht und in so legerer Weise seinen unheimlich langen und dünnen Taktstock schwingt, man merkt es kaum, und dennoch hat er die Kapelle voll und ganz in der Hand. Reizend seine Jazz-Instrumentationen großer Stücke, die stets einen großen Beifall finden und seine urkomischen Jazz-Parodien einer oberbayerischen Kapelle.«[31]

Aber auch neue deutsche Orchester stellten sich im *Dachgarten Berlin* vor. Im September 1930 war hier das Orchester George Nettelmann erstmals zu hören, eine Band, die sich sehr bald »in hotinteressierten Kreisen einen guten Namen« erspielen sollte.[32] Das anglo-amerikanische »George« sollte wenigstens einen Hauch internationalen Flairs verbreiten; tatsächlich stammte der Bandleader aus Hannover. Auch die Kapelle des Pianisten und späteren Aufnahmeleiters der *Telefunken*-Schallplattengesellschaft Adalbert Lutter konnte hier im November 1932 debütieren.

Auch die *Traube* hatte im November 1930 mit dem Orchester Georges Boulanger einen besonderen Publikumsliebling zu bieten, wie überhaupt auch die sogenannten Konzertkapellen – heute würde man von »Kaffeehaus-Kapel-

len« sprechen – nicht weniger bekannt und beliebt waren. Zu Beginn des Jahres 1931 konnte man im *Café Berlin* beispielsweise zu Kaffee und Kuchen den Klängen des aus der Ukraine stammenden Geigers Michael Schugalté und seiner Kapelle lauschen, die im Parterre Unterhaltungsmusik bot. Wenn Schugalté pausierte, trat oben im Rang, wo sich die Tanzdiele befand, mit seiner Kapelle Adolf Ginsburg in Aktion, »Meisterschüler der ehemaligen kaiserlichen Hochschule für Musik in Petersburg«, wie der *Berliner Herold* zu vermelden weiß.[33] »Der kleine große Geigenvirtuose mit seiner einschmeichelnden Musik hat es hier verstanden, sich in die Herzen seiner Zuhörer hineinzuspielen. Seine Musik ist immer gleich gut, ob zum Konzert oder zum Tanz, man freut sich, ihm zuhören zu können.«[34] Nur wenige Jahre später mußten beide Musiker, Ginsburg und Schugalté, Deutschland wegen ihrer jüdischen Abstammung verlassen. Ihr weiteres Schicksal ist nicht bekannt.

Selten decken sich Architektur und Unternehmens-Philosophie so perfekt wie im Falle des *Hauses Gourmenia.* Zusammen mit der durch den Graphiker Curt Aren geprägten Werbung bilden sie – jedenfalls im ersten Jahr des Bestehens – eine geradezu kongeniale Einheit bei der Realisierung der Unternehmens-Philosophie. Und trotzdem muß von dem Scheitern der *Gourmenia* berichtet werden. Unter der Schlagzeile »Massenpleite der Vergnügungsindustrie« verbreitet der *Berliner Herold* vom 5. Januar 1930 die traurige Kunde, die *Gourmenia* stehe mit mehreren Millionen Mark Schulden unmittelbar vor dem Konkurs. Nach gerade einem Jahr ist Josef Liemann, der Begründer dieses so hoffnungsvoll begonnenen Unternehmens, am Ende. Angeblich soll er selbst nicht einmal mehr die Miete für seine Privatwohnung zahlen können, wird berichtet.[35] Schon seit einiger Zeit hatte es offenbar bei der *Gourmenia* gekriselt: Lieferanten hatten bereits mehrfach die Lieferung eingestellt, und immer wieder waren Gerichtsvollzieher erschienen, um die Abendkasse zu pfänden. Zu erklären ist diese Pleite einerseits sicherlich durch Finanzierungsprobleme: Liemann mußte die Baukosten schneller als vorgesehen tilgen und geriet dadurch gegen-

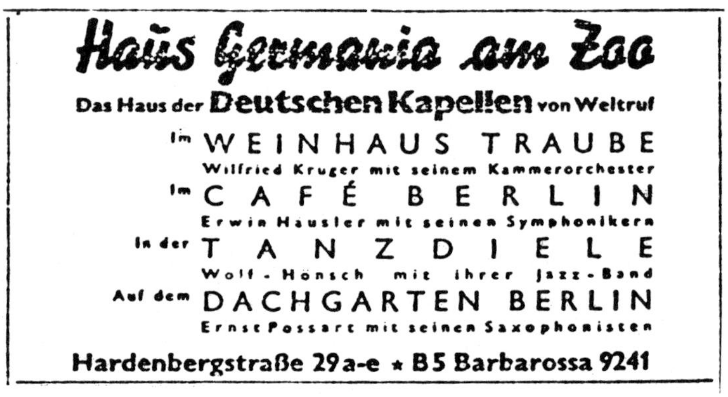

über anderen Gläubigern in Verzug. Auf der anderen Seite spielte zweifellos die allgemein äußerst angespannte wirtschaftliche Lage mit einem Nachfragerückgang sowie die besondere Situation in der Gastronomie des Berliner Westens mit erheblichen Überkapazitäten eine entscheidende Rolle: »Die gastronomischen Neugründer im Berliner Westen haben bewirkt, daß im Westen der ganze gastronomische Markt auf lange Zeit hinaus verwüstet ist. Hinter dem Angebot an Konsumstätten blieb die Nachfrage des Publikums immer mehr zurück, die Neugründungen entzogen den schon bestehenden Unternehmungen wichtige Besucherschichten und es ist so weit gekommen, daß von den hunderten gastronomischer Stätten im Westen bis auf ganz wenige Ausnahmen, die man an einer Hand abzählen kann, überhaupt keine mehr richtig floriert und gesund wirtschaftet.«[36] Möglicherweise hat sich Josef Liemann durch seine unternehmerische Besessenheit selbst ein Bein gestellt, wie der *Berliner Herold* vermutet: »Dieser kleine Mann und ewig unruhige Kopf, in dem es von Ideen und Einfällen so sprudelt, daß zehn Minister davon regieren könnten, ist das Opfer seines Schaffenstriebs. Es ist seine Leidenschaft, immer etwas Neues auf die Beine zu stellen. Hat er ein Werk vollendet, so zuckt ihm schon das nächste in den Fingern.«[37] Über das weitere Schicksal Josef Liemanns ist wenig bekannt; nach der *Gourmenia*-Pleite soll er in die »Wäschebranche« übergewechselt sein.[38]

Das nächste Kapitel der *Gourmenia* beginnt im Februar 1930 und ist mit dem Namen des Münchener Hoteliers Alexander Schalk verbunden, der das Lokal – wie es der *Berliner Herold* formuliert – »aus der Westentasche« übernimmt, also wegen der hohen Verbindlichkeiten vermutlich zu einem ausgesprochen günstigen Preis. Schalk selbst führt nur die *Traube* unter eigener Regie weiter. Die übrigen Abteilungen vergibt er in Unterpacht. Unterpächter des *Café Berlin* wird ab 1. April 1930 der Berliner Gastronom Fritz Unger, unter dessen Leitung das Lokal bald wieder gewohntes Format annimmt. Neben den erstklassigen Kapellen, die er verpflichtet, gibt es auch einige Neuerungen: So finden nun auf dem Dachgarten nachmittags regelmäßig Modentees und abends Nachtfeste wie z. B. das »Piratenfest« oder die »Nacht am Broadway« statt, und es entsteht dort eine neue Bar.

Während dieser Teil des Hauses sich allgemeiner Beliebtheit erfreut und floriert, geht es in der *Traube*, den Berichten im *Berliner Herold* nach zu urteilen, drunter und drüber. Unter der Devise »Verdienen, ohne zu investieren« soll Schalk regelrecht »Raubbau« betrieben haben: »Miete zahlte er prinzipiell nicht. Kostbare Teppiche verschwanden, wertvolles anderes Inventar verschleppte er in seine anderen Betriebe. Wenn man in den letzten Wochen in die *Traube* kam, hatte man die trübsten Erlebnisse. Ein paar Glühbirnen brannten noch – Hunderte von Glühbirnen, die im Laufe der Jahre ausgebrannt waren, waren nicht erneuert worden, Speisen, die auf der Speisekarte angekündigt waren, konnten die Kellner nicht verabfolgen, weil die Lieferanten der Küche auf Kredit keine Gänse und Hasen mehr lieferten. Auch für die Auffüllung des Weinlagers gab Herr Schalk keine Gelder her – er zog nur Kapital aus dem Haus, ohne neue Investierungen zu machen.«[39] Diesem Treiben ihres Pächters setzte die Eigentümerin des

1941 im *Café Berlin:* die Kapelle Harry Wirtz

Anwesens, die Firma *Ausstellungshalle am Zoo* AG, im Dezember 1932 ein Ende. Zur Weiterführung der *Germania*, wie das Haus seit dem ersten Jahr der »Ära Schalk« nun hieß, wurde im Dezember 1932 eine Firma mit dem Namen *Gaststätten in der Ausstellungshalle am Zoo GmbH* (später umbenannt in *Tanzpalast am Zoo GmbH*) gegründet, deren Mehrheits- und spätere Alleingesellschafterin die Eigentümerin des Anwesens war.

In späteren Jahren scheint das Haus *Gourmenia* bzw. *Germania* nicht mehr als Tanzlokal, sondern ausschließlich als Speise- und Weinrestaurant gedient zu haben. Im Kriege wurde das Gebäude erheblich zerstört und Mitte der fünfziger Jahre abgerissen.

Im Vergleich mit dem *Haus Gourmenia* wirkten die *Wilhelmshallen*, unmittelbarer Nachbar und dem selben Ursprung – den Ausstellungshallen am Zoo – entstammend, wie aus einer gänzlich anderen Zeit. Sie prägten über Jahrzehnte hinweg mit ihrer neoromanischen, an eine mittelalterliche Burg erinnernden Fassade das Ortsbild um den Bahnhof Zoo und bildeten als volkstümliches Varieté und Tanzlokal einen charakteristischen Bestandteil im Vergnügungsbetrieb des Berliner Westens.

Errichtet hatte man sie ursprünglich als Restaurant für die Ausstellungshallen am Zoo, deren westlichen Abschluß unmittelbar gegenüber dem Bahnhof Zoo sie bildeten. Den Namen *Wilhelmshallen* trägt das ehemalige Ausstellungsrestaurant seit 1916. Ebenso wie ihren noch der Kaiserzeit entstammenden Namen behielten die *Wilhelmshallen* – anders als das moderne und elegante *Haus Gourmenia* – auch ihr ursprüngliches Aussehen bei. Mit ihrer der Romanik nachempfundenen Fassade wirkten sie schon äußerlich immer ein wenig hausbacken, und entsprechend umgab das gesamte Lokal eine Atmosphäre von volkstümlicher Behäbigkeit.

Wilhelmshallen am Zoo: Das Bräustübl. Zeichnung: Hans Leu

So entsprach es durchaus dem Stil des Hauses, als Direktor Klempt die »Cocktailstunde« seines im ersten Stock der *Wilhelmshallen* gelegenen Tanzlokals *Frasquita* 1941 zum Ausdruck patriotischer Gesinnung in »Mickstrink-Stunde« umbenannte.[40] Und zu diesem Bild paßt auch folgende Begebenheit, die der jüdische Conférencier Elow in seinen Lebenserinnerungen schildert. Elow hatte für den Oktober 1933 ein Engagement an den *Wilhelmshallen*, das er aber nach dem Willen von Direktor Klempt nicht antreten sollte. Zur Begründung verwies Klempt[41] auf sein Publikum, das, wie Elow schreibt, »schon immer national gewesen war, sich noch weiter nach rechts verschoben hätte, so daß er in der heutigen politischen Situation nicht für meine Sicherheit garantieren könne«[42]. Das Engagement kam dann tatsächlich nicht zustande, die Gage allerdings mußte Klempt dem Conférencier zahlen.
Provinzieller Mief auch in der Werbung für das Lokal. Mit altväterlichem Stolz preist Direktor Klempt, der Prinzipal, in einem Programmheft von 1940 die verschiedenen Abteilungen seines Etablissements an, das Varieté im

Wilhelmshallen, Musiker der Kapelle Adalbert Lutter: Kurt Drabek, Karl Otto, Georg Lutter (von links nach rechts)

Wilhelmshallen, Varieté und Kabarett

Programmheft, Januar 1940

Wilhelms-hallen: Orchester Adalbert Lutter (oben) und Kapellmeister Arno Berger (unten)

Erdgeschoß mit seinen »hochkünstlerischen Darbietungen« und – ebenfalls parterre gelegen – das »erste Original-Oberbayrische Bräustübl« in »stilechter Ausschmückung«. In der ersten Etage sind in der *Frasquita*, »Berlins schönste(r) und mondänste(r) Tanzstätte«, wiederum »hochkünstlerische Einlagen« sowie ein »erlesenes Orchester« zu bestaunen, und in der *Frasquita*-Bar kann man zu den Klängen »namhaftester« Barkapellen bis 3 Uhr früh tanzen.[43]

Den Namen *Frasquita* trug das im ersten Stock gelegene Tanzlokal seit dem Herbst 1937. Zuvor hatte es einiges Hin und Her bei der Namensgebung gegeben: Um die Jahreswende 1934/35, im Zusammenhang mit einem Umbau, sollte die Tanzdiele im ersten Stock der *Wilhelmshallen* auch einen neuen Namen bekommen. Zunächst war der Name *Femina* ausersehen worden, was aber aus wettbewerbsrechtlichen Gründen nicht möglich war.[44] Auch der dann vorgesehene Name *Olympia* war seit Dezember 1934 für das ehemalige Café *Parkschloß* in der Wilmersdorfer Augustastraße vergeben. So wurde das Lokal dann im Januar 1935 unter dem Namen *Fiametta* eingeweiht. Schließlich gab es 1937 nochmal einen Namenswechsel: Aus der *Fiametta* wurde die *Frasquita*.

Aber nicht nur der Name war neu: Nach Plänen des Architekten Fritz Gaulke war hier zugleich ein völlig neues Lokal entstanden, das in künstlerischer Hinsicht vielleicht nicht unbedingt vergleichbar war mit entsprechenden Leistungen der zwanziger und frühen dreißiger Jahre. Unter den Vorzeichen nationalsozialistischen Bauens war dabei gewiß manches protziger ausgefallen als noch vor wenigen Jahren, sollte auch »deutsches Können« repräsentieren.[45] Insbesondere hatte man feierlich wirkende Farbkombinationen wie Rot-Gold und Blau-Silber gewählt und kostbare Materialien wie Mahagoni, Marmor, Lackleder und – für die Wandbespannungen – Damast und Atlasseide verwendet. Dennoch: Mit der bekannten NS-Herrschaftsarchitektur im Stile der Neuen Reichskanzlei hatte die neue *Frasquita* wenig zu tun.

Die *Wilhelmshallen* waren – wie der gesamte Komplex der früheren Ausstellungshallen am Zoo – im Krieg zwar schwer beschädigt worden, dennoch wurden bald wieder einige kleine Behelfsläden eröffnet. Später wurde die Ruine beseitigt. An Stelle der *Wilhelmshallen* stehen heute das Hochhaus am Zoo sowie der »neue« *Zoo-Palast*.

Programmheft, November 1938

Wilhelmshallen: Orchester Arno Berger um 1932 (oben) und das zerstörte Haus 1945 (unten)

Ambassadeurs (oben) und *Barberina* (unten)

4. Variationen in Rokoko und Expressionismus: *Barberina/Ambassadeurs, Casanova* und *Palais am Zoo*

Die *Barberina* war in den zwanziger Jahren einer der ersten großen Tanzpaläste des Berliner Westens. Im September 1924 übernahm Georg Tichauer, der Inhaber der *Kakadu-Bar* in der Joachimstaler Straße, das Lokal, das kurz zuvor gegründet worden sein muß. Das Wohnhaus in der Hardenbergstraße 18, in dem sich die *Barberina* befand, war 1886 errichtet worden. Dort hatte sich schon vorher ein russisches Restaurant befunden.
Wie es der »Namenspatronin« des Lokals, jener legendären Tänzerin des 18. Jahrhunderts, entsprach, war die *Barberina* in verschwenderischer Pracht, ganz im Stile eines barocken Residenz-Theaters, mit Guckkastenbühne und Logen ausgestattet. Unter der Leitung Tichauers entwickelte sich das Tanzlokal – nach Auffassung des *Berliner Herolds* – bald zum »führenden Haus des Westens«. Und so ging man 1928 daran, einen Erweiterungsbau für das so erfolgreiche Haus zu schaffen. Durch den vollständigen Umbau des Nachbarhauses, der ehemaligen Villa eines Kommerzienrates, entstand so die Schwester der *Barberina*, das Tanzlokal *Ambassadeurs*. Dafür hatte man, wie schon zuvor beim Umbau der *Kakadu-Bar*, die Architekten Kaufmann und Wolffenstein verpflichtet; die künstlerische Leitung lag auch hier wieder bei Max Ackermann.
Grundriß und Stil der Inneneinrichtung ähnelten sehr stark denen der *Barberina*: Offenbar sollte mit dem *Ambassadeurs* nicht mehr als deren zeitgemäße Variante geschaffen werden, ohne daß die Modernität auf Anhieb erkennbar wurde. Wie bei der *Barberina* hatte man sich auch hier ganz offensichtlich wieder am Vorbild des Theaters orientiert, dabei aber zeitgemäße, nämlich expressionistische Stilelemente verwendet. Daran wird deutlich, wie sehr beide Stilrichtungen – Barock bzw. Rokoko und Expressionismus – in der Innenarchitektur miteinander verwandt sind und wie sehr beide ein und dasselbe Ziel verfolgen: Diese Art der Palastarchitektur hatte »hochherrschaftliche« Umgebung darzustellen, durch glanzvolle Aufmachung zu imponieren und dem Besucher so das Gefühl zu vermitteln, sich in höheren gesellschaftlichen Sphären zu bewegen.
Ende 1928 wurde das neue Etablissement eröffnet. Dazu hatte Tichauer das Orchester Lud Gluskin engagiert, ein amerikanisches Spitzenorchester, dessen Qualität allge-

Das *Ambassadeurs*

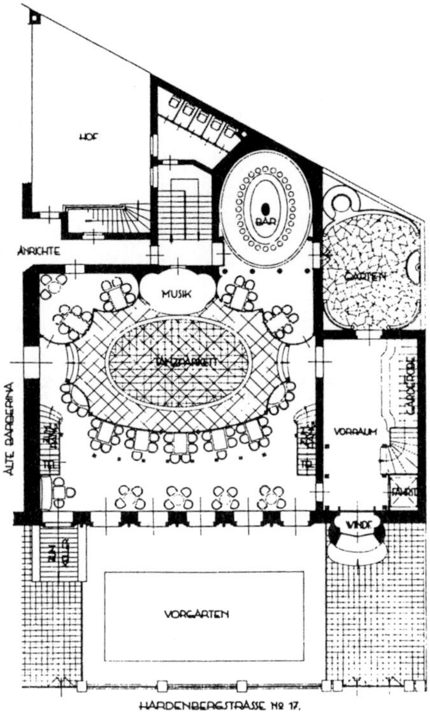

mein anerkannt war und noch heute (aufgrund der Schallplattenveröffentlichungen) anerkannt ist.[1] Wie es damals, jedenfalls bei englischen und amerikanischen Orchestern, üblich war, nannte sich die Band nach ihrem Auftrittsort »Lud Gluskin and his Ambassadonians«. Doch trotz des großen Erfolges dieser Spitzenband und anderer nachfolgender standen die benachbarten Lokale zu Beginn des Jahres 1930 vor der Pleite. Der Hauptgrund dafür dürfte, neben der allgemeinen Wirtschaftskrise und der zunehmenden Konkurrenz in der Vergnügungsbranche des Berliner Westens, vor allem darin bestanden haben, daß sich Tichauer mit dem Neubau des *Ambassadeurs* selbst einen Konkurrenten geschaffen hatte, gegen den die *Barberina* keine Chance hatte. Gäste, die bisher die *Barberina* besucht hatten, wählten nun natürlich die modernere Kopie, und die *Barberina* blieb leer.

Der Konkurs konnte zunächst abgewendet werden, aber Musiker und Artisten mußten sich für einige Zeit mit der halben Gage zufriedengeben. Spitzenbands wie etwa die

Ambassadeurs, Erdgeschoß-Grundriß (oben) und Barberina (unten)

von Lud Gluskin waren nun in den beiden Häusern nicht mehr zu hören; statt dessen bietet das Programm im Jahre 1931 sozusagen Berliner Hausmannskost, beispielsweise die Kapelle Victor Hohenfels, ein Name, der noch heute im Berliner Musikleben einen guten Klang hat, nämlich als Konzertagentur. Die Kapelle gehörte damals sicher nicht zur ersten Garnitur; dennoch äußert sich der Rezensent des *Berliner Herolds* durchaus zufrieden:

»In der Kapelle Hohenfels ist alles vereint, stets ist sie gut aufgelegt, der Meister immer an der Spitze, nie ermüdend, ob er nun mitconferiert oder im Publikum singt, er versteht Stimmung zu machen, und dies ist doch die Hauptsache.«[2]

Im Februar 1933 debütierte hier die Kapelle Kurt Widmann, die später an anderem Ort zu einem der beliebtesten Tanzorchester Berlins avancieren sollte.

Doch obwohl man nun zusätzlich auch besonderen Wert auf ein anspruchsvolles artistisches Begleitprogramm legte: Langfristig konnten sich die beiden einander so ähnlichen Schwestern *Barberina* und *Ambassadeurs* nicht behaupten. 1939 wurden die Häuser, in denen sich die Lokale befunden hatten, umgebaut und dienten fortan dem *Milch- und Fettwirtschaftsverband Kurmark* als Verwaltungsgebäude. Wenig später wurde das Gebäude während des Krieges zerstört.

In der Lutherstraße 22 (heute: Nr. 14–18), im Hause der *Scala*, wurde im November 1927 von Heinrich Liemann das *Casanova* eröffnet – »die schönste Tanzstätte des Kontinents«, wie die Werbung behauptete. Zuvor hatte sich in diesen Räumen schon ein anderes Tanzlokal befunden, das *Scala-Casino*. Mit seinen konsequent expressionistischen Formen, die am ehesten an die berühmte Filmdekoration aus dem *Caligari*-Film von 1919/20 erinnern, war es zweifellos eines der interessantesten Lokale der zwanziger Jahre überhaupt gewesen. Trotzdem wurde das Lokal 1927 nach Plänen des Architekten Günther Nentwich vollkommen umgebaut und dabei die bisherige expressionistische Ausstattung restlos beseitigt. Statt auf gewagte stilistische Experimente setzte man nun lieber wieder auf Rokoko. So entstand eine Inneneinrichtung, die vor allem eines wollte, nämlich, wie Curt Moreck schreibt, durch »zügellosen Pomp« imponieren. Entsprechend das Image

Barberina bringt u. a. im FEBRUAR 1933

KAPELLE WIDMANN mit seinen Jazz-Solisten sorgt für Unterhaltung, Stimmung und begleitet das interessante Programm.

DAS MONDÄNE MOLKOW-BALLETT: 5 schöne Frauen singen und tanzen.

ROLI STAVOR, die internationale Solistin bringt Tänze eigener Art.

HEDDY und EDITH zeigen groteske Fantasie-Tänze.

SISTER BUTTERFLY in ihren Lausbuben-Tänzen.

JULIETTE DIMAR in Variationen nationaler Tänze.

NADESCHDA FEODOROWA, die schöne Russin, singt zum Tanz und bringt Schönheitstänze.

dieses Lokals: Es galt »als Hauptquartier der feinen Lebewelt und bemüht(e) sich um das Aroma des mondänen Lasters«[3].

Mit seiner Hauskapelle, den *Kleinen Casanovas*, zeitweise unter der Leitung des späteren *Scala*-Kapellmeisters Otto Stenzel[4], und dem üblichen, überwiegend aus Tanz- und Gesangsdarbietungen bestehenden Varietéprogramm konnte das Lokal diesen Ruf anfangs mühelos verteidigen. Mit zunehmender Konkurrenz aber wurde es auch für das *Casanova* immer schwieriger: Die Rokoko-Einrichtung, auf die man so stolz war, war nach einiger Zeit schon nichts Besonderes mehr; zu viele Lokale boten inzwischen ähnliches, und die Besucher hatten sich nach einiger Zeit daran sattgesehen. Nach 1930, unter neuer Leitung, setzte man beim *Casanova* nun mehr auf die Zugkraft absoluter Spitzenbands, »die sich sonst nur Varietébühnen und Welthotels leisteten«[5]: Für 1930 hatte man Dajos Béla und Mitja Nikisch engagiert, und für die folgende Saison die Kapellen Efim Schachmeister und Bernard Etté. Auch nach 1933, als aus dem Bernard ein Bernhard Etté geworden war, trat er hier noch auf. Doch den Untergang des

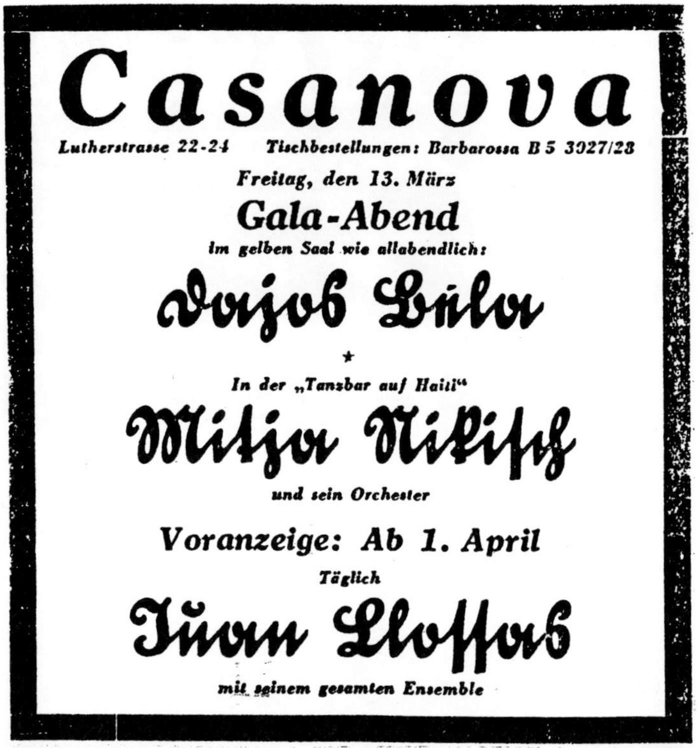

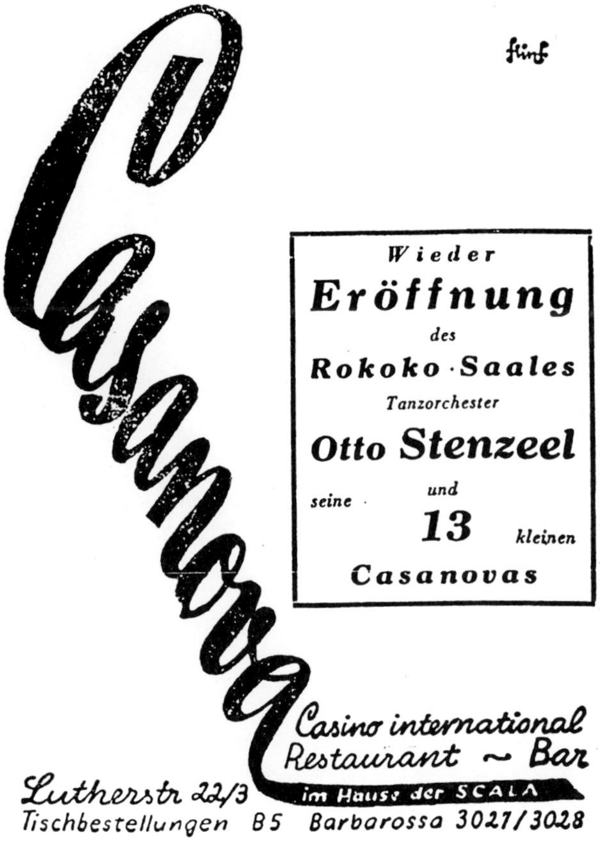

Casanova konnten all diese Bands nicht aufhalten. Nach der endgültigen Schließung residierte hier in späteren Jahren u. a. das ungarische Restaurant *Hungaria*, bis dann schließlich bei dem schweren Luftangriff vom 23. November 1943 das gesamte Areal einschließlich der benachbarten *Scala* zerstört wurde.

An der Gedächtniskirche und direkt neben dem *Haus Gourmenia* lag das *Palais am Zoo* in einem Gebäude, das Hans Poelzig 1925/26 für das Kino *Capitol* geschaffen hatte. Dazu gehörten noch das *Café* und der *Grill am Zoo*. Doch im Gegensatz zu der nüchtern-zweckmäßig erscheinenden Fassade des Poelzig-Baus wirkten die Innenräume der drei Gaststätten, die von den Architekten Kaufmann & Wolffenstein sowie Max Ackermann stammten, fast ein wenig anachronistisch. Auch hier wieder, wie bei *Barberina* (1924), *Casanova* (1927) und *Ambassadeurs*

Budapester Straße, Fassade des Capitol-Baus mit *Palais, Café* und *Grill am Zoo*

Casanova,
Postkarten-Serie
von Martin Frost

M. Frost

M. Frost

M. FROST

M. FROST

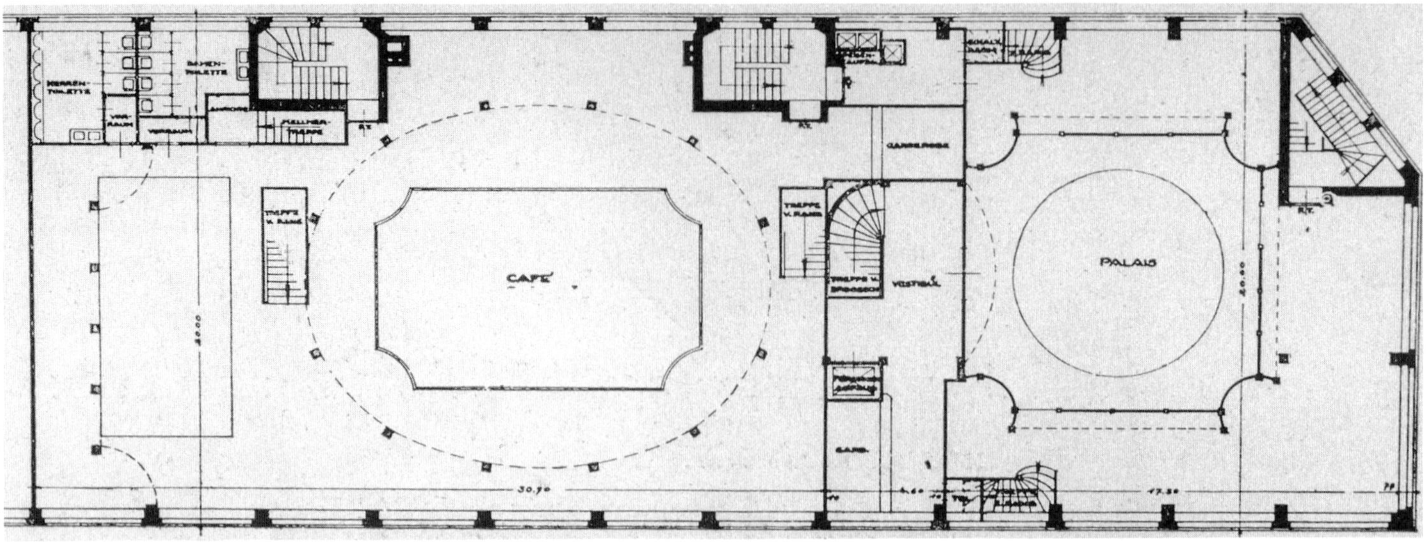

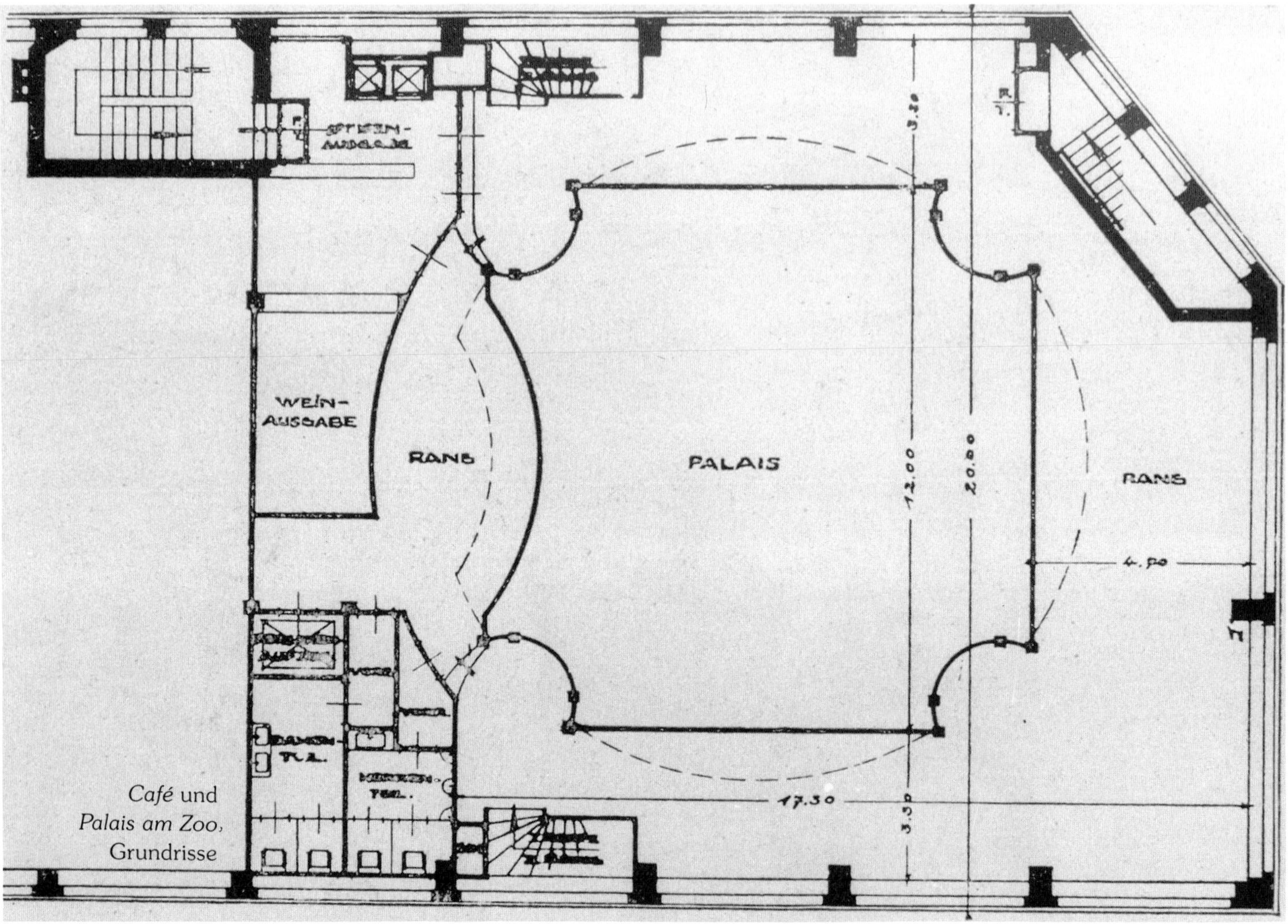

Café und
Palais am Zoo,
Grundrisse

Das *Café am Zoo*

(1928), hatte man der verschwenderischen Prachtentfaltung des Barock nachgeeifert, wenn auch in expressionistischen Formen. Und auch hier wieder bei ovalem Grundriß die typische, am Vorbild eines barocken Residenztheaters orientierte Anordnung mit Guckkastenbühne und Logen. Wände und Brüstungen der Logen waren in gelbem Schleiflack gehalten, die Stoffbespannungen in Altgrün und Altrot. Deckenmalerei sowie aufwendige Beleuchtungskörper aus Silber mit gelbem Glasbehang verstärkten den Eindruck barocker Prachtentfaltung.

Zu Beginn des Jahres 1927 wurde das *Palais am Zoo* durch Josef Liemann, den Bruder des *Femina*-Gründers, eröffnet. Dazu hatte man das Orchester Julian Fuhs verpflichtet. In den folgenden Jahren war hier immer wieder das Orchester Norbert Faconi zu hören, ein Name, an den sich heute wohl nur noch Eingeweihte erinnern, obwohl die Band in den Jahren um 1930 außerordentlich beliebt war und sogar einige Schallplattenaufnahmen hinterlassen hat. Norbert Faconi hieß in Wirklichkeit übrigens Norbert Cohn. Und so soll es zu dem so exotisch klingenden Künstlernamen gekommen sein:

»Früher spielte er oft in einem Trio mit dem Pianisten Heinz Fabian und dem Schlagzeuger Nikisch. Die drei dachten sich einen Kapellennamen aus, indem sie jeweils die beiden ersten Buchstaben ihrer Nachnamen aneinanderreihten: Fa-Co-Ni. Da der Geiger Cohn stets im Stehen vor der Kapelle spielte, identifizierte ihn das Publikum als Herrn Faconi – und so entschloß er sich, diesen Namen als Künstlernamen zu tragen.«[6]

Palais und *Grill am Zoo*, Werbeblätter (um 1927)

Das *Palais am Zoo*

Später war hier häufig das Orchester Carlo Ellomon zu hören, das, wenn es vielleicht nicht unbedingt zur ersten Garnitur gehörte, doch immerhin damals in Berlin durchaus einen Namen hatte. Auch diese Kapelle dürfte wohl nahezu vergessen sein, zumal von ihr, soweit bekannt, auch keine Schallplattenaufnahmen existieren. Hinter dem bombastischen Künstlernamen Ellomon steckte übrigens in Wirklichkeit ein Trompeter namens Karl Kirsch.

Zerstörtes *Romanisches Café* und *Café am Zoo,* 1945

5. Die Friedrichstadt – Swing und volkstümliches Vergnügen: *Moka Efti City, Palais de Danse/Atlantis, Imperator, Clou* und *Faun*

In den dreißiger Jahren war die Friedrichstraße als Vergnügungsmeile für die Berliner eigentlich schon lange out. Allenfalls Besuchern aus der Provinz konnte sie vielleicht noch die eine oder andere Attraktion bieten, vor allem aber Nepp. Die Berliner City, wie das ursprüngliche Berliner Zentrum gelegentlich genannt wurde, hatte jedenfalls hart zu kämpfen gegen die übermächtige Konkurrenz der moderneren und eleganteren Vergnügungslokale des Westens. Wer ausgehen und tanzen wollte, fand hier ein weitaus attraktiveres Angebot. Einige Lichtblicke aber gab es immerhin, und die bewogen gelegentlich auch das verwöhnte Publikum des Westens, sich auf den Weg in die City zu machen.

Eines dieser Ziele, für ein paar Jahre eine der Kultstätten des Swing, war das *Moka Efti City*. Das Gebäude, das das spätere *Moka Efti* beherbergte, stand schon seit den späten achtziger Jahren des 19. Jahrhunderts an der Ecke Friedrich- und Leipziger Straße. In den Jahren 1887–89 war es im Auftrag der New Yorker Lebensversicherungs-Gesellschaft *Equitable* von dem Berliner Architekten Carl Schaefer errichtet worden. Fotos zeigen einen jener pomp-ös-überladenen Prachtbauten, wie er für die Gründer-

Die Friedrichstraße mit dem *Café Imperator*

Friedrich- Ecke Leipziger Straße mit *Moka Efti*, dreißiger Jahre (oben) bzw. *Equitable-Palast*, um 1900 (unten)

jahre typisch war, mit einer Fassade aus hellgrauem bayerischem Granit, Säulen und Verkleidung des Sockels aus grünem und rotem Marmor. Alle Verzierungen, die Rippen und Bänder sowie das Laternendach der Eckkuppel waren aus vergoldeter Bronze.[1] Also ein wirklicher Palast – der *Equitable*-Palast!

Schon vor dem Ersten Weltkrieg beherbergte das Gebäude im ersten und zweiten Obergeschoß, dort, wo später das Tanzlokal *Moka Efti* lag, ein Kaffeehaus, nämlich das *Café Kerkau*, das Billard an 50 Tischen auf zwei Etagen bot. Dieses Lokal war sozusagen ein Ableger, eine Filiale des seit etwa 1910 bestehenden, noch weit größeren *Kerkau-Palastes* in der Behrenstraße 48. Hier wie dort wurde Billard gespielt: der Inhaber und Namensgeber Kerkau soll nämlich, bevor er sein Lokal eröffnete, Billard-Weltmeister gewesen sein.[2] Neben dem Billard bot der *Kerkau-Palast* in der Behrenstraße übrigens eine Sensation besonderer Art, den »Exzentrik-Kapellmeister Mister Meschugge«, über den in einem Buch von 1914 berichtet wird:

»Mister Meschugge ist sozusagen der Höhepunkt des Musikcafés, die Inkarnation des Musikcafés überhaupt. Dieser zappelnde Kapellmeister, der auf dem Laufbrett vor dem Podium wie ein aufgezogenes Uhrwerk hin und her trudelt, der mit unglaublich komischen Verrenkungen bald einen Marsch oder mit gefühlvollen Grimassen einen Walzer dirigiert, ist ein wahres Symbol unserer zappelnden Zeit. Das dicht gedrängte Publikum vor ihm, die kleinen Mädchen mit den billigen, aber reizvollen Geschmacksblusen vom ›Blusencohn‹, die Gents von der Portokasse und Kontorstuhl, die Studenten, die Bürgerfrauen mit den Federhüten, die wohlgenährten Handwerksmeister, die

Billardsaal im *Café Equitable*, um 1910

Der *Kerkau-Palast* in der Behrenstraße

Handlungsreisenden, Kanzleisekretäre und die große Menge der neugierigen Provinzler, die nach den Sensationen der Großstadt jagen – dies begeisterte Publikum, das aus dem Lachen nicht herauskommt, sieht allerdings in Mister Meschugge nicht ein Symbol oder sonst ein tiefes Mysterium. Es kreischt und jauchzt, und wenn der exzentrische Liebling der Musen in die Pauke fällt und sich dann wieder mit abgerissenen Frackschößen dem jubelnden Volke zeigt, weiß dieses Volk, was es für seine fünfunddreißig Pfennig und die Schale Braun dazu gehabt hat: den höchsten Kunstgenuß im Musikcafé.«[3]

Später bezog das *Café Zielka* die Räume im Equitable-Palast. Nun wurde außer Billard hier im ersten Stock – bei freiem Eintritt und niedrigen Preisen – auch Kleinkunst geboten, und selbst Otto Reutter soll hier mit seinen Couplets aufgetreten sein. Die Gage für solche Auftritte soll, wie sich der Journalist PEM erinnert, schon mal aus ein paar Sack Kaffee bestanden haben, die Direktor Zielka dem gefeierten Künstler mangels Bargeld aus seinen Lagerbeständen überließ.[4]

Seit dem April 1929 trägt das Lokal im *Equitable-Palast* den Namen *Moka Efti*, gleichzeitig auch Bezeichnung einer Kaffeemarke, die übrigens noch bis in die fünfziger Jahre existierte. Beide, Kaffeemarke und Lokal, gehen zurück auf einen Kaufmann namens Giovanni Eftimiades. Dieser hatte zuvor schon ein Stückchen weiter, in der Leipziger Straße 29, ein Ladengeschäft mit Café betrieben, in denen die Produkte seiner Kaffeerösterei angeboten wurden. Efti nannte sich der in Konstantinopel geborene italienische Staatsbürger mit dem griechischen Namen der Einfachheit halber. Dieser Name bürgerte sich so ein, daß das Lokal später, als es längst schon nicht mehr »Herrn Efti« gehörte und kaum noch etwas mit Kaffee zu tun hatte, immer noch *Moka Efti* hieß.

Mit 2800 qm war die Fläche des neuen Domizils an »Berlins prominentester Ecke« nun etwa viermal so groß wie die der alten Betriebsstätte. Der *Berliner Herold* ist begeistert und lobt: »Das alte *Café Zielka Equitable* ist nicht mehr wiederzuerkennen, *Moka Efti* ist halt *Moka Efti*, und seine Note verpflichtet.«[5]

Was hatte nun das neue Etablissement zu bieten? Das *Moka Efti* sollte, so die Absicht seines Architekten Urban Beaury, »ein modernes, großzügiges Kaffeehaus werden, das seinen Besuchern allen Komfort und alle Behaglichkeit des Zuhause zu bieten vermag«; gleichzeitig sollte aber auch »ein Stück Orient für die Berliner City« dort ent-

Kerkau-Palast, Berlin W. 8. Konzert-Café — 48 Billards

Postkarte, um 1915

stehen.[6] Und so ist das gesamte Café im orientalischen Stil eingerichtet, mit maurischen Bögen, Wandgemälden und Panoramen orientalischer Szenen. Zur Friedrichstraße hin lagen eine in weißem Marmor gehaltene Konditorei und eine Café-Bar, die beide miteinander verbunden waren durch einen Gang in Schlafwagenform, die gelungene Illusion. Siegfried Kracauer beschreibt das desillusionierend so: »Man sitzt hier oben nicht, man reist. ›Nicht hinauslehnen!‹ steht an den Zugfenstern geschrieben, durch die man auf lauter sonnige Ansichtspostkartenlandschaften blickt. In Wirklichkeit sind sie Wandfüllungen, und der naturgetreu nachgebildete Korridor eines internationalen Schlafwagenzuges ist nichts weiter als ein langer schmaler Gang, der zwei mohammedanische Säle miteinander verbindet.«[7]

Zur Leipziger Straße lagen die Konzerträume, und im zweiten Stock hatte man, der Tradition des Hauses folgend, wiederum Billardräume eingerichtet, für ein Kaffeehaus nichts Ungewöhnliches. Ungewöhnlich aber war, daß es im *Moka Efti* einen Frisiersalon und sogar ein Schreibzimmer gab. Voller Begeisterung äußert sich der *Berliner Herold* über den Frisiersalon:

»Die vielen Stadtvertreter und Kaufleute der City sind erlöst, eine Tasse Mokka mit Musik beim Rasieren – das ist endlich mal was Neues. Zeitersparnis, Bequemlichkeit (auch am Sonntag??) – es ist eine Lust, wie der neue Mitinhaber Peter Stüber mit Herrn Efti den Wünschen des Publikums entgegenkommt!«[8]

Und in der zweiten Etage, unmittelbar neben den Billardräumen, hatte man sogar einen Korrespondenzraum eingerichtet. Dort standen mehrere »nette Tippösen«, wie das Blatt die Schreibkräfte titulieren zu können glaubte, bereit, notfalls sogar fremdsprachliche Korrespondenz zu erledigen.

Wie gesagt: Die Räume des *Moka Efti* lagen im ersten und zweiten Stock. Aus dieser Not der fehlenden Erdgeschoßräume machte man eine Tugend, indem man eine Rolltreppe einbaute, die direkt von der Friedrichstraße aus ins

Moka Efti führte. Diese Rolltreppe entwickelte sich zu einem Markenzeichen, einer regelrechten Publikumsattraktion, und noch heute fällt den meisten zu dem Stichwort *Moka Efti* als erstes ein: »Das Haus mit der Rolltreppe!« Etwas verkniffener sieht es dagegen Siegfried Kracauer, wenn er schreibt: »Eine Rolltreppe, zu deren Funktionen vermutlich gehört, den leichten Aufstieg in die höheren Schichten zu versinnbildlichen, befördert immer neue Scharen unmittelbar nach dem Orient, den Säulen und Haremsgitter markieren.«[9]

Zur Einführung des *Moka Efti* im April 1929 gab es rund um die Rolltreppe sogar ein großes Preisausschreiben, bei dem insgesamt 2000 Mark, darunter ein erster Preis in Höhe von 1000 Mark, damals eine stattliche Summe, ausgesetzt waren. »Achten Sie auf die Rolltreppe! Sie kann Ihnen zu dem Tausender verhelfen«, hieß es in dem Aufruf zu diesem Preisausschreiben. »Beobachten Sie also dieses modernste aller Verkehrsmittel, dem wir zwar schon in Warenhäusern, auf Untergrundbahnhöfen usw. begegnet sind, zum ersten Male aber in einem Kaffeehause. Nicht nur in Berlin, nicht nur in Europa, nein, in der ganzen Welt ist *Moka Efti* Equitable das erste Kaffeehaus mit Rolltreppe.«[10]

Die Preisfrage, die zu beantworten war, lautete: »Wie groß ist die Zahl der Gäste, die innerhalb der Zeit vom 27. April, mittags 12 Uhr, bis einschließlich 4. Mai, nachmittags 3 Uhr, die Fahrtreppe des neuen *Moka Efti Equitable* benutzen?«

Das Ergebnis des Preisausschreibens ist nicht bekannt, weder die Zahl der Rolltreppenbenutzer noch der Name des stolzen Gewinners. Immerhin scheint man mit der Geschäftslage nicht unzufrieden gewesen zu sein: »Das neue Caféhaus hat sich glänzend eingeführt. An einzelnen Tagen sind schon über 25.000 Tassen Kaffee verkauft worden«, meldet der *Berliner Herold* etwa zwei Wochen nach der Eröffnung.[11] Doch trotzdem: Irgend etwas läuft schief, denn Anfang Januar 1930 braut sich – inmitten einer allgemeinen Krise der Berliner Vergnügungsbranche – auch bei *Moka Efti* ein Unwetter zusammen, und der *Berliner Herold* berichtet:

»Auch *Moka Efti* an der Ecke Leipziger und Friedrichstraße ist in Schwierigkeiten geraten – am 6. Januar findet die Gläubigerversammlung statt. Das Unternehmen war mit Londoner Geld finanziert, seine Hintermänner sind durch Londoner Bankkrachs in Not gekommen.«[12]

Trotz zufriedenstellenden Umsatzes hat sich, wie das Blatt in seiner nächsten Ausgabe berichtet, ein Schuldenberg von 5 1/2 Millionen Mark angehäuft. Höchst undurchsichtig erscheinen die finanziellen Verhältnisse: »Es herrscht ein tolles Verschachtelungssystem, und selbst Herr Efti vermag keine Aufklärung zu geben, wie die Inhaberanteile auseinanderzufilzen sind.«[13] Niemand weiß so recht Bescheid, aber an Gerüchten besteht kein Mangel. Hatten in der letzten Ausgabe des Blattes noch englische Geldgeber ihre Hände im Spiel, so munkelt man nun von zwei griechischen Herren, die sich aus dem Staube gemacht hätten. Klar ist auf jeden Fall eines: Ausländer sind schuld! »Nachdem sich die Ausländer die Taschen gefüllt hatten, sind sie abgereist und lassen die trauernden deutschen Lieferanten im Elend zurück.« Und wurde noch vor gar nicht langer Zeit die Pracht der neuen Räume bewundert, so heißt es nun auf einmal: »Der furchtbare Kitsch dieser levantinischen Gründung, die alle Eigenheiten des Balkanschwindels aufweist, wird dann vielleicht ganz zugrunde gehen – zur Freude der deutschen Kaffeehausbesitzer, die die ganze Geschichte schon längst als Schleuderkonkurrenz empfanden.«[14]

Moka Efti, Ägyptischer Salon und Kaffeebar

Moka Efti in der Friedrichstraße;
rechte Seite: Reklame, um 1934

Wie sich die Situation entwickelte, ist nicht bekannt. Anfang 1933 wechselte das *Moka Efti* den Besitzer, und im März des Jahres wurde das Lokal mit der Tanzkapelle Fred Bird neu eröffnet. Eigentümer war nun die am 26. Januar 1933 gegründete *Reform-Kaffeehaus-Gesellschaft mbH*. Alleiniger Gesellschafter und gleichzeitig Geschäftsführer war ab 1934 Gustav Steinmeier, der »König der Friedrichstraße«, wie er genannt wurde. Giovanni Efti übernahm das bisherige *Café Schottenhaml* und führte es gemeinsam mit Steinmeier unter dem Namen *Moka Efti am Tiergarten* weiter. Außerdem übernahm er im Mai 1934 das *Haus am See*, ein großes Vergnügungslokal in Wannsee. Erst von diesem Zeitpunkt an kann man vom *Moka Efti* als Tanzlokal sprechen. Zwar hatte man schon seit Oktober 1931 das zweite Obergeschoß, das seit Bestehen des Lokals ausschließlich dem Billardspiel vorbehalten gewesen war, als Tanzdiele genutzt, aber wohl immer nur halbherzig, mit zweitklassigen Bands. Zur Eröffnung im Oktober 1931 spielte beispielsweise die Jazz-Kapelle Lotti Birkhoven und Blacky Robbys, Namen, an die sich kaum noch jemand erinnern dürfte.[15] Wirklich erstklassige Bands mit zugkräftigen Namen waren dort zu dieser Zeit nicht zu hören.

ZUM
TANZ
JAMES
KOK
MOKAFFEE
in der City
Von der Plantage bis zur Tasse
Bis 1 Uhr
in der Bar
31 ₰
25 ₰
36 ₰

Das Orchester James Kok. Vordere Reihe, von links nach rechts: Erich Kludas, Willi Sasse, Otto Sill (Saxophon), Fred Dömpke (Gitarre/Bandoneon), Gerd Martini, Karl Kutzer (Trompete), Rudi Ahlers (Posaune). Mittlere Reihe: Edgar Schröder (Piano), Paul Thiel (Violine/Trompete), Franz Zwikl (Violine), Walter Meissner (Piano). Hintere Reihe: Dick Buisman (Baß), Erich Schulz (Schlagzeug)

Musikalisch richtig los ging es erst 1933, mit einem Orchester, das sich im *Moka Efti* zu einem der führenden Tanzorchester im Berlin der dreißiger Jahre entwickelte, zum »Swingklassiker Deutschlands« (Horst H. Lange) schlechthin: dem Orchester James Kok.

James Kok, ein Rumäne, der in den zwanziger Jahren nach Berlin gekommen war und sich hier zunächst mit kleineren Besetzungen emporgearbeitet hatte, war seit dem Herbst 1933 am *Moka Efti* engagiert und blieb dort, bis er Deutschland im Frühjahr 1935 verlassen mußte. Mit seiner 15 Mann starken Big Band trug er entscheidend bei zu dem legendären Ruf, den das *Moka Efti* noch heute besitzt. Hervorragende Musiker hatte James Kok in seinem Orchester, Namen, die in den Ohren der Swingfreunde einen guten Klang besitzen.

1934 verließ Walter Meissner, einer der beiden Pianisten, das Orchester. Nachfolger wurde ein junger Mann aus der Provinz, Fritz Schulze aus Magdeburg. Später nannte er sich Fritz Schulz-Reichel und wurde, vor allem als »Schräger Otto«, weltbekannt. Zu dem Job kam Fritz Schulz-Rei-

Fritz Schulz-Reichel

chel im November 1934 durch die Vermittlung eines Freundes, des später als »Dr. Jazz« bekannten Dietrich Schulz-Koehn. Dieser, damals noch Student, sorgte durch seine Beziehungen zum Orchester James Kok dafür, daß der junge Magdeburger Pianist Gelegenheit zum Vorspielen und im Anschluß daran sofort die vakante Stelle bekam. In einem Interview aus dem Jahre 1987 erinnert sich Fritz Schulz-Reichel daran:

»... eines Tages bekam ich eine Karte, das war Ende 1934, du bist als Pianist bei James Kok engagiert. James Kok war mir ein Begriff, das hatte sich bis Magdeburg herumgesprochen, daß das ein hervorragendes Tanzorchester ist hier in Berlin, da habe ich mir die Karte angesehen und habe zu meiner Mutter gesagt: Der muß verrückt geworden sein. Die warten ausgerechnet in Berlin auf mich, aus Magdeburg! (...) Im Orchester war ich einer von 15 Mann. Wir hatten noch einen zweiten Pianisten, der mehr für die konzertante Tour verantwortlich war, und ich war eben der Jazzer, wie man so sagte.«[16]

Trotz der Prominenz des Orchesters war der Verdienst nicht gerade üppig, wie sich Fritz Schulz-Reichel erinnert:

»Es war so, daß ich wochentags, glaube ich, 8 1/2 Stunden Dienst hatte, nachmittags Tee und abends nochmal, und ich glaube, sonnabends und sonntags sogar noch eine Stunde länger, und dafür bekam ich die stolze Gage von 300 Mark im Monat, und von diesen 300 Mark mußte ich erstens mal Steuern zahlen, das waren ungefähr 70 Mark, dann mußte ich an meinen Vorgänger im Orchester die Uniform abstottern, die der mir überlassen hatte, die mir Gott sei Dank auch noch paßte, denn wir waren ja damals

uniformiert mit hellblauen Smokings mit Silberaufschlägen, also sehr elegant, und dann mußte ich Miete bezahlen für meine Bude, das waren auch nochmal 50 Mark, so daß mir zum Leben herzlich wenig übrig blieb. Ab und zu habe ich mir dann mal ein ›Menü‹ erlaubt im Moka Efti, das kostete damals so etwa 1 Mark 50.«[17]

Musikalisch war mit James Kok »im *Efti*« der Teufel los. Als eine der ersten in Deutschland hatte sich die Band dem wegweisenden Stil des amerikanischen Casa-Loma-Orchesters verschrieben. Wie keine andere prägte und beeinflußte diese »erste eigentliche Swing-Band«, wie Lange sie nennt, die deutsche wie die europäische Tanzmusik überhaupt.[18] Zwischen 1933 und 1935 sorgte das Orchester James Kok im *Moka Efti* für Bombenstimmung, vor allem auch mit seiner Bühnenschau, bei der regelmäßig ein Titel gespielt wurde, der das Publikum besonders mitriß:

»Der *Orient-Expreß* war eine stark gefragte Shownummer. Allabendlich wartete das Publikum darauf. Er war effektvoll; die einzelnen Musiker – also der Trompetensatz, Saxophonsatz – sie standen abwechselnd auf, mit Schwung. Das Licht war ganz aus, nur auf der Bühne war ein Blitzen, als wenn Gewitterblitz ist – ein Zucken, und das Publikum war hell begeistert. Der *Orient-Expreß* war immer die große Nummer im Showteil …«[19]

Im Mai 1935 kam für das Orchester das Ende: James Kok mußte Deutschland verlassen. Es wird berichtet, er habe mit dem nun erforderlich gewordenen »Ariernachweis« Schwierigkeiten gehabt; die Mutter soll Jüdin gewesen sein. Hinzu kam aber noch ein Ereignis, das die Situation für Kok zweifellos noch verschärfte. Bei dem alljährlichen Besuch des englischen Tanzorchesters Jack Hylton in Berlin im Jahre 1934 hatte es in der Presse weitgehend Verrisse gegeben; möglicherweise wollte man einen weiteren Besuch dieser beim Publikum außerordentlich beliebten Band verhindern. Am Ende des Gastspiels kam es zum Eklat: »Beim großen Abschiedsabend der Hylton-Band wurde, dem ganzen Publikum gut sichtbar, ein Strauß überreicht, auf dessen Schleife folgende Worte standen: ›Allen bärtigen Kritikern zum Trotz, kommen Sie bald wieder, Meister Hylton! James Kok & sein Orchester.‹«[20] Dies wurde als Affront gesehen und trug mit Sicherheit dazu bei, ihn im Sinne der offiziellen Kulturpolitik als »unzuverlässig« erscheinen zu lassen, was wiederum den Verlust der Mitgliedschaft in der Reichsmusikkammer und damit auch einer weiteren Arbeitsmöglichkeit bedeutete.

In verkleinerter Besetzung, mit zehn Mann, machte das Orchester zunächst weiter, ging dann aber auseinander. Einige der Musiker aber blieben beieinander und gründeten unter der Leitung des Klarinettisten Erhard Bauschke ein neues Orchester, das nach kurzer Zeit die Nachfolge im *Moka Efti* antrat. »Bauschkes Orchester«, so erinnert sich Horst H. Lange, »spielte viel Swingmusik und Hotsolistik und wählte vorzugsweise amerikanische Kompositionen,

Das Orchester Erhard Bauschke zu Gast im Hamburger *Café Heinze*, um 1939

zu denen der *Tiger Rag* jeden Abend als ständiger Höhepunkt interpretiert wurde.«[21] Zwischen 1935 und 1940 zog die Band von Erhard Bauschke – ebenso wie schon sein Vorgänger – die swingbegeisterte Jugend in das Lokal an der Ecke Friedrich- und Leipziger Straße, und auf die Melodie von »Goody Goody« sang man damals die Verse: »Erhard Bauschke spielt im Efti einen Swing – Goody Goody …« Bis Anfang 1940 blieb das Orchester zusammen; dann kamen mit dem Kriegsbeginn die Einberufungen für die Musiker, und einer nach dem anderen mußte gehen. Anschließend war hier noch für einige Zeit das Orchester von Bernhard Etté zu hören. Damit ging die große Zeit des *Moka Efti* vorbei. Von jetzt an spielten hier nur noch No-Name-Bands wie etwa die von Walter Kunz in den Jahren 1942–43.
Das Jahr 1943 brachte schließlich das Ende für das traditionsreiche Haus in der Friedrichstraße. Davon kündet der lapidare Text einer Postkarte vom August 1944, worin die Geschäftsleitung der *Reform Kaffeehausbetriebe* dem

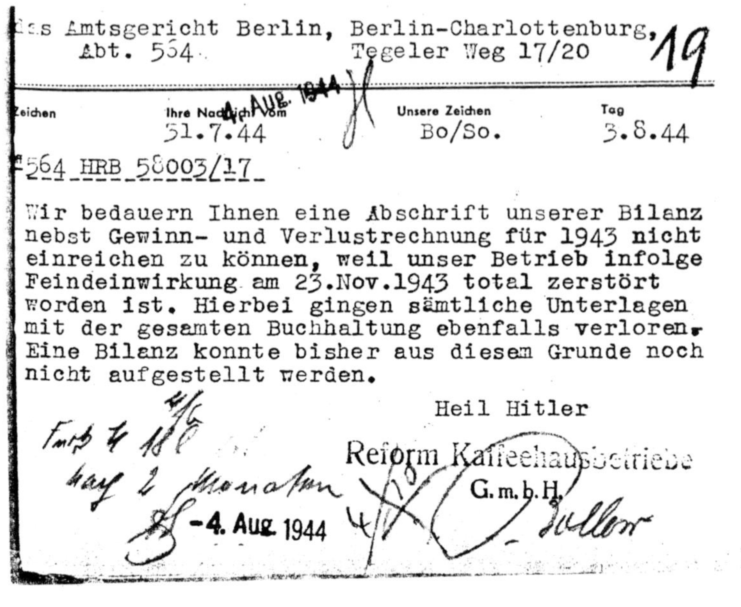
das Amtsgericht Berlin, Berlin-Charlottenburg, 19
Abt. 564. Tegeler Weg 17/20

Zeichen	Ihre Nachricht vom	Unsere Zeichen	Tag
	31.7.44	Bo/So.	3.8.44

564 HRB 58003/17

Wir bedauern Ihnen eine Abschrift unserer Bilanz nebst Gewinn- und Verlustrechnung für 1943 nicht einreichen zu können, weil unser Betrieb infolge Feindeinwirkung am 23.Nov.1943 total zerstört worden ist. Hierbei gingen sämtliche Unterlagen mit der gesamten Buchhaltung ebenfalls verloren. Eine Bilanz konnte bisher aus diesem Grunde noch nicht aufgestellt werden.

Heil Hitler

Reform Kaffeehausbetriebe G.m.b.H.

4. AUG. 1944

-4. Aug 1944

Postkarte, um 1930

Amtsgericht Charlottenburg mitteilt: »Wir bedauern Ihnen eine Abschrift unserer Bilanz nebst Gewinn- und Verlustrechnung für 1943 nicht einreichen zu können, weil unser Betrieb infolge Feindeinwirkung am 23. Nov. 1943 total zerstört worden ist ...«[22] Heute erinnert nichts mehr an dieses Berliner Tanzlokal. Was von dem einst so prachtvollen *Equitable-Palast* nach dem Krieg noch übrig war, wurde in den sechziger Jahren im Zuge der Neubebauung und der Verbreiterung der Leipziger Straße restlos beseitigt. Heute fließt hier lebhafter Autoverkehr. Wie jedoch zu hören ist, beabsichtigt die amerikanische »Equitable Life«, am früheren Standort einen Neubau zu errichten; ein neues *Moka Efti* aber wird es wohl nicht mehr geben.

Als *Gustav Steinmeier* 1933 das *Moka Efti* übernahm, hatte er eigentlich schon seinen Abschied von der Gastronomie genommen. 1932 hatte der »König der Friedrichstraße«, wie er gern genannt wurde, die Leitung seines berühmt-berüchtigten Hauses, des in erster Linie von alleinreisenden Herren aus der Provinz besuchten *Café Steinmeier* am Bahnhof Friedrichstraße, gegenüber dem *Centralhotel*, aufgegeben.

»Bei Steinmeier, das ist bekannt, ist täglich Tanz und allerhand«

hieß es in der Eigenwerbung des Hauses. Nun war das *Café Steinmeier* sicherlich auch ein Tanzlokal, aber die eigentlichen Attraktionen bestanden in anderem, was wiederum in der Werbung nur angedeutet werden konnte:

»Die schönsten Frauen in Badetrikots. – Großer Ball am Strande. – Bombenbetrieb in Strandkörben.«[23]

»Strandfest« nannte sich das, von »plastischen Darstellungen« und den »Reizen angeborener Schönheit« war die Rede; Näheres darüber ist in Curt Morecks »Führer durch das lasterhafte Berlin« nachzulesen, wo sich eine außerordentlich detaillierte und amüsante Schilderung findet.[24] Geleitet wurde diese Stätte deftigen Vergnügens vom Chef persönlich, der das Lokal, zuvor das »Dorado schweigsamer Schachspieler«, zur Zeit der Inflation übernommen hatte und dort selbst, wie es im *Berliner Herold* heißt, »sein aktivster Gast« war:

»Er tanzte mit den hübschen Mädchen, er blies das Saxophon in der Kapelle, er hielt an der Bar den durstigen Stammgästen stand. An den Litfaßsäulen verkündeten weithin die Plakate, wo das ›Ballhaus der schönen Frauen‹ zu finden war. ›Wo liegt der Bahnhof Friedrichstraße?‹ hieß es einmal in einem Inserat, in dem auch die Antwort stand: ›Der Bahnhof Friedrichstraße liegt bei *Steinmeier*.‹ Bald war in aller Munde der Name von Steinmeier, der sich beinahe neben Schmeling und Hoover zu den Männern rechnete, ›von denen die Erde spricht‹.«[25]

Später kam dann eine Filiale im Westen hinzu, an der Ecke Kurfürstendamm/Fasanenstraße, dort wo sich einst Rudolf Nelsons *Künstlerspiele*, später der Tanzpalast *Columbia* befunden hatten. Seit der Eröffnung im November 1930 erfreut sich auch dieses Lokal größter Beliebtheit; »das Laute, das Freche, der Bums« hat sich, wie der *Berliner Herold* feststellt, auch im bürgerlich-vornehmen Westen durchgesetzt:

»Hübsche blonde Mädchen nehmen dir die Garderobe ab, ein Chor singender Girls empfängt dich, die zehn *Accordeon-Harmonists* rauschen durch den Saal. Es gibt keine

tote Sekunde in der ganzen Nacht. – Immer Musik, immer Tanz, immer Gesang. Gleich zehn Stimmungssängerinnen, alle in hübschen blauen Uniformen, singen die Tanzrefrains mit – und das Publikum wird aufgekratzt und jubelt mit, Gustav, der Wirt, singt selber inmitten seiner Gäste oder rennt zur Kapelle und dirigiert die nächste Nummer und führt die Polonaise der Gäste durchs ganze Haus.«[26]
Das Publikum vom Kurfürstendamm ist so angetan, daß das Lokal jeden Abend, wie es heißt, »wegen Überfüllung geschlossen« werden muß, und: »Steinmeier kann das Geld in Eimern davontragen.«[27] Trotzdem gibt Steinmeier sein Lokal am Kurfürstendamm im Mai 1931 wieder auf.
Im September des folgenden Jahres zieht er sich auch von der Leitung seines Stammhauses am Bahnhof Friedrichstraße zurück. Die Hintergründe dieser Entscheidung deutet der *Berliner Herold* nur an, wenn er von einer »dramatischen Wendung« spricht: »Das Amüsement amüsiert ihn nicht mehr. Wenn die Bogenlampen der Friedrichstadt erglühen, flieht er an seinen stillen Havelsee zu seinen Hunden und seinen Büchern. Er beginnt sich politisch zu betätigen auf der äußersten Rechten ...«[28] Tatsächlich handelt es sich dabei um die Nationalsozialisten, denen sich Steinmeier zuwendet. Kann er, wie der *Berliner Herold* vermutet, »als Angehöriger einer Partei, die die sittliche Erneuerung Deutschlands auf ihr Programm geschrieben hat«, seine bisherige Tätigkeit nicht mehr mit seinem Gewissen vereinbaren, ein Geschäft, »in dem bisher an anderen Altären geopfert wird«?[29]
Steinmeier wird, wie sich zeigt, keineswegs in die Politik gehen und dort »einer der Männer werden, von denen die Erde spricht«[30], zumal nach einer für ihn unangenehmen Erfahrung mit der Partei, der er sich verschrieben hatte: Im Frühjahr 1933, also kurz nach der Machtergreifung der Nazis, war er von einigen seiner »Parteifreunde« in das *Columbushaus* am Potsdamer Platz verschleppt und dort einige Zeit gefangengehalten worden, weil man, wie es heißt, »einem anderen Nazikumpan einen seiner Betriebe billig zuschanzen wollte«.[31] Vielmehr tritt ein, was der *Berliner Herold* als »Heimweh nach den Saxophonen der Friedrichstadt« bezeichnet hat: Steinmeier kehrt zurück und wendet sich wieder dem Geschäft mit dem Vergnügen zu, wenngleich in seriöserer Form als vorher, vielleicht der Versuch, politische Gesinnung und berufliche Existenz so in Einklang zu bringen. 1933 übernimmt er erst das *Moka Efti* an der Ecke Leipziger Straße und 1934 das alte *Palais de Danse*, das er als *Atlantis* weiterführt. Später kommt dann noch ein Lokal im Westen hinzu, das *Columbus* in der Lutherstraße.
Von dem Steinmeierschen Vergnügungs-Imperium blieb nach dem Kriege so gut wie nichts übrig, und so verließ Gustav Steinmeier, ein Mann, der aus vielerlei Gründen von einer sowjetischen Besatzung wenig Gutes zu erwarten hatte, Berlin. In der Bundeshauptstadt Bonn leitete er später die dortige Filiale des *Cafés Kranzler.*
In der Behrenstraße 53–54, in unmittelbarer Nachbarschaft zum damaligen *Metropol-Theater*, der heutigen *Komischen Oper*, lag eines des traditonsreichsten Berliner Tanzlokale. Bekannt war es unter dem Namen *Palais de Danse.* Von 1910 bis zu seiner Zerstörung im Zweiten Weltkrieg trotzte dieses Lokal unter wechselnden Namen und noch weitaus häufiger wechselnden Inhabern allen Stürmen, die die Vergnügungsbranche Berlins und speziell die der Friedrichstadt heimsuchten.
In den Jahren 1909/10 ließen die Leiter des *Metropol-Theaters*, die Herren Jentz und Schultz, auf ihrem dem Theater benachbarten Grundstück ein »weltstädtisches, für

Fassade und Grundriß des Metropol-Palastes in der Behrenstraße

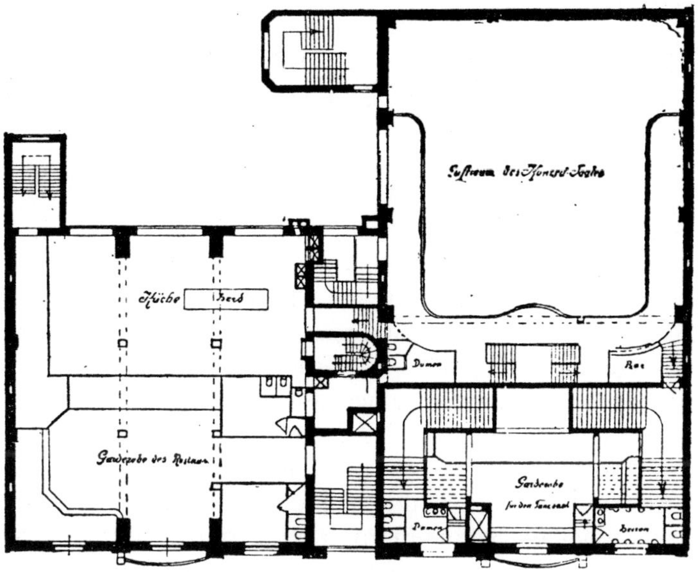

Grundriß des Konzertsaales und der Wirtschaftsräume

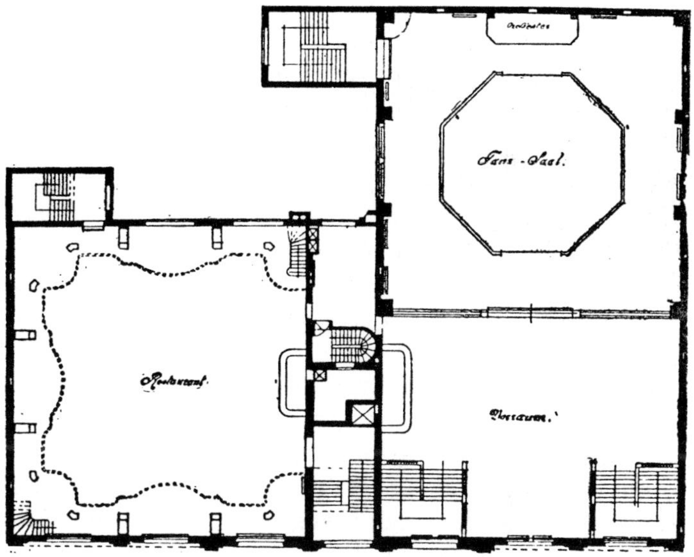

Grundriß des „Pavillons Moskotte“ und des „Palais de dance“

die vornehmste Lebewelt bestimmtes Etablissement« errichten, dessen Merkmale – wie einer zeitgenössischen Bauzeitschrift zu entnehmen ist – »Luxus und verschwenderische Pracht in der Ausstattung im Verein mit den neuesten Errungenschaften der Technik« waren.[32] Zuständig für den Entwurf waren Architekt Walter Hentschel und Baumeister Kurt Berndt. Das Gebäude trug den Namen *Metropol-Palast* und beherbergte neben einem im Erdgeschoß gelegenen Konzertsaal, dem späteren *Theater in der Behrenstraße*, im ersten Stock den Ballsaal *Palais de Danse* und das Weinrestaurant *Pavillon Mascotte.*

Beide Lokale waren annähernd gleich groß und über breite Marmortreppen direkt von der Straße aus zugänglich. Das *Pavillon Mascotte* war ursprünglich als elegantes Weinrestaurant eingerichtet, bevor es, wie das *Palais de Danse*, ebenfalls Tanzlokal wurde. Den Mittelpunkt des Raumes bildetete ein Marmorbrunnen, um den sich die Tische gruppierten, die äußeren – zur besseren Sicht – erhöht auf einem Podium, weitere auf einer Galerie.

Besonders prachtvoll aber war das *Palais de Danse* einge-

Das *Palais de Danse* im Metropol-Palast. Postkarte, um 1911

richtet. Sein Interieur läßt an eine barocke Basilika denken, wobei das Musikpodium bezeichnenderweise die Stelle des Hochaltars einnahm. Näheres über die Ausstattung des Lokals ist einer zeitgenössischen Beschreibung zu entnehmen:

»Breite Monumentaltreppen in Marmor führen direkt von der Straße aus zunächst in den Barsaal, welcher zugleich als Vorraum zum *Palais de Danse* dient und ruhig, vornehm, aber nicht minder kostbar als letzterer ausgestattet ist. Auch hier wieder eine reichliche Verwendung von Marmor, schwersten Seidenstoffen und zierlichem Stuck. Zwischen den beiden Treppenausläufern befindet sich eine große Barbüffet-Anlage in reicher Holzschnitzerei, von der Firma Herrmann Gerson ausgeführt. Durch große, mit schwerstem Brokat drapierte Öffnungen, seitlich durch Balustraden in Sienna-Marmor flankiert, ist der Barsaal mit dem eigentlichen Tanzsaal verbunden. Ein gewaltiges Kuppelgebäude überspannt die 400 qm große Saalfläche. Eine 8 Meter im Durchmesser große Oberlichtfläche in diesem Gewölbe ist durch eine Glasdecke mit Bronzegruppen überdacht. Deckengemälde in lebhaften Farben füllen im Verein mit zierlichen Rokoko-Auflösungen und reichstem figürlichen Schmucke die Aufsichtsflächen des Gewölbes. Dasselbe ruht auf Marmorpfeilern, welche miteinander durch geschwungene Kämpfer verbunden sind. Zwischen den Pfeilern stehen Marmorvorbauten mit in Bronze getriebenen Füllungen, welche dazu verwendet wurden, die Heizquellen zu verdecken. Unter diesen Vorbauten angeordnete aufgelöste Spiegelflächen tragen dazu bei, die Üppigkeit des Eindrucks bis an die Grenze des Erreichbaren zu steigern. Ein regelrechtes Achteck inmitten des Saales ist durch eine massive Balustrade aus echtem gelben Sienna-Marmor abgegrenzt, innerhalb dieser Fläche soll auf spiegelglattem Parkett getanzt werden, während ringsherum und zum Teil auf erhöht liegenden Podien das Publikum Platz findet. Für die Musiker ist ein hohes Podium mit einem baldachinartigen Überbau errichtet.«[33]

Wie auf einem Balkon, hoch über den Köpfen der Tanzenden, spielten auf diesem Podium in den Jahren vor und nach dem Ersten Weltkrieg unzählige Kapellen die Modetänze ihrer Zeit – den Ragtime, den Tango, den Paso doble, später den Charleston, natürlich auch die traditionellen Tänze: Polka, Galopp, und immer wieder Walzer. Später wurde das Podium – wie allgemein üblich – tiefer gelegt, und die Balustrade rings um die Tanzfläche verschwand.

In geschäftlicher Hinsicht waren die zwanziger und frühen dreißiger Jahre für das *Palais de Danse* ausgesprochen bewegt. »Diese Stätte des ehemaligen mondänen Berlin«, so schreibt im August 1934 der *Berliner Herold*, »ist in dem letzten Jahrzehnt die Grabstätte vieler Unternehmer-Freuden gewesen. Der Millionär Sternberg, Cafétier König, Direktor S. Hoffmann, die Unternehmer Dr. Feld, Kosterlitz und Brühl haben sich hier versucht, aber kaum einer ist über eine Saison hinausgekommen.«[34]

So hatte beispielsweise Ende 1927 Josef König, der spätere Inhaber des *Delphi-Palastes*, das nach einer Pleite wieder einmal darniederliegende Lokal erworben, was der *Berliner Herold* in seinem Jahresrückblick spöttisch so kommentiert: »Das *Palais de Danse* will es unter Cafétier Königs Leitung mit tugendsamen Rundtänzerinnen versuchen. Berlin gibt dem Unternehmen die Quittung durch Fernbleiben.«[35] Bei Direktor Hoffmann, der sich 1928 als nächster mit dem Lokal versucht, ist von Rundtänzen keine Rede mehr; dafür verspricht er bei der Neueröffnung

Das *Palais de Danse* nach Umbau. Postkarte, um 1933

am 1. September des Jahres nicht mehr und nicht weniger als eine »Revolution des Berliner Vergnügungslebens«.[36] Zu diesem Zweck verpaßt er dem Lokal zuallererst einen neuen Namen: Für die Dauer von zwei Jahren heißt das *Palais de Danse* nun *Alkazar*. Auch an superlativischen Versprechungen mangelt es nicht: In der »schönsten und größten Vergnügungsstätte der Welt« gebe es allabendlich »30 Weltattraktionen« zu bewundern, dazu »die besten Kapellen aus allen Ländern und Zonen«, und überhaupt übertreffe das Programm im *Alkazar* »das der ersten Häuser des In- und Auslandes«. Immerhin gelingt es Hoffmann, das Lokal über die Saison zu retten. Für die folgende Saison 1929 wird ein »Bombenprogramm!« versprochen: »Stimmungskanonen von Weltrang begeistern allabendlich Tänzer und Nichttänzer. Kein Weinzwang!«[37] Eröffnet wird die Saison mit einer »Luftrevue«: »Noch nie Gesehenes! Konkurrenzlos!« verheißt die Werbung für »Die tollkühn fliegenden *Pigettys* in ihrer prunkvollen Revue, unter

Das *Alkazar*. Postkarte, um 1928

der strahlenden Kuppel des *Alkazar* mit ihren im 80-km-Tempo fliegenden Tänzerinnen und leuchtendem Ballett, 30 Mitwirkende!« Doch trotz aller Sensationen: Zu Beginn des Jahres 1930 ging es mit dem *Alkazar* mal wieder langsam zu Ende, und die Saison 1930 wurde unter neuer Leitung, nämlich der Peter Stübers, eröffnet, der es, ebenso wie seine Nachfolger, mit absoluten Top-Bands versuchte: In den Jahren 1930/31 spielten im *Palais de Danse*, wie das Lokal nun wieder hieß, u. a. die Kapellen von Marek Weber, Bernard Etté, Efim Schachmeister und Egon Kaiser – und das waren nun wahrlich regelrechte Stars unter den Tanzkapellen dieser Zeit. Und trotzdem galt für das *Palais de Danse* auch weiterhin: Nichts ist so beständig wie der Wandel! Bis es schließlich, im Spätsommer 1934, hieß: »Steinmeier übernimmt das *Palais de Danse*.«[38] Diesmal wurde nicht nur der Name geändert, sondern gleich das ganze Lokal grundlegend umgestaltet: »Man hat hier gewaltige Umbauten vorgenommen«, berichtet der *Berliner Herold* im September 1934, »von dem alten *Palais de Danse* ist eigentlich kein Stein mehr auf dem andern geblieben. Die Berliner werden hier durch eine ganz neue Raumgestaltung überrascht werden.«[39]

Am 30. September 1934 wurde das neue *Atlantis* schließlich eingeweiht. Dazu spielten – frisch von einer Tournee zurück – James Kok mit seinem Orchester und – für den Eröffnungstag extra von Steinmeiers *Moka-Efti*-Betrieb

an der Friedrich- Ecke Leipziger Straße zur Behrenstraße herübergewechselt – die Band von Billy Bartholomew, der während Koks dreimonatiger Abwesenheit dort die Vertretung übernommen hatte. Zwei Orchester dieser Qualität – so etwas mußte natürlich wie ein Paukenschlag wirken! Und tatsächlich: Von nun an lief der Betrieb fast wie geschmiert. Während sich das *Mascotte* als Tanz-Kabarett

Im *Atlantis:* Erhard Gneist mit seinem Orchester

hauptsächlich auf Varietéprogramme konzentrierte, überraschte der ehemalige Ballsaal, das eigentliche *Palais de Danse*, das tanzlustige Publikum nun in wechselnden Dekorationen, mal als *Palasthof*, ein andermal als *Winzerdorf*, schließlich als *Atlantis-Hafen*. Weniger großen Wert legte man offenbar auf die Prominenz der engagierten Tanzkapellen; abgesehen von der ersten Zeit nach der Eröffnung finden sich unter den Kapellen kaum Namen, die heute noch bekannt sind. Wer erinnert sich schon noch an Kapellen wie Berthold Wagenknecht oder die »Tanz- und Stimmungskapelle Müller-Matthies«, an Pepi Huber oder Erhard Gneist? Durch besondere Veranstaltungen, wie etwa Tanzturniere um das »Goldene Band des *Atlantis*« oder »Hausfrauennachmittage« bei Kaffee und Kuchen, konnte sich das *Atlantis* als volkstümliches Lokal in der Stadtmitte etablieren. Hinzu kam, daß es später als Kabarett bzw. Varieté auch Vertragslokal der *KDF*-Organisation wurde und damit über feste Besucherkontingente verfügen konnte. Für die Behauptung, die *KDF*-Organisation selbst habe das Lokal eröffnet bzw. geführt, fanden sich jedoch keine Anhaltspunkte.[40]

An der Ecke Friedrich- und Mohrenstraße, dort wo 1992

Die *Imperator*-Konditorei in den zwanziger (oben) und dreißiger Jahren (unten)

der gerade eben erst errichtete Rohbau der *Friedrichstadt-Passage* nun schon wieder abgerissen wird, lag die *Imperator-Diele*, ein Lokal, das viele noch als »Haus der 1000 Clubsessel« in Erinnerung haben. Für die meisten aber verbindet sich noch heute der Name dieses Lokals mit dem eines ganz bestimmten Orchesters: *Imperator* und Kurt Widmann, diese Namen gehören zusammen, sind nahezu Synonyme geworden. Kein Wunder: Der Aufstieg des *Cafés Imperator* vom biederen Familiencafé zum Treffpunkt der Swingbegeisterten und Tanzwütigen begann mit dem Moment, als im Herbst 1933 Kurt Widmann mit seinem Orchester hier zum erstenmal auftrat.

Das Lokal selbst existiert jedoch schon einige Jahre länger. Ebenso wie das nicht weit entfernte *Moka Efti* muß es schon vor dem Ersten Weltkrieg bestanden haben, denn in dem 1914 erschienenen Führer »Berliner Nächte« wird es bereits erwähnt, wenn auch die lapidare Kürze der Mitteilung nicht gerade vielversprechend klingt: »Im *Café Imperator* verweilen wir einen Augenblick und hören ein artig gespieltes Musikstück mit an ...«, heißt es da.[41] An dieser Bedeutungslosigkeit scheint sich viele Jahre nichts geändert zu haben. Natürlich gab es Veränderungen, paßte man sich dem Wandel des Publikumsgeschmacks an. Um 1926 erhielt das Café, das bisher aus einer Konditorei im Erdgeschoß und einer Diele im Obergeschoß bestand, eine Erweiterung. Im ersten Stock entstand der »Rote Saal«, der als typisches Beispiel expressionistischer Raumgestaltung gilt. Jean Krämer, »einer der großen expressionistischen Baumeisters Berlins«[42] – von ihm stammen u. a. die beiden ehemaligen Straßenbahn-Betriebsbahnhöfe in der Müllerstraße (1926/27) und der Königin-Elisabeth-Straße (1930) –, hatte hier in der Friedrichstraße mit vergleichsweise einfachen Mitteln einen Raum geschaffen, der elegant und zugleich behaglich wirkte. Der relativ niedrige Saal ist durch massige Pfeiler gegliedert und wirkt trotzdem nicht bedrückend, sondern fast leicht und schwebend: »Die Masse der Pfeiler ist durch eine Profilierung gebrochen, und die große Decke erhält im Kontrast zu ihrer Last leichte Rippen, welche die ganze Fläche wie eine regelmäßig gesprungene Glasplatte erscheinen lassen.«[43]

Café Imperator: Der Rote Saal

Zusammen mit der in Elfenbein gehaltenen Decke bestimmt das kräftige Rot der Pfeilerverkleidung die Farbigkeit und gibt damit dem Raum seinen Namen. Die schweren Teppiche und vor allem die wuchtigen Polstersessel, denen das *Café Imperator* die Bezeichnung »Haus der tausend Clubsessel« verdankte, fallen demgegenüber in ihrer spießigen Plüschigkeit aus dem Rahmen und verbreiten beinahe einen Hauch von Wohnzimmer-Muffigkeit. Vielleicht aber erklärt gerade das die Vorliebe des Publikums für dieses Haus, in dem man sich so richtig wohlfühlen konnte – eben »wie zu Hause«.

Auch sonst versuchte man sich den Vorlieben und Bedürfnissen des Publikums anzupassen. Seit 1929 wurden im *Imperator* Tanztees veranstaltet: »Im Ecksaal der ersten Etage, im Roten Saal also, wird seit dem letzten Donnerstag ein Nachmittagstanztee veranstaltet. Aber auch in den Abendstunden wird man in diesem Raum tanzen können. Damit unterbricht Peter Stüber eigentlich den Charakter seines Cafés und folgt doch nur dem Zug einer Zeit, die den Tanz liebt. Die schönen Räume und die berühmte bürgerliche Solidität des *Café Imperator* werden auch den tanzenden Berlinern dies Haus nahebringen.«[44]
In der Tat: Der behäbig-solide Charakter des Hauses blieb auch nach Einführung des Tanztees erhalten. Werbeanzeigen aus den frühen dreißiger Jahren belegen dies: *Imperator*, das »gute Haus der City«, wird hier angepriesen als Treffpunkt der »guten Gesellschaft«, des »guten Familienpublikums« – bürgerlich, bieder, aber sicherlich auch etwas langweilig! Und außerdem: Zu dieser Zeit, in den dreißiger Jahren, war die Friedrichstraße mit Sicherheit keine Gegend mehr für das, was man als »gute« Gesellschaft bezeichnete! Vielleicht ist darin der Grund zu sehen, warum das *Imperator* schließlich auch in den Krisenstrudel des Jahres 1930 geriet. Am 12. Januar 1930 meldet der *Berliner Herold* unter der Überschrift »Die krachenden Kaffeehäuser« u. a.:

Kaffeehaus Jmperator
Berlin W 8, Friedrichstraße 67

Speisenkarte

Kleine Abendkarte
vom
Sonntag, den 17. Juni 1934.

Wiener Rostbraten mit Bratkartoffeln und Salat	M 1.50
Cassler Cotelett mit Majonaisensalat	
Illustriertes Brot	M 1.20

»Im *Café Imperator*, das immer ein vorbildlich geleitetes Kaffeehaus war, sind die Schwierigkeiten offenbar durch den kostspieligen Neubau der *Imperatordiele* im ersten Stock entstanden. Eine Kaffeehausdiele an dieser Stelle war offenbar kein Bedürfnis, oder die Gründung hätte längerfristig finanziert werden sollen. (...) Ein Lichtblick ist darin zu finden, daß hauptsächlich auswärtige Lieferanten an den vorläufigen Verlusten beteiligt sind, die der Aderlaß persönlich nicht zu sehr drücken wird.«[45]

Ausgerechnet das Jahr der nationalsozialistischen »Machtergreifung« 1933 wurde so etwas wie das Schicksalsjahr des *Imperators*. Zur Saisoneröffnung am 1. Oktober hatte sich *Imperator*-Chef Hermann Snoek, Nachfolger des zuvor gescheiterten Peter Stüber, eine neue Kapelle in den »Roten Saal« geholt. Zum ersten Mal war in den Zeitungen die Ankündigung »Zum Tanz die beliebte Stimmungskapelle Kurt Widmann« zu lesen.[46] Mit einem Quartett fing Kurt Widmann damals dort an. Außer ihm selbst – vorwiegend am Schlagzeug und als Sänger – waren dabei die Musiker Paul Höpfner (Alt-Saxophon und Geige), Gerhard Bothe (Tenor-Saxophon und Akkordeon) und Werner Neumann am Piano. Die Leitung des *Cafés Imperator* konnte sich zu der Wahl dieser Kapelle wahrlich beglückwünschen: »Man kann sich davon überzeugen, daß das Haus an jedem Tage nachmittags wie abends völlig überfüllt ist, so daß man, selbst wenn man zeitig kommt, kaum noch ein bescheidenes Plätzchen erwischen kann«, berichtet die Zeitschrift *Das Deutsche Podium*.[47] Um Kurt Widmann zu erleben, strömte das Publikum in den »Roten Saal«, die Umsätze stiegen, und nach und nach konnte die Kapelle erweitert werden. Aus dem ursprünglichen Quartett wurde so im Laufe der Jahre eine richtige Big Band von zehn, mitunter zwölf Musikern. Damit war es auf dem Podium nun ziemlich eng, vor allem, seitdem noch ein

Die Kapelle Kurt Widmann, 1933 im *Café Imperator*.
Am Flügel: Eugen Schieting

Widmann aus der Sicht von Hobby-Karikaturisten

zweiter Pianist hinzugekommen war: Adolf Steimel, der gleichzeitig auch einen großen Teil der Spezial-Arrangements für das Orchester schrieb.[48]

Kurt Widmann war wohl der populärste aller Berliner Tanzkapellenleiter. Mehr als das: Er war ein Original. Nichts könnte einen verkehrteren Eindruck erwecken als der Kurt-Widmann-Film »Musik im Blut«, in dem Victor de Kowa in der Titelrolle den Typus des smarten, elegant-lässigen Kapellenleiters verkörpert. Kurt Widmann war das krasse Gegenteil davon. Werner Neumann, seit 1933 Pianist im Widmann-Orchester und 1992 – fast 60 Jahre später – noch immer als Pianist aktiv, erinnert sich an den Bandleader:

»Widmann war ein Allround-Talent. Als Musiker war er ja Autodidakt und mußte deshalb auch bei der Reichsmusikkammer eine Prüfung ablegen. Aber er machte seine Sache wirklich ordentlich, war fast ein musikalisches Naturtalent. Vor allem auf der Posaune hatte er einen wunderbaren Ton. Ich erinnere mich: Als ›Rausschmeißer‹ spielten wir jeden Abend den Titel ›Gib mir den letzten Abschiedskuß‹; Widmann dabei auf der Posaune – das war ein Genuß! Aber er war auch ein Geschäftsmann ›comme il faut‹, und vor allem: Er war ein Showman, er konnte seine Musik verkaufen wie kaum ein anderer. Eine eigentliche Bühnenshow wie manche anderen Kapellen hatten wir nicht, aber das Publikum raste vor Begeisterung, wenn Widmann seine Einlagen brachte. Das Lied ›Yes, Sir‹ zum Beispiel – da parodierte er die Zarah Leander, kostümierte sich mit Hut und Schirm; oder beim *Tiger-Rag*, einer Nummer, ohne die kaum ein Abend verging, trat er mit einem Tigerkopf auf. Das war seine Masche; musikalisch waren andere sicher gleichwertig oder vielleicht auch besser, aber das Programm war ganz auf Widmanns Persönlichkeit

zugeschnitten, er stand im Mittelpunkt, und das war eben das Besondere.«[49]

Ebenso unvergessen wie seine Ansagen in unverfälschtem Berlinerisch sind auch seine – bei aller Korpulenz – erstaunlichen tanzartistischen Einlagen, vor allem natürlich sein berühmter Grätschsprung, mit dem er besonders heiße und schräge Titel optisch untermalte. Das vielleicht treffendste Urteil über Kurt Widmann findet sich in der Zeitschrift *Radio-Revue* vom August 1952:

»Unmusikalische mögen ihn für einen Possenreißer halten; wer Sinn für Rhythmus und für musikalischen Humor hat, der liebt diesen Kurt Widmann, weil er die Musik ›sichtbar‹ macht, durch seine Kapriolen. Er ist – vielleicht – die Berliner Schnoddrigkeit ins Musikalische, ins Rhythmische, ins Fast-Groteske transponiert.«[50]

Auch während des Krieges konnte Kurt Widmann sein Stammpublikum im *Imperator* weiter bedienen, fast bis Kriegsende, auch zu einer Zeit, als andere Lokale wegen des Krieges schon geschlossen worden waren. Bekannt und bezeichnend ist folgende Geschichte, die immer wieder erzählt wird, deren Ursprung hier aber in Erinnerung

Kurt Widmann, um 1953. Foto: Jürgen Tank (oben) und Mitte der dreißiger Jahre im *Café Imperator* (unten)

WEHRMACHT-BÜHNE *der* NS-GEMEINSCHAFT KRAFT *durch* FREUDE
DIREKTION UND KÜNSTLERISCHE LEITUNG: OTTO MÜLLER

Kapelle Kurt Widmann

spielt im Rhythmus, bei dem ein jeder mit muß

Es singen: Claire Cordy und Jo Parker

1. Mein Rhythmus (Kapellenlied)	K. Widmann
2. Wir machen Musik	Igelhoff-Steimel
3. Bei Dir war es immer so schön	Th. Mackeben
4. Sie will nicht Blumen und nicht Schokolade	H. Carste
5. Es singt Claire Cordy:	
a) Mein Herz schlägt nur für Dich	Th. König
b) Meine Lippen, sie küssen so heiß	Fr. Léhar
6. So schön wie heut'	Fr. Grothe
7. Schwarze Augen	Wolf-Ferrari
8. Alo-ahe	Bearb. G. Zonnenberg
9. Ball der Vagabunden	J. Bultermann
10. O Marie, o Marie	de Cegli
11. Hm, hm, Du bist so zauberhaft	R. Korbar
12. La Paloma	Bearb. C. Colignon
13. Es singt Claire Cordy:	
a) Lied und Csardas	Fr. Léhar
b) Ich schenk' mein Herz aus der Operette „Madame Dubarry"	Millöcker-Mackeben
14. Ti-pi-tin	M. Grever
15. Solisten stellen sich vor:	
a) Beliebte Melodien (Klavier-Solo), Solist C. Colignon	
b) Chiri-biri-bin (Saxophon-Solo), Solist M. Hellemanns	
c) Exzentrik H. Baert (Klarinette), J. Tengrotenhuysen (Schlagzeug), C. Colignon (Klavier)	
d) Perlen der Musik Hawai-Gitarrensolo, W. Sanders	
16. Ach Fräulein Gretchen	J. Bultermann
17. Der schwarze Panther	M. Seglio
18. Auf der grünen Wiese	J. Beneß
19. La Cucaracha (Spanischer Carioca)	Bearb. G. Zonnenberg

Technische Leitung: Felix Hohl

Kurt Widmann: Programm während des Krieges und Veranstaltung »Kurt Widmann kommt wieder«, 1954. Foto: Heinrich v. d. Becke

gebracht werden soll. In der Januar-Ausgabe der Zeitschrift *Melodie* von 1947 wird berichtet:
»Als der Krieg den Gipfel der Totalität erreicht hatte, löste Goebbels alle Kaffeehauskapellen und entbehrlichen Rundfunkorchester auf. Nur ganz wenige blieben. Von Tanzkapellen ganze fünf. Darunter war auch Kurt Widmann. Der war sogar bis dahin Soldat gewesen und wurde nun plötzlich entlassen. Ob es ein Irrtum war? Jedenfalls war Widmann nicht böse darum. Ich begegnete ihm um die Mittagszeit an einem Augusttage 1944 in der Bellevuestraße. Er war sehr in Eile, wollte zu einer Probe und berichtete mir in wenigen Worten über die neue Situation. Nachdem er sich bereits wieder verabschiedet hatte und an die zwanzig Schritte weitergeeilt war, drehte er sich noch um. Es war ihm noch etwas eingefallen: ›Die entartete Kunst hat gesiegt!‹ schrie er mir begeistert nach. Immerhin war die Straße nicht gerade unbelebt, und einige Passanten mochten die Worte aufgefangen haben. Aber das schien Widmann gleichgültig. Er fühlte, wie wir alle, bereits selig das nahende Ende der Nazi-Tyrannei.«[51]
Nach dem Kriege erhielt Widmann als einer der ersten die Lizenz, die es ihm erlaubte, wieder öffentlich aufzutreten. Auftrittsorte waren zunächst die amerikanischen Soldatenclubs, aber natürlich auch bei großen Veranstaltungen im *Titania*- und *Friedrichstadt-Palast*, in der *Waldbühne* und im *Sportpalast* konnten die Berliner Widmann wieder erleben. Hervorragende Musiker hatte er nun wieder in seine Band geholt, darunter auch den jungen Posaunisten und Arrangeur Werner Müller, der dann im Jahre 1949 zusammen mit einem Teil ehemaliger Widmann-Musiker

Das Orchester Kurt Widmann 1939; am Flügel: Werner Neumann

das Rias-Tanzorchester aufbaute. Kurt Widmann aber war der alte geblieben, der Showman, der noch immer wie ein Gummiball sprang. Das wurde ihm zum Verhängnis.
Am 27. Mai, dem Himmelfahrtstag des Jahres 1954, hatte er nach einem seiner legendären Grätschsprünge einen Herzinfarkt erlitten, in dessen Folge das rechte Bein amputiert werden mußte. Doch schon bald nach seiner Genesung stand Widmann wieder auf der Bühne des *Sportpalastes* – viel zu früh, wie viele meinten. Die Notwendigkeit, für sich und seine Familie sorgen zu müssen, hatte ihn dazu veranlaßt. Vor 7000 begeisterten Zuschauern und Zuhörern wollte er dort am 20. November sein Comeback feiern. Tatsächlich wurde die Veranstaltung zu einem triumphalen Erfolg für Widmann und seine Band. Die *Berliner Morgenpost* sprach von einem »Jazz-Orkan im *Sportpalast*«.[52] Doch die Anstrengung bei diesem Konzert kostete ihn das Leben. Eine Woche später, am 27. November 1954, starb Kurt Widmann an einem Gehirnschlag. Seine Grabstätte befindet sich auf dem Friedhof an der Weddinger Seestraße.
»Not trieb Kurt Widmann in den Tod« – so titelte damals die Ost-Berliner *Neue Zeit*[53], und tatsächlich hatte das soziale Netz der Bundesrepublik hier versagt, waren Versorgungsansprüche, die Widmann nach seiner Beinamputation gestellt hatte, von der Berufsgenossenschaft abgelehnt worden: ein Herzinfarkt sei kein Unfall, hieß es zur Begründung, Widmanns Invalidität also keine Folge seiner Berufstätigkeit als Musiker. Unter den Vorzeichen des kalten Krieges aber wurde daraus fast ein Politikum, und für ein anderes Ost-Berliner Blatt dokumentierte sich in dem

Das zerstörte *Café Imperator* bei Kriegsende

Electrola-Columbia-Odeon-Musikhaus

DAS SPEZIALGESCHÄFT FÜR Schallplatten ALLER MARKEN

Kurfürstendamm 29 an der Uhlandstr. · Telefon 91 43 96, 91 36 85

Joachim Krüger — Begrüßung

Walter Dobschinsky und seine Star-Band

Conny Fischer und sein Tanz-Orchester

4 Dacapos

Walter Dobschinsky mit **Cilly Mosler**

Die Ping-Pongs mit **Jo Dixie** am Flügel

PAUSE

Willi Stanke mit seinen Solisten

und nun wieder

Kurt Widmann

mit seiner **Big-Band**

Liselotte Köster / Jockel Stahl

3 Travellers

HERREN · DAMEN · KINDERKLEIDUNG
STETS ANZIEHEND ANGEZOGEN DURCH
AM ZOO und STEGLITZ · SCHLOSS-STRASSE
DAS HAUS DAS Leineweber JEDEN ANZIEHT

Trinkt HERVA! Trinkt HERVA!

Programm der Veranstaltung »Kurt Widmann kommt wieder« (Sportpalast, 20.11.1954)

Fall Widmann die Menschenverachtung des westlichen Systems:
»Die Freunde der Widmannschen Tanzmusik brauchen nur einmal bei einem Kapellmeister, der in der DDR oder im demokratischen Sektor Berlins wohnt, sagen wir bei Kurt Henkels, anzufragen, ob ihm im Falle einer Krankheit nicht alles das zur Verfügung stände, was wir eben anführten ...« – also die, wie man meinte, umfassenderen sozialen Leistungen.[54]
Kurt Widmanns langjährige Wirkungsstätte, das *Café Imperator*, existiert nicht mehr; wie die meisten Tanzlokale wurde sie während des Krieges zerstört. Die Erinnerung an »Kutte« Widmann aber ist bis heute lebendig geblieben.
In der Friedrichstraße direkt gegenüber bestand seit Dezember 1919 der *Faun* im sogenannten *Bavariahaus*. Vorher hatte sich an dieser Stelle schon ein bayerisches Bierlokal befunden. Der *Faun* war das typische Beispiel eines Tanz-Kabaretts: Vor, zwischen und nach den Nummern eines Varietéprogramms – meist Tanz- und Gesangsdarbietungen, mitunter auch kleinere artistische Nummern – konnte getanzt werden. Im Herbst 1934 begann hier ein junger Musiker seine Laufbahn: »Max Rommé, aus Swinemünde braungebrannt zurückgekehrt, begleitete mit seinen sechs Solisten die Künstler mit Verve und hielt

Die große Juli Parkett-Revue im

FAUN

Friedrich-Strasse No. 180 — **Ecke Tauben-Strasse**

Kapelle: BRUNO ZANDER

Ein Reigen von

Schönheit Kunst Humor

nach den Entwürfen von Professor Nowikoff-Paris und Bruno Köhler-Berlin
Ausführung: Atelier Schirmacher-Berlin
Regie: Choreographie Geo Gerhard.

Solisten: **Gretel Lippner, Elsa Garden, Ilse Delys**
Geo Gerhard, Franz Ehl, Charly Schmidt

1. Bild:	Revue-Einleitung	Franz Ehl
2. Bild:	Freibad Wannsee	Else Garden, Gretel Lippner, Franz Ehl, Geo Gerhard und die Revue-Girls
3. Bild:	Ilse Delys	in ihren Solo-Tänzen
4. Bild:	Schöne Nacht	Elsa Garden, Franz Ehl, 4 Pagen
5. Bild:	Spanisch	Kastagnetten-Duett Geo Gerhard, Traute Lieblich
6. Bild:	Rokoko-Szene	Elsa Garden, 4 Tanz-Girls
7. Bild:	Der Perlenfischer	Die Perle: Ilse Delys Der Fischer: Geo Gerhard
8. Bild:	Reso Copie	Gretel Lippner
9. Bild:	American	Gretel Lippner mit 6 Girls
10. Bild:	Preisrätsel im Faun	mit Hauptgewinn
11. Bild:	Blumenpracht	Das ganze Ballett-Ensemble
12. Bild:	Polly	Girls-Tanz Geo Gerhard und 6 Faun-Girls
13. Bild:	Die große Frau	
14. Bild:	Finale	mit dem ganzen Ensemble

Publikums-Tanz zwischen jedem einzelnen Bild

Nach der Vorstellung im Parkett der rheinische Stimmungssänger **Franz Ehl.**

Täglich nachmittags 4 Uhr:
Tanz-Tee mit künstlerischen Darbietungen. Eintritt frei!

die Stimmung durch seine, die Pausen ausfüllende Tanzmusik immer auf dem Höhepunkt.«[55] Dieser junge Mann leitete später eines der bekanntesten Berliner Tanzorchester. Sein wirklicher Name: Max Rumpf.
Neben reinen Nummernprogrammen wurden zum Teil aber auch regelrechte Revuen aufgeführt.
Das Lokal war vor allem während der zwanziger Jahre so erfolgreich, daß in dieser Zeit eine Filiale im Berliner Westen, an der Ecke Tauentzien- und Nürnberger Straße eröffnet wurde: der *Faun des Westens*. Doch während das ursprüngliche Haus in der alten City – trotz einiger wirtschaftlicher Schwierigkeiten – bis in die Kriegsjahre existierte, war dem *Faun des Westens* nur eine kurze Existenz beschieden.
Nur wenige Minuten zu Fuß entfernt eine weitere volkstümliche Vergnügungsstätte: der *Clou*. Aus der alten Berliner Markthalle Nr. III in der Mauerstraße war in den Jahren vor dem Ersten Weltkrieg dieses Lokal entstanden, des-

„Faun" Restaurant und Tanzkabarett, Berlin W. 8, Friedrichstr. 180

sen Beiname *Berliner Konzerthaus* lediglich einen Teilbereich der hier gepflegten künstlerischen Leistungen beschreibt. Tatsächlich war dieses Lokal ausgesprochen multifunktional: Vom Konzert der *Berliner Liedertafel* oder des renommierten *Lehrergesangvereins* bis hin zu politischen Veranstaltungen bot das riesige, etwa 4000 Personen fassende Haus Raum für denkbar verschiedenartige Veranstaltungen, darunter auch politische Versammlungen. So soll etwa Hitler hier am 1. Mai 1927 seine erste Rede auf Berliner Boden gehalten haben.

Später, vor allem nach dem Umbau des Lokals im Jahre 1930, konzentrierte man sich weitgehend auf Tanzveranstaltungen, für die nun ein Riesen-Tanzparkett von 400 qm zur Verfügung stand. Begleitet waren diese Tanztees oder Bälle oft aber auch von artistischen Darbietungen oder volkstümlichen Bühnenprogrammen wie etwa der »Revue der Weine – Ein Abend am Rhein«. Dieses Motto war allein schon im Hinblick auf den dabei zu erwartenden Anstieg

des Weinkonsums für den Wirt des Etablissements nicht uninteressant.

Seit Beginn seines Bestehens wurde das *Konzerthaus Clou* geführt von der Firma Hoffmann & Retschlag, einem Unternehmen von solider Alt-Berliner Gastwirtstradition. Am Ende des 19. Jahrhunderts hatte man mit der Bewirtschaftung von Kantinen begonnen und sich nach und nach zu einem gastronomischen Allroundbetrieb entwik-

Berliner Konzerthaus *Clou*. Postkarte, um 1924

kelt, der u. a. auch an der Gründung und Bewirtschaftung des *Eispalastes* an der Lutherstraße, der späteren *Scala*, beteiligt gewesen war. In den dreißiger Jahren ging, wie der *Berliner Herold* formuliert, »im Reiche dieses Berliner Groß-Gastronomen (...) die Berliner Sonne nicht unter«[56]. Diesem »Reich« gehörten zu dieser Zeit – neben dem *Clou* – beispielsweise die *Abtei* in Treptow, der *Schwedische Pavillon* am Wannsee und die Gaststätten auf dem Messegelände einschließlich des Funkturm-Restaurants an.

Der *Clou* bot eigentlich immer ein solides Familienprogramm zu soliden Preisen, und zwar hauptsächlich nachmittags; die typischen Besucher des *Clous* gingen wochentags früh zu Bett. Folgerichtig gab es Abendveranstaltungen nur an drei Tagen in der Woche. Eine ganze Zeitlang waren hier die Orchester Hilden-Arnoldt und Egon Kaiser zu Hause; daneben gab es aber auch weniger bekannte Namen, wie etwa (im Mai 1939) die Kapelle Helmuth W. Buttkus.

Während des Krieges wurde dem *Clou* eine traurige Rolle zuteil. Nach der sogenannten Fabrik-Aktion, bei der im Februar 1943 jüdische Zwangsarbeiter aus der Rüstungsindustrie zur Deportation festgenommen worden waren, diente der *Clou* als Sammellager.

Der *Clou*. Postkarte, um 1939

Die Stresemannstraße in den späten dreißiger Jahren; im Hintergrund das Europahaus

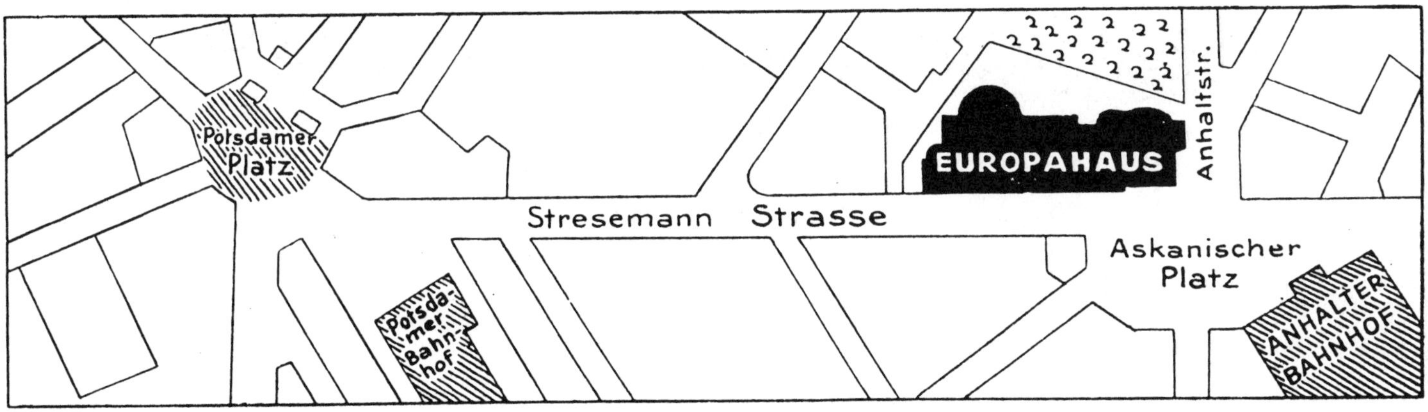

6. Licht und Schatten: Das *Europahaus* in der Nachbarschaft des Prinz-Albrecht-Geländes

Seit 1927 war das *Europahaus* am Anhalter Bahnhof mit seinen zahlreichen Tanz- und Vergnügungsstätten eine beliebte Adresse für jeden, der in Berlin ausgehen und sich amüsieren wollte. Das Europahaus entstand seit 1925 auf dem 17800 qm großen westlichen Teil des zu dem gleichnamigen Palais gehörenden Prinz-Albrecht-Gartens.[1] Bis zum Baubeginn war dies eine idyllische Oase inmitten des Großstadttrubels zwischen Anhalter und Potsdamer Bahnhof gewesen. Für ein Geschäftshaus mit Läden, Gaststätten und anderen Vergnügungseinrichtungen bot ein Grundstück in solcher Lage natürlich ideale Voraussetzungen. Die drei Söhne des Prinzen Albrecht von Preußen, die Eigentümer des Grundstücks, konnten sich, wie es heißt, »nach Krieg und Inflation nicht mehr den Luxus gestatten, ihren prächtigen Parkbesitz ganz ungenützt zu lassen«[2], und so konnte die eigens gegründete *Großbauten AG* das Grundstück Stresemannstraße Nr. 90–102 erwerben.[3]

Nach einem Architekten-Wettbewerb wurde 1925 mit dem Bau begonnen. Zuerst entstanden die an der Stresemannstraße liegende Ladenzeile sowie der Block an der Ecke Anhalter Straße. Diese Bauteile stammten von den Architekten Bielenberg & Moser, die wenig später auch für die Entwürfe des *Femina*-Gebäudes an der Nürnberger Straße verantwortlich zeichneten. Der Ostflügel beherbergte neben einigen Ladengeschäften den *Phöbus-Palast* (später: *Europa-Palast*), ein Filmtheater mit Platz für 2000 Personen sowie unmittelbar an der Ecke Anhalter Straße das Café *Mokka-Expreß* (später: *Café Schottenhaml*). An diesen Gebäudeteil schloß sich ein Zwischenbau mit dem *Münchener Hofbräu* an, ein Bierlokal für 1000 Personen. Der folgende, urprünglich zweigeschossige Westflügel beherbergte neben zahlreichen Ladengeschäften die Vergnügungs- und Tanzlokale *Café Europa* und *Europa-Pavillon*, die beide baulich und wirtschaftlich eine Einheit bildeten.

Während Eckblock und Ladenzeile schon 1927 fertiggestellt waren und eingeweiht werden konnten, verzögerte sich die Fertigstellung des Hochhauses bis in das Jahr

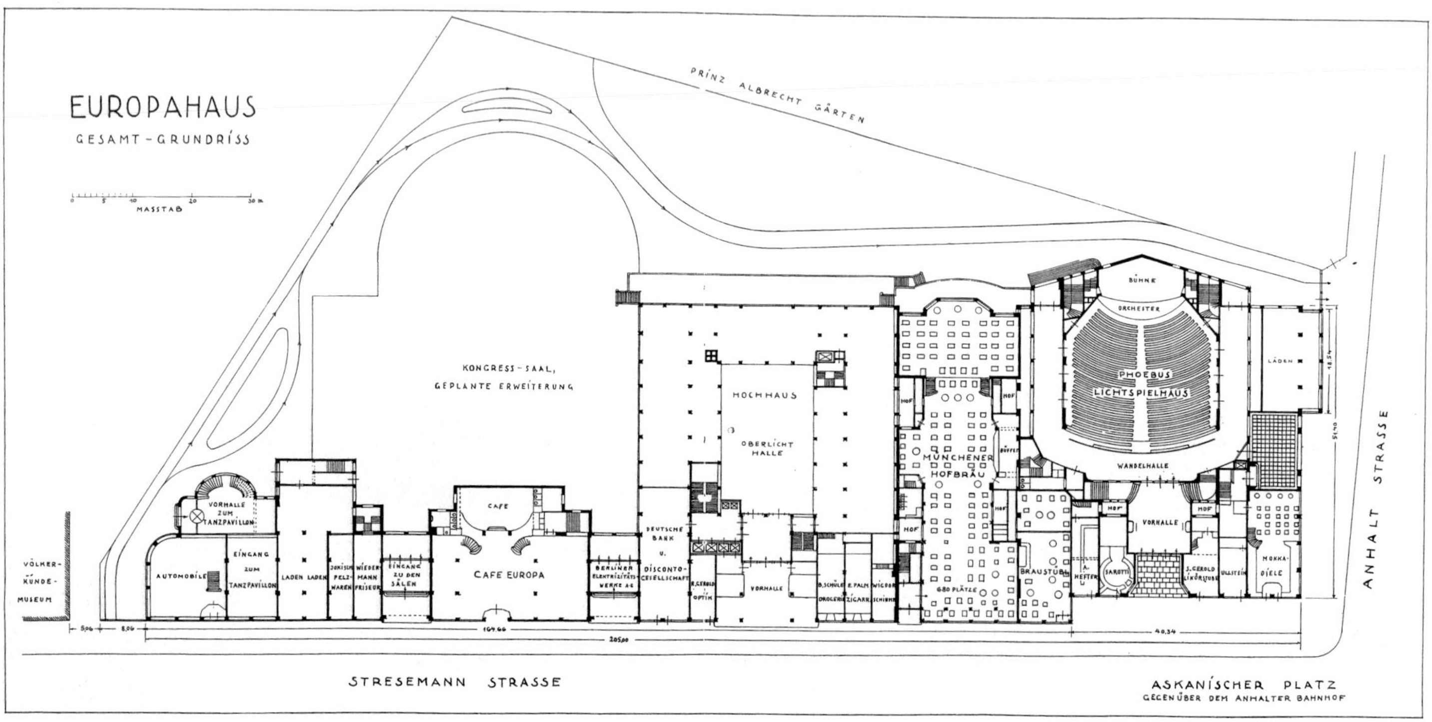

1931. Am 1. Mai des Jahres konnte es dann schließlich eröffnet werden. Das Hochhaus, ein Bauwerk im Stil der Neuen Sachlichkeit, stammt von Otto Firle.
Eröffnet wurde das *Café Europa* im April 1927 unter der Leitung der Berliner Gastronomen George Ansbach und Heinrich Braun. Etwa um die gleiche Zeit, wahrscheinlich im Herbst des Jahres, dürfte auch der *Europa-Pavillon* eröffnet worden sein. Heinrich Braun schied im März 1930 aus der Leitung der Lokale wieder aus, um im *Berolina*-Hochhaus am Alexanderplatz sein eigenes Etablissement, das *Café Braun* (später: *Café Berolina*), zu eröffnen. Die Leitung des *Europa-Pavillons* übernahm Georg Tichauer *(Barberina, Kakadu)* am 1. Oktober 1930.
Das *Café Europa* mit Erdgeschoß, Zwischengeschoß und 1. Obergeschoß bot insgesamt Platz für nahezu 3000 Personen. Der 10 m hohe Hauptraum mit zwei übereinanderliegenden Galerien war in den Farben Rot, Weiß und Gold gehalten. Hier konnte man bei Kaffee und Kuchen den Klängen einer Konzertkapelle lauschen, wie etwa im Frühjahr 1931 der von Gustav Gottschalk. Tanzen konnte man im ersten Stock, wo eine Tanzdiele mit drei Tanzflächen »nachmittags und abends ihre besondere Zugkraft auf das bewegungsbedürftige, jüngere Publikum« ausübte.[4] Aus dieser Tanzdiele wurde später, nach einem Umbau, der berühmte *Spiegelsaal*.
Den Abschluß des Westflügels bildete der *Europa-Pavillon*

Das Europahaus aus der Vogelperspektive; das Hochhaus ist noch im Bau

Das Europahaus mit *Mokka Expreß* (oben) und *Café Europa* (unten)

Der *Europa-Pavillon* (oben) mit seinem Vestibül (unten)

Europa-Pavillon (oben) und Bar

mit einer Grundfläche von 400 qm und einer Höhe von 10 m. Bauherr Albert Heilmann von der *Großbauten AG* beschreibt das Lokal so:

»Ein breites Vestibül mit Spiegelwänden und roten Plüschsofas führt zur halbrunden, in die Gesellschaftsräume einbezogenen Treppe und zu einer gemütlichen, in dunklem Hartholz bis zur Decke getäfelten Bar. Der Tanzraum selbst ist in Goldorange mit Silberornamenten gehalten, die Möbel sind aus Mahagoni mit marineblauer Seidenpolsterung. Die Galerie wird nicht durch Säulen gestützt, sondern ist durch Stahlträger, die als Lichtpfeiler ausgebildet sind, an der Deckenkonstruktion aufgehängt, so daß der Blick von den Tischen aus zur Tanzfläche in keiner Weise behindert wird. Ein an die Galerie des Tanzhauses anschließender Schönheitssalon hat bei der Damenwelt sehr viel Anklang gefunden und wird, wie in Amerika, bei den größeren Bauanlagen der Zukunft zu den Programmpunkten gehören.«[5]

Verschiedene kleinere Gasträume wie eine Likörstube, eine Altdeutsche Bierstube sowie eine Hafenschänke ergänzten das Angebot. Im August 1931 wurde zusätzlich auf dem fertiggestellten Hochhaus ein Dachgarten eröffnet. Zu erreichen war »Berlins höchster Dachgarten« – so hieß es in der Werbung – mit dem Expreßfahrstuhl; Kostenpunkt: stolze 50 Pfennig!

Im Jahre 1935 wurde, im Zusammenhang mit anderen baulichen Veränderungen an dem Gebäudekomplex, hinter dem Café eine Gartenhalle angebaut, die wegen ihrer

Dachgarten des Europahauses, 1935

Konstruktion aus Stahl und Glas als *Europa-Palmengarten* bezeichnet wurde. Das Dach der 2000 Personen fassenden Halle war bei schönem Wetter elektrisch zu öffnen. Meist diente der *Palmengarten* als Tanzlokal, oft aber auch als Theater *(Theater im Europa-Haus).*

»Preise für Speise und Getränke sind volkstümlich gehalten, so daß sich jeder den Besuch im Vergnügungs-Palast *Europa* am Anhalter Bahnhof leisten kann«, verkündete der *Berliner Herold* im September 1929.[6] Wieviel im Herbst 1930 ein nachmittäglicher Besuch im *Café Europa* kostete, läßt sich anhand verschiedener Zeitungsanzeigen feststellen, in denen für den Besuch des Lokals geworben wurde: »Gedeckzwang« gab es nicht, man konnte sich zum Beispiel also einfach eine Tasse Kaffee bestellen. Dafür zahlte man 75 Pfennig. Ein Kännchen Kaffee, Tee oder Schokolade kostete 90 Pfennig. Kostenlos dazu wurden die Kapelle Weinappel zum Tanz und die Konzertkapelle Kruse geboten.

Von Anfang an boten die Lokale des *Europahauses* ein durchaus attraktives Programm, wobei sich der *Europa-Pavillon* – später unter dem Beinamen »Lachendes Kabarett« – immer mehr zu einem Tanz-Varieté entwickelte, während der spätere *Spiegelsaal* überwiegend reines Tanzpublikum anzog. Zur Saisoneröffnung 1928 gab im *Europa-Pavillon* der »britische Jazzkönig« Teddy Sinclair ein Gastspiel. Ein Jahr darauf, im September 1929, konnte man in den verschiedenen Räumen des *Europahauses* insgesamt sechs Kapellen erleben, darunter im Café die

Teddy Sinclair im *Europa-Pavillon*, 1928

»Original Wiener Schrammel Koßmann mit ihren berühmten Natursängern« und, im Wechsel damit, das »Salon-Orchester Sixtus«. »Internationale Tanzweisen« bot die Band des Italieners Carlo Minari, und im *Pavillon* konnte man nach den Klängen der »Jazz-Manhattan-Band Karl Machek« tanzen.

Die Verdrängung der jüdischen Mitglieder der Geschäftsleitung ging 1933, nach der nationalsozialistischen Machtergreifung, im Falle der *Europahaus*-Gaststätten überaus rasch über die Bühne. Nach dem Tode George Ansbachs zu Beginn des Jahres verkaufte seine Witwe ihre Anteile an der *Café Europahaus GmbH*. Auch Georg Tichauer, der Direktor der Betriebe, wurde sehr bald verdrängt. Am 1. April des Jahres 1933 fand in Berlin und anderen Städten Deutschlands, organisiert von NSDAP und Propagandaministerium, der erste gegen jüdische Firmen gerichtete Wirtschaftsboykott statt. Dabei kam es zu einem Vorgang, der so bemerkenswert war, daß sogar die Presse davon berichtete:

»Georg Tichauer, der am Tage des Boykotts aus der künstlerischen und geschäftlichen Leitung des *Europa-Pavillons* ausgeschieden war, ist durch einstimmigen Beschluß des Personals wieder in die Leitung des Unternehmens zurückgeholt worden und feiert heute seinen Geburtstag.«[7]

Doch scheint dieser – unter damaligen Verhältnissen – ungewöhnliche Vorgang nur von vorübergehender Wirkung gewesen zu sein: Bereits einen Monat später wurde Georg Tichauer die Prokura entzogen. Er ist später, soweit bekannt, nach England emigriert.

Nicht nur personell kommt es zu Veränderungen. In unmittelbarer Nachbarschaft des *Europahauses* und seiner Tanz- und Vergnügungsstätten, in dem Straßengeviert um den Prinz-Albrecht-Garten, richtet sich seit 1933 das Zentrum des Herrschafts- und Terrorapparates des NS-Staates ein, das »eigentliche Regierungsviertel des SS-Staates«, wie es in dem Katalog zu der Ausstellung »Topographie des Terrors« heißt.[8] »Hier standen die Schreibtische Himmlers, Heydrichs, Kaltenbrunners und Heinrich Müllers (›Gestapo-Müller‹). Hier war das ›Hausgefängnis‹ der Gestapo, aber auch der Mittelpunkt des über ganz Deutschland und große Teile Europas gespannten Netzes der Gestapo-(Leit-)Stellen und der Dienststellen der Höheren SS- und Polizei-Führer. Von hier aus wurde der Völkermord an den Juden vorbereitet, wurden Deportation und Vernichtung mit den staatlichen Stellen koordiniert. Hierher berichteten auch die ›Einsatzgruppen‹ aus Polen und der Sowjetunion über ihre Mordtaten. Hier wurde die Verfolgung der Regimegegner in Deutschland und später in allen besetzten Ländern Europas organisiert.«[9] Während hier also staatlicher Terror geplant und ausgeübt wurde, herrschte in Sichtweite davon großstädtischer Vergnügungsbtrieb: ein Gegensatz, wie er makabrer eigentlich kaum sein kann.

Broschüre, Januar 1937

Doch es scheint, als habe kaum jemand diese unheimliche Nachbarschaft wahrgenommen. Im Januar 1935 bietet der *Europa-Pavillon* ein umfangreiches Varieté-Programm, von der »Stimmungskanone« über ein step-tanzendes »Xylophonwunder« bis hin zur Seelöwendressur. Dazu spielt Frederic Hippmann, der sich wenig später als eifernder Propagandist nationalsozialistischer bzw. deutschtümelnder Musikideologie hervortun wird[10], »mit seiner schneidigen Kapelle«. Im *Café Europa* ist Jonny Lang mit seinen 14 Musikal-Mädels zu hören, und für »Hochbetrieb auf allen drei Tanzflächen« des *Spiegelsaales* sorgte Heinz Wehner mit seinem Orchester.[11]

Und ein Blick noch in das Programm der Wintersaison 1936/37, wo für den *Spiegelsaal* so bekannte Orchester wie Bernhard Etté, Juan Llossas und – wieder einmal – Heinz Wehner angekündigt werden, während im *Europa-Pavillon* Georg Nettelmann mit seinen Solisten zum Tanz bittet.

Den Krieg überstand das *Europahaus* relativ unbeschadet. Der Gebäudekomplex war zwar weitgehend ausgebrannt, die Bausubstanz aber erhalten geblieben, und auf einem Plan von 1945 wurde das *Europahaus* als »wiederaufbaufähig« bezeichnet. Tatsächlich wurden aber nur die östlichen Gebäudeteile, also der Block an der Ecke Anhalter Straße (heute: *Deutschlandhaus*) sowie das Hochhaus, wieder instand gesetzt. Die westlich gelegenen Gebäudeteile, darunter das ehemalige *Café Europa* und der *Europa-Pavillon*, wurden in den sechziger Jahren abgerissen. An ihrer Stelle ist heute eine Baugrube zu besichtigen, in der im Lauf der Jahre ein kleiner Birkenwald gewachsen ist.

Der bauliche Zustand der verbliebenen Teile des *Europahauses* erinnert allerdings nur noch wenig an die Zeit vor dem Kriege, und auch die Nutzung hat sich gewandelt. Der Dachgarten des Hochhauses, einst als »Sehenswürdigkeit der Weltstadt« gefeiert, dient heute profaneren Zwekken: In der Mittagszeit stärkt sich hier die Belegschaft des im Hause untergebrachten Fernmeldeamtes 3 bei Gulasch und Mischgemüse. Einzig in dem heutigen *Café Stresemann* an der Ecke Anhalter Straße, wo sich früher zuerst der *Mokka-Expreß*, später das *Café Schottenhaml* befand, weht noch ein Hauch von Nostalgie. Wer möchte, kann hier, bei einer Tasse Kaffee und Musik vom Band, die in ihrem ursprünglichen Zustand erhaltene Inneneinrichtung von 1927 bewundern und sich dabei vorstellen, wie es einmal war: beim Tanz im *Europahaus.*

1934 im *Europa-Pavillon;* das Orchester Heinz Wehner. Rechts: Das Café *Mokka Expreß* (später: *Schottenhaml)*

7. Technische Sensationen und Laubenpieper-Romantik: Das *Resi*

Eines der volkstümlichsten Tanzlokale, ja für viele der Inbegriff des Berliner Tanzlokals überhaupt, war das Ballhaus *Resi* oder *Residenz-Casino*, wie sein eigentlicher Name lautete. Auch Jüngere erinnern sich sicher noch der stadtbekannten Slogans »Ich seh' Sie im *Resi*« oder »Jeder einmal in Berlin – jeder einmal im *Resi*«, die noch bis in die siebziger Jahre an den Litfaßsäulen der Stadt zu lesen waren. Über sieben Jahrzehnte war dieses Ballhaus ein Begriff für Berliner wie für Touristen und verkörperte damit eine erstaunliche Kontinuität in einer durch hohe Fluktuation gekennzeichneten Branche.

Die Geschichte des *Resi* geht zurück auf das Jahr 1908, als das in der Blumenstraße Nummer 10 gelegene Etablissement *Alt-Berlin* von dem Gastronomen Paul Baatz erworben wurde. Schon seit den zwanziger Jahren des 19. Jahrhunderts hatten sich hier die *Bouchéschen Blumengärten* befunden, ein Lokal, dem die Blumenstraße – vorher hieß sie Lehmgasse – ihren Namen verdankt, gefolgt von einem Restaurant namens *Grüne Neun*. Unter Paul Baatz wurde das Lokal zunächst als Theater und Saalbau betrieben, und bekanntlich soll Ernst Lubitsch an dieser Stätte einen frühen Lacherfolg in einer winzigen Rolle damit gehabt haben, daß er einen Hering über die Bühne trug. Erst nach dem Ersten Weltkrieg wurde der untere Saal unter dem Namen *Residenz-Casino* als Ballhaus eröffnet. Gleich nebenan, in der Blumenstraße 9 a, befand sich nämlich seit 1871 das *Residenz-Theater*, das in seinem Programm hauptsächlich leichte Kost, also »Sing- und Lustspiele«, dar-

Im *Resi*, 1927

„Resi bleibt Resi!"
Ihr Ballhaus, das Sie immer mit Neuigkeiten überrascht, das ganz auf Sie eingestellt ist und Ihnen die Möglichkeit gibt, für wenig Geld angenehme Stunden zu verleben, ist und bleibt das
„RESI"-CASINO
Blumenstr. 10 * Fernsprecher: Königstadt 3095
Nachdruck verboten
Kupfertiefdruck von August Scherl G. m. b. H., Berlin SW 68

bot. Der Name *Resi*, unter dem das Lokal allgemein bekannt war, ist also eigentlich ein Spitzname.
Um eine Vorstellung von dem alten *Resi* zu vermitteln, soll Curt Moreck zu Wort kommen:
»Leuchtfontänen säumen die Tanzfläche, die niemals leer wird. Zwei Orchester, auf Balkonen plaziert, wechseln einander ab. Und die kleinen Brunnen in den sich drehenden Glashemigloben plätschern. Zu rosiger Dämmerung verebbt das Licht und flammt wieder auf zu glitzernder Helligkeit. Tausend Spiegel werfen ihre Reflexe, und dann und wann sinkt der ganze Raum in Dunkelheit. Dann sprühen nur kleine Farbflecke über die tanzende Menge, wie brennendes Konfetti. Und ein Rausch umfängt die Tänzer, die ein Tango dahin trägt.«[1]
Wie ein Rausch mag das Publikum das *Resi* erlebt haben, vielleicht ähnlich wie das »kunstseidene Mädchen« in Irmgard Keuns gleichnamigem Roman, das sich dort, eingeladen zu »italienischem Salat und Wein«, der Wirklichkeit weit entrückt fühlt: »Das ist gar kein Lokal, das *Resi*, das hinten in der Blumenstraße ist – das ist lauter Farbe und gedrehtes Licht, das ist ein betrunkener Bauch, der beleuchtet wird, es ist eine ganz enorme Kunst.«[2]
Trotz seiner etwas abseitigen Lage im Berliner Osten, unweit der Jannowitzbrücke, galt das *Resi* als grundsolide. Das Angebot an Speisen und Getränken war, wie der *Berliner Herold* glaubwürdig versichert, »solideste Qualität zum denkbar niedrigsten Preis«[3]. Nepp kam hier angeblich nicht vor, und den Bardamen war es streng verboten, Gäste zu animieren.[4] Solide war das Angebot auch, soweit es die weiteren Leistungen betraf. Hier wurde einem überwiegend bürgerlichen Publikum – Kracauer spricht von »gehobenen Gehaltsempfängern«[5] – eine Mischung aus »großer Welt« und Laubenpieper-Romantik geboten. Auf Bewährtes, oft Volkstümliches setzte man vor allem bei der Tanzmusik; Orchester wie Egon Kaiser, Gerhard Hoffmann oder Hermann Rohrbeck waren hier häufig zu

1934 im *Resi:* das Orchester Hermann Rohrbeck

hören, und Kapellmeister Carl Woitschach komponierte sogar eigens eine »*Resi*-Polka«. Eine Besonderheit des *Resi* waren seine häufig wechselnden Dekorationen. »Japanisches Kirschblütenfest« wurde da gefeiert, ein andermal ein Laternenfest und, immer wieder besonders beliebt, »Frühling am Rhein«:

»Heuer hat *Resi* dem Rhein gehuldigt. An der ganzen Längsfront des Saales zieht sich eine Rheinlandschaft hin. Da scheint die Sonne, da zieht die Dämmerung herauf, die Nacht kommt, die Fenster der Burgen und Häuschen am Ufer erstrahlen, und dazu tanzt das Berlin zwischen 18 und 60.«[6]

In die Annalen des Berliner Vergnügungslebens aber ist das *Resi* eingegangen als das »Ballhaus der Technik«. Anders als im *Haus Gourmenia*, wo die Aufgabe der Technik darin bestand, unauffällig hinter den Kulissen für einen reibungslosen Betrieb zu sorgen, eine eigene, von der äußeren unabhängige Innenwelt mit künstlichem Klima usw. zu schaffen, war im *Resi* die Technik Spielerei, dazu bestimmt, ein staunendes Publikum immer wieder zu verblüffen. Selbst die Anzahl der Glühbirnen war hier nicht einfach technische Notwendigkeit, sondern Attraktion. Sogar in Werbeanzeigen wurde die Anzahl der Glühbirnen superlativisch wie ein Prädikat hervorgehoben, und 1932 veranstaltete das *Resi* einen Wettbewerb, in dem es darum ging, die Anzahl der Glühbirnen zu schätzen. Siegerin dieses Wettbewerbs wurde eine Frau Wagner aus Neu-Tempelhof, die mit ihrer Schätzung von 29263 nur knapp neben der richtigen Anzahl lag: 29261 Glühbirnen waren notariell ermittelt worden.[7] Auch diese Zahl unterlag jedoch noch einer Steigerung; 1938 waren es – einer Werbeanzeige nach[8] – schon stolze 86000 Lampen!

Hier im *Resi* wurde sozusagen Technikgeschichte geschrieben. Zu verdanken ist dies dem Gründer und Chef dieses volkstümlichen Ballhauses, Paul Baatz. »Dieser Mann war tüchtig, das heißt: fleißig, zäh, sparsam gegen sich selber, verschwenderisch gegenüber seinem Werk, er hatte Einfälle, er war ein Schöpfer«, attestiert ihm 1931, zu seinem 50. Geburtstag, der *Berliner Herold*.[9] 1881 in Münster als

Sohn einer Beamtenfamilie geboren, gelangt er nach der Lehre am Erfurter *Weißen Roß* nach Berlin, wo er im Alter von 25 Jahren die *Sophiensäle* übernimmt, zwei Jahre darauf das spätere *Resi*.

1930, zur Silberhochzeit der Eheleute Baatz, die man praktischerweise gleich mit der Feier des 25jährigen Geschäftsjubiläums gekoppelt hatte, erfährt der Patron im *Berliner Herold* folgende Würdigung:

»Seine eigenen technischen Neigungen bewogen ihn, sein Haus auf die Attraktionen der Technik zu stellen. Er begann mit feenhaft illuminierten Wanddekorationen, erfand die heute in aller Welt nachgemachten *Resi*-Konfetti-Lichtkugeln, führte als erster Tischtelefone ein und steigerte seine Licht- und Wasserwunder immer weiter, bis er sein Werk durch die Einführung der Saalrohrpost krönte. Die Ballhäuser des ganzen Erdballs haben von ihm gelernt und sind seinen Beispielen gefolgt. Nur seine Saalrohrpost hat ihm noch keiner nachgemacht.«

Tatsächlich wurde hier im Februar 1927 der erste Tischtelefonbetrieb in Berlin eröffnet, eine technische Errungenschaft, auf die später kein Tanzlokal, das etwas auf sich hielt, verzichtete. Ergänzt und verbessert wurde diese Einrichtung dann 1929 noch – auch wieder im *Resi* – durch eine Lichtsignaleinrichtung. Nun wurde es möglich, durch Einschalten einer blauen Lampe zu signalisieren, daß man nicht durch Telefonanrufe gestört werden wolle. Umgekehrt konnte man durch eingeschaltetes Rotlicht darauf hinweisen, daß man gegenüber einem Anruf, evtl. auch einer Aufforderung zum Tanz, nicht abgeneigt sei.

Eine weitere bahnbrechende technische Neuerung erlebte hier im September 1929 ihre Premiere: die Saalrohrpost. Doch bevor es dazu kam, hatte es, sozusagen hinter den Kulissen, schon einigen Wirbel um dieses Thema gegeben. Beinahe nämlich wäre nicht das *Resi*, sondern die *Femina* als das erste Lokal mit Tischrohrpost in die Geschichte eingegangen, und zwar durch Verrat! Die Herstellerin der Anlage, die Firma Mix und Genest, hatte nämlich die Idee von Paul Baatz an dessen zukünftigen Konkurrenten in der Nürnberger Straße verraten, nachdem ihr aufgrund überhöhter Preisforderungen der Auftrag des *Resi* entgangen war. Nur der Tatsache, daß die *Femina* später als ursprünglich vorgesehen eröffnete, ist es zu verdanken, daß nicht in der Nürnberger, sondern in der Blumenstraße die Geburtsstätte der Tischrohrpost lag. Außerdem blieb dem *Resi* die Genugtuung, »daß Mix u. Genest für *Femina* nur eine bescheidene und unvollkommene Rohrpost mit

1927: Die ersten Tischtelefone im *Resi*

16 Stationen geliefert hat, so daß also bei dem verkündeten großen Fassungsraum der ›Femina‹ nur eine ganz minimale Anzahl von Tischen mit Rohrpost ausgestattet ist, während im *Resi* wirklich jeder Tisch seinen Rohrpostsender und Empfänger hat«[10].

Bedeutung und Vorzüge einer solchen Saalrohrpost lagen auf der Hand und wurden in der Öffentlichkeit angemessen gewürdigt: Als »soziale Erfindung« und als »Dolmetscher für Schüchterne« wurde sie im *Berliner Herold* gefeiert[11], und es fehlte nicht an Anwendungsbeispielen, die dem Leser des Blattes sofort die deutlichen Vorteile dieses Mediums vor Augen führten:

»Das ist so: drüben am andern Ufer des Saales sitzt eine reizende Brunette. Du möchtest dem Kind etwas Liebes erweisen – eine Schachtel Pralines. Der Tisch, an dem sie sitzt, trägt die Nummer 45. Vor dir, auf deinem Tisch, hängt ein zierliches Schränkchen, mit einem runden Rohrpost-

karton. In den Karton legst du eine Mark für die Pralines. An der Außenseite des Kartons ist ein Schild für die Adresse angebracht. Darauf schreibst du: ›An das brünette Fräulein am Tisch 45, dem die Locken so lieblich in die Stirn hängen.‹ Ein Druck auf einen Knopf. Der runde Karton mit der Mark saust durch eine blitzende Messingröhre in die Zentrale, die funkelt im Glanz ihrer Röhren wie ein Telegraphenamt – eine Pracht, das anzusehen. Hier wird dein Bestellkarton geöffnet, man entnimmt ihm die Mark und deinen Wunsch. Schon hält das Fräulein, das die Zentrale bedient, die Packung mit den Pralines bereit. Sie wird in dem Karton verstaut, und der wandert nun in das Rohr, das zum Tisch 45 führt. Wieder ein Druck auf einen Hebel – die Pralines sausen jetzt zu dem Tisch der Brunetten. Dort taucht ein Lichtzeichen auf und in dem Schränkchen, das dort ebenfalls über dem Tisch hängt, saust der Karton mit den Pralines nieder. Alle am Tisch Sitzenden sind begierig zu wissen, wer etwas bekommt. Alle lesen die Adresse, die Brunette wird beglückwünscht und gefeiert – eine sehr lustige Spielerei für lange Ballsaalabende.«[12]

Doch damit nicht genug der Vorzüge! Durch die Rohrpost wurde es nun endlich möglich, gewisse oftmals lästige Unzulänglichkeiten, die dem Tischtelefon naturgemäß anhaften, zu vermeiden:

»Manchmal wurde antelephoniert: ›Schöner Herr, möchten Sie nicht mal mit mir tanzen.‹ Du hättest gern ja gesagt – aber weißt du denn, wie die Fragerin aussieht? Wer kauft denn die Katze im Sack? Jetzt gibt es die Rohrpost. Wenn dich wieder eine Unbekannte per Tischtelephon zum Tanze auffordert, schickst du ihr per Rohrpost einen Bon

Verzeichnis der Rohrpost-Stationen und Telefon-Anschlüsse

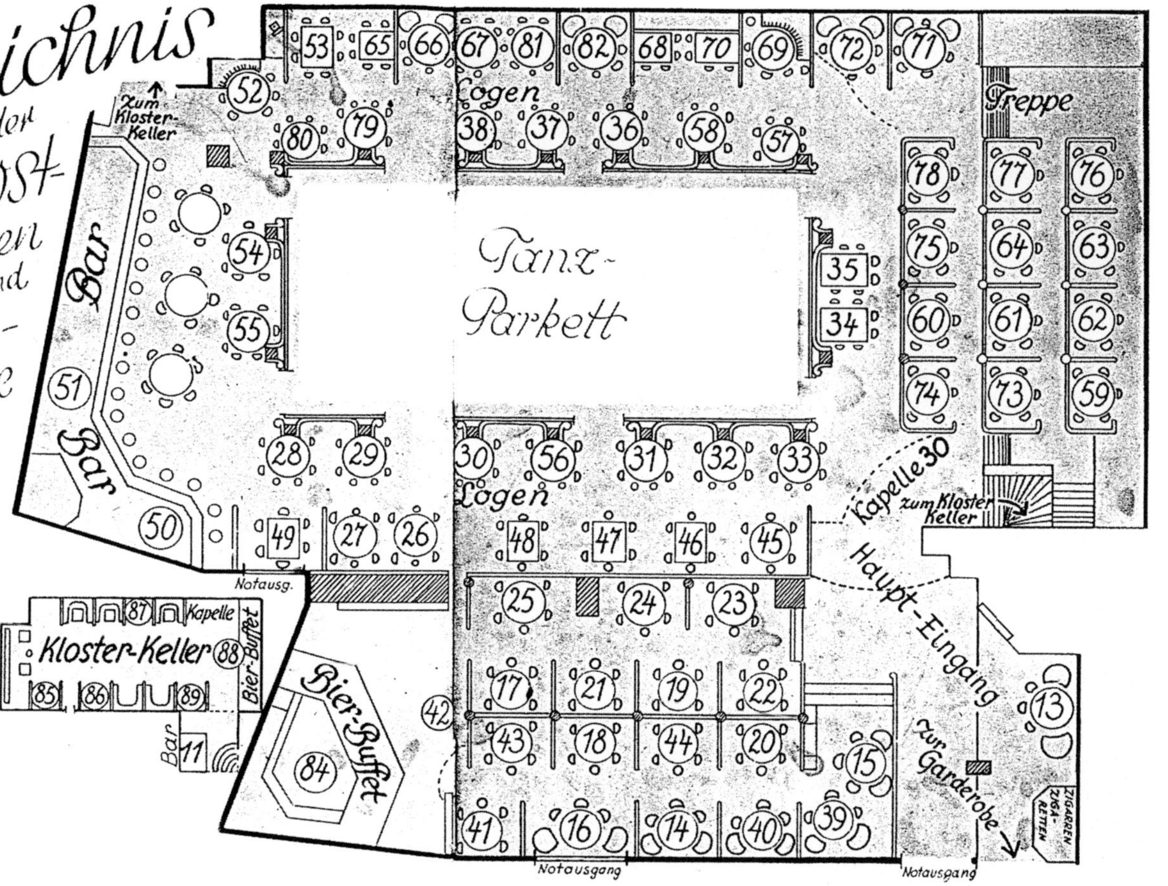

Achtung! der Klosterkeller u. die Nummer 10 · 84 · 13 haben keine Rohrpoststation

Verzeichnis der durch Rohr-Post zu beziehenden Waren

Punsche

Waren-Bestell-Nr.		Preis RM
54	Burgunder Punsch	1.—
55	Schwedischer Punsch	1.—
56	Schlummer Punsch	1.—
57	Rum Punsch	1.—
58	Arrak Punsch	1.—

Genever

59	Schiedammer Genever	1.—

Div. Marken

60	Jamaica-Rum V. O. S.	1.—
61	Batavia-Arrak V. O. P.	1.—
62	Kirschwasser	1.—

Ausländische Erzeugnisse

63	Calvet Cognac Vieux	2.—
64	Originalweinbrand Texier V. S. O. P.	1.—
65	White Horse Whisky	2.—

Zigaretten

66	10 Stück Reemtsma Ova	—.50
67	10 Stück Muratti Iplic	—.50
68	10 Stück Haus Neuerburg Overstolz	—.50
69	10 Stück Bergmann Gildehof	—.50

Bei Warenbestellung bitte den Geldbetrag nicht zu vergessen.

Zigaretten

Waren-Bestell-Nr.		Preis RM
70	10 Stück Reemtsma Gelbe Sorte	—.60
71	10 Stück Muratti „For ever“	—.60
72	10 Stück Bergmann Privat	—.60
73	10 Stück Oesterr. Tabakregie „Dritte Sorte“	—.60
74	10 Stück Abdullah Nr. 6	—.60
75	10 Stück Greiling Regatta	—.60
76	10 Stück Muratti Ariston	—.80
77	10 Stück Haus Neuerburg Löwenbrück	—.80
78	10 Stück Nestor Lord	—.80
79	10 Stück Waldorf Astoria Blaupunkt	—.80
80	10 Stück Reemtsma Senoussi	1.—
81	10 Stück Muratti Gentry	1.—
82	10 Stück Nestor Queen	1.—
83	10 Stück Muratti de Luxe	1.20
84	10 Stück Reemtsma I. Sorte	1.50

Zigarren

85	2 Zigarren der Firma Hiestrich à 20 Pfg.	—.40
86	2 Zigarren der Firma Hiestrich à 25 Pfg.	—.50
87	2 Zigarren der Firma Hiestrich à 30 Pfg.	—.60
88	2 Zigarren der Firma Graf Arco à 20 Pfg.	—.40
89	2 Zigarren der Firma Graf Arco à 25 Pfg.	—.50
90	2 Zigarren der Firma Graf Arco à 30 Pfg.	—.60
91	2 Zigarren der Firma Gyscar à 20 Pfg.	—.40
92	2 Zigarren der Firma Gyscar à 25 Pfg.	—.50
93	2 Zigarren der Firma Gyscar à 30 Pfg.	—.60

Bei Warenbestellung bitte den Geldbetrag nicht zu vergessen.

Sarotti-Schokoladen

Waren-Bestell-Nr.		Preis RM
94	Berliner Mischung	1.—
95	Sonderklasse-Pralinen	1.—
96	Piccolo	1.—
97	Sortierte Fruchtdragees	1.—
98	Gebrannte Mandeln	1.—
99	Schokolade-Sultaninen	1.—
100	Schokolade-Orangeschalen	1.—
101	Knabbermandeln	1.—
102	Französische Mandeln	1.—
103	Mokkabohnen	1.—
104	Knabbernüsse	1.—
105	Krokant-Mandeln	1.—
106	Schokoladen-Ingwer	1.—
107	Vollmilch-Pastillen	1.—
108	Bitter-Pastillen	1.—

KLEINE GESCHENKE

Nur Fabrikate Erster Häuser

Für die Dame

109	1 Manikuretui in Galalithdose (verschiedene Farben)	1.50
110	1 Nähetui in Galalithdose	1.50
111	1 Damenkamm im eleganten Wildlederetui	1.50
112	1 Schuhlöffel mit Knöpfer im Lederetui	1.—
113	1 Streichholzbehälter (Kunstachat)	1.—
114	1 Reisebesteck fürs Wochenend im eleganten Lederetui	3.—
115	1 praktische Schlüsseltasche in Wildleder	1.50
116	1 Damenhandtasche in bestem Wildleder	3.—

Bei Warenbestellung bitte den Geldbetrag nicht zu vergessen.

Parfümerien

Waren-Bestell-Nr.		Preis RM
117	1 Fläschchen Parfüm im Geschenkkarton, Orchidee-Geruch	1.50
118	1 Fläschchen Parfüm im Geschenkkarton, Flieder-Geruch	1.50
119	1 Fläschchen Parfüm im Geschenkkarton, Veilchen-Geruch	1.50
120	1 Fläschchen Parfüm im Geschenkkarton, Geisblatt-Geruch	1.50
121	1 Lippenstift (goldene Hülse)	—.50
122	1 Lippenstift (goldene Hülse)	1.—
123	Puder Compact (goldene Dose)	1.50
124	1 Döschen Nagelpuder	—.50
125	1 Dose Nagelweiß	1.—

Für den Herrn

126	1 Cigarrenabschneider (Neusilber)	1.—
127	1 Feuertöter in verschiedensten Tierarten	1.—
128	1 Streichholzbehälter (Kunstachat)	1.—
129	1 Korkenzieher mit Flaschenöffner	1.50
130	1 praktische Schlüsseltasche in Wildleder	1.50
131	1 Taschenkamm im Wildlederetui	1.50
132	1 Rasierapparat mit Klinge im Lederetui für die Westentasche	2.—
133	1 Reisebesteck fürs Wochenend im eleganten Lederetui	3.—
134	1 Schachtel Streichhölzer (Luxuspackung)	—.30

Bei Warenbestellung bitte den Geldbetrag nicht zu vergessen.

Die Tisch-Rohrpost ist unsere Original-Idee

für den Photomaton-Automaten. Der steht in einer Ecke des Saals, sie läßt sich knipsen, schickt dir per Rohrpost ihr Bild, nu weißte Bescheid, ob das etwas ›fürs Leben‹ ist.«[13] Nach dem Kriege, als das Gebäude zerstört war und das Grundstück infolge der Teilung Berlins zu Ost-Berlin gehörte, verlegte man den Geschäftsbetrieb in die West-Berliner Hasenheide, wo 1951 das neue *Resi* eröffnet wurde, an wiederum durchaus traditionsreicher Stätte: Schon seit Mitte des 19. Jahrhunderts hatte dort die Brauerei Franz Happoldt einen Brauereigarten betrieben. Nach der Übernahme durch den Konkurrenten *Berliner Kindl* wurde die alte Brauerei stillgelegt, ein Teil des Brauereigebäudes zum Festsaal umgebaut. Unter dem Namen *Orpheum* galt dieser über viele Jahre hinweg den Bewohnern der Bezirke Neukölln und Kreuzberg als beliebtes Familien- und Vereinslokal. 1951 bezog hier das Ballhaus *Resi* sein neues Quartier, wurde – vor allem durch seine berühmten Wasserspiele – erneut zu einer Attraktion, bis es 1975 endgültig geschlossen, das Gebäude 1978 abgerissen und Wohnungen errichtet wurden.[14] Damit endete die mehr als 70 Jahre währende Geschichte des *Resis*.

Das *Resi* in der Hasenheide

8. Das Swing-Mekka an der Kantstraße: Der *Delphi-Palast* und seine Geschichte

Wenn von Berlins Tanzpalästen die Rede ist, wird sicher jeder sofort an den *Delphi-Palast* denken. Immerhin ist das *Delphi*, wie es meist nur kurz hieß, als eines der wenigen Exemplare seiner Art heute noch erhalten, wenn auch in verändertem Aussehen und in anderer Funktion. Das heutige Filmtheater war in den dreißiger und vierziger Jahren – besonders wegen der dort engagierten Orchester– eines der beliebtesten Tanzlokale in Berlin.

Erbaut wurde der *Delphi-Palast* in den Jahren 1927/28. Das Grundstück an der Kantstraße zwischen dem Stadtbahnviadukt und der Fasanenstraße gehörte dem Architekten Bernhard Sehring. Schon in den Jahren 1895/96 hatte er dort das *Theater des Westens* errichten lassen. Noch heute sorgt die Inschrift über dem Portal des Theaters dafür, daß der Name seines Schöpfers nicht in Vergessenheit gerät. »Hanc domum artis colendae causa condidit. Anno MDCCCLXXXXVI Bernhard Sehring« – zur »Pflege der Kunst« also wurde dieses Haus geschaffen, und noch immer versieht es in dieser Funktion seinen Dienst. Sehring selbst hatte gleich nebenan, in dem Wohnhaus Kantstraße Nr. 8, Wohnung und Büro bezogen. Hier befand sich seit Mitte der zwanziger Jahre noch ein weite-

Der *Delphi*-Vorgarten. Links der *Delphi-Palast*, rechts das Theater des Westens mit der »Kaisertreppe«

DELPHI
DELPHI

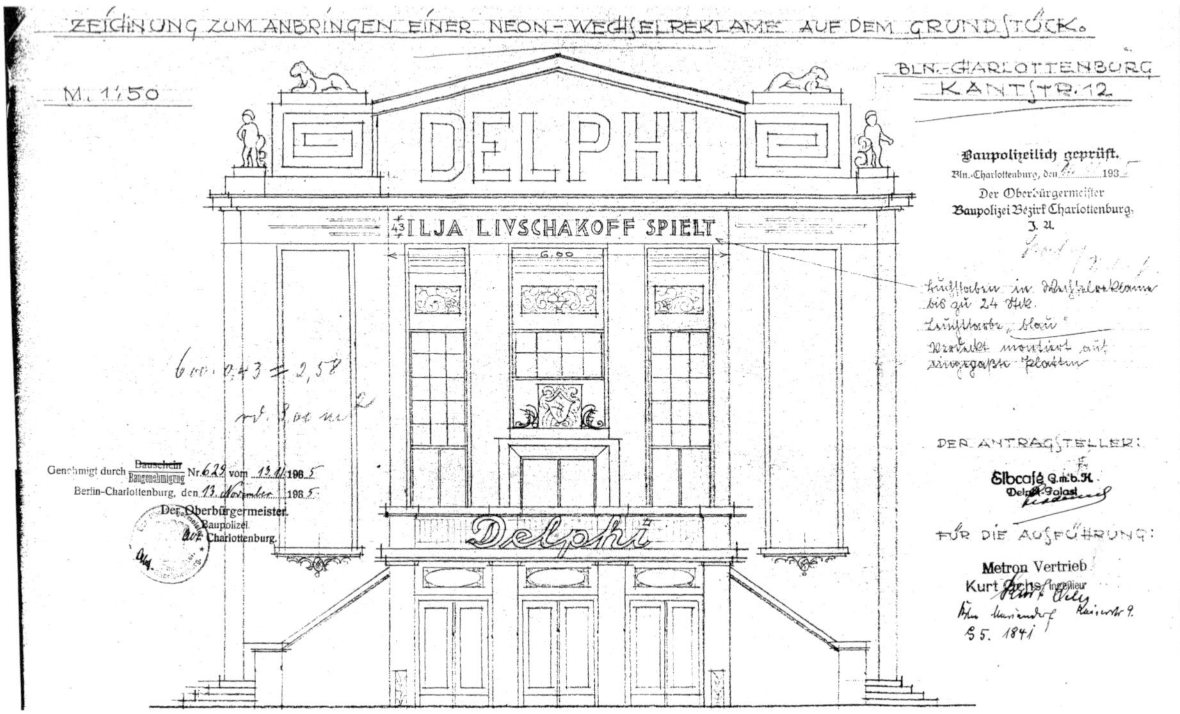
ZEICHNUNG ZUM ANBRINGEN EINER NEON-WECHSELREKLAME AUF DEM GRUNDSTÜCK.
M. 1:50
BLN.-CHARLOTTENBURG
KANTSTR. 12
DELPHI
ILJA LIVSCHAKOFF SPIELT
Baupolizeilich geprüft.
Bln.-Charlottenburg, den
Der Oberbürgermeister
Baupolizei Bezirk Charlottenburg.
Genehmigt durch Bauschein Baugenehmigung Nr.
Berlin-Charlottenburg, den
Der Oberbürgermeister.
Baupolizei.
Charlottenburg.
Delphi
DER ANTRAGSTELLER:
Elbcafé G.m.b.H.
FÜR DIE AUSFÜHRUNG:
Metron Vertrieb
Kurt

res Tanzlokal, das *Valencia* mit seinem »Parquet lumineux«, das seit Oktober 1929 dann den Namen *Broadway* trug.
Das Eckgrundstück, auf dem heute das *Delphi* steht, wurde 1899 erstmals bebaut. Hier befand sich das erste Ausstellungsgebäude der Berliner *Sezession*, jener Künstlervereinigung, die 1898 in bewußtem Gegensatz zur traditionellen Malerei jener Jahre gegründet worden und deren erster Präsident Max Liebermann gewesen war, ein Exponent der modernen Malerei. Das Ausstellungsgebäude war nach Entwürfen der Architekten Grisebach und Dincklage in den Formen des Jugendstils errichtet worden, wurde dann aber wenige Jahre später, wahrscheinlich nach dem Auslaufen des Pachtvertrages im Jahre 1904, wieder abgerissen.[1]
Gleichzeitig existierte dort schon seit den neunziger Jahren ein »Concert-Garten«, dessen Betrieb angesichts des Berliner Klimas natürlich nur in den Sommermonaten möglich war, wenn überhaupt! Da lag es nahe, statt des witterungsanfälligen Freigeländes dort ein festes Haus zu errichten. Die ersten Planungen dafür datieren von 1925. Zunächst war an einen Konzertsaal gedacht, später an ein Kino. Erste Pläne für die Errichtung eines Tanzlokals, 1926 von den Architekten Ernst Lessing und Max Bremer vorgelegt, wurden zunächst nicht verwirklicht. Erst 1927 gelangen neue Planungen, diesmal von Sehring selbst, zur Ausführung, und nach relativ langer Bauzeit – anscheinend hatte es Finanzierungsprobleme gegeben – konnte im März 1928 der Baupolizei in Charlottenburg die Fertigstellung mitgeteilt werden.
Da das Gebäude des *Delphi* erhalten ist, kann man sich von den baulichen Verhältnissen noch heute einen Eindruck verschaffen. Die Baufluchtlinie des *Delphi-Palastes* zur Kantstraße hin ist gegenüber der des benachbarten *Theaters des Westens* stark zurückgesetzt, so daß an der Ecke Kant-/Fasanenstraße Platz für einen geräumigen Vorgarten mit einer Fläche von ungefähr 900 qm war. Um diese Freifläche zur Straße hin abzuschirmen, war eine Randbepflanzung angelegt worden. So entstand ein rela-

Sommer 1939: das Orchester Fritz Weber im *Delphi*-Vorgarten

tiv geschützter Restaurationsgarten, in dem während der Sommermonate die Kapellen zum Tanztee unter freiem Himmel auftreten konnten. Zum Schutz der Musiker sowie ihrer Instrumente und Noten war schon im Juli 1928 eine Zeltüberdachung errichtet worden.

An einen Palast erinnerte das Äußere des *Delphi* eigentlich nur wenig. Auf einem einfachen rechteckigen Grundriß erhob sich ein langgestreckter Saalbau von etwa 50 m Länge und 16 m Breite. Die Fassade zur Fasanenstraße war – abgesehen von dem dort liegenden Haupteingang – weitgehend schmucklos und unauffällig. Einzig die Fassade zur Kantstraße hin – später zeigte hier eine Inschrift das Motto des Hauses: »Honi soit, qui mal y danse« – war etwas aufwendiger gestaltet worden. Die sparsamen pseudo-klassischen Mäander-Muster am Giebel des Saalbaus, die einen Bezug zu dem späteren Namen *Delphi* herstellen, waren auf den ursprünglichen Bauplänen jedoch noch nicht vorgesehen. Entsprechend ist das Gebäude zunächst auch noch als *Casino am Theater des Westens* bezeichnet. Das deutet darauf hin, daß der Name *Delphi* möglicherweise erst im Zusammenhang mit der Gestaltung der Inneneinrichtung gewählt wurde. Im Inneren ist das »griechische« Element – verglichen mit der zurückhaltenden Fassadendekoration – sehr viel stärker betont. Curt Moreck, der Chronist des »lasterhaften Berlin«, schreibt dazu 1931:

»Griechische Säulen erwecken Reminiszenzen an hellenische Heiterkeit. Seltsam kontrastieren sie in ihrer klassizistischen Strenge mit der modernen Eleganz der Gäste. Die Orakelsprüche, die hier gefällt werden, sind sicher eindeutiger als an der namensgleichen Stätte der alten Welt. Hier übermittelt sie von Tisch zu Tisch das Telephon als freundlicher und verschwiegener Kuppler.«[2]

Das Gebäude des *Delphi* ist zweigeschossig: Im Erdgeschoß befand sich außer der Eingangshalle mit Garderoben, Toiletten und Büroräumen noch ein zum Vorgarten hin gelegenes Café, das anfangs *Empire* hieß, bevor es ebenfalls den Namen *Delphi* erhielt. Das Café bot Plätze für 150 Personen.

Das eigentliche Tanzlokal befand sich im Obergeschoß. Während in den ursprünglichen Planungen vom März 1927 hierfür noch zwei getrennte Räume vorgesehen waren, nämlich ein zur Kantstraße hin gelegener »Tee-Salon« von 210 qm sowie ein rückwärtiger Saal von 246 qm, wurde später ein durchgehender großer Saal mit 534 Sitzplätzen daraus. Hinzu kam noch ein Galeriegeschoß mit 125 Sitzplätzen. Das Musikpodium war zunächst in der Mitte des großen Saales gelegen, am Übergang zwischen den ursprünglich vorgesehenen zwei Sälen, wurde aber bei einem späteren Umbau an die westliche Längsseite verlegt. Insgesamt standen drei Tanzflächen zur Verfügung, davon eine auf der Galerie.

Der Saal im Obergeschoß wurde im wesentlichen künstlich belichtet: »Ein elektrisch gestirnter Himmel leuchtet über denen, die tanzen, und denen, die nur zechen«, heißt es bei Moreck.[3] Fenster gab es hauptsächlich an den Schmalseiten des Gebäudes, wobei auf der zur Kantstraße gelegenen Seite über einen Balkon eine Treppe hinab in den Vorgarten führte. Zur Belüftung des Raumes hatte man einen Ventilationsboden vorgesehen, der nach außen hin mit Lüftungsöffnungen versehen war. Zur technischen Standardausstattung eines solchen Ballokals gehörten selbstverständlich Tischtelefone, die von der Firma »Protos« stammten.

»Schönste Vergnügungsstätte Europas« – mit diesem nicht gerade bescheidenen Superlativ warb das *Delphi* in seinen Anfangsjahren auf einer Werbepostkarte, die an die Gäste nicht nur kostenlos verteilt, sondern zudem auch portofrei befördert wurde – auch dies übrigens Standard aller vergleichbaren Etablissements. Ob der erwähnte Superlativ allerdings berechtigt war bzw. den Zeitgenossen einleuchtend erschien, darf bezweifelt werden. Ende der zwanziger Jahre, als das *Delphi* eröffnet wurde, dürfte vor allem seine Inneneinrichtung schon nicht mehr zeitgemäß gewirkt haben. Während sonst Expressionismus und Neue Sachlichkeit das Bauen bestimmten, ist beim *Delphi*

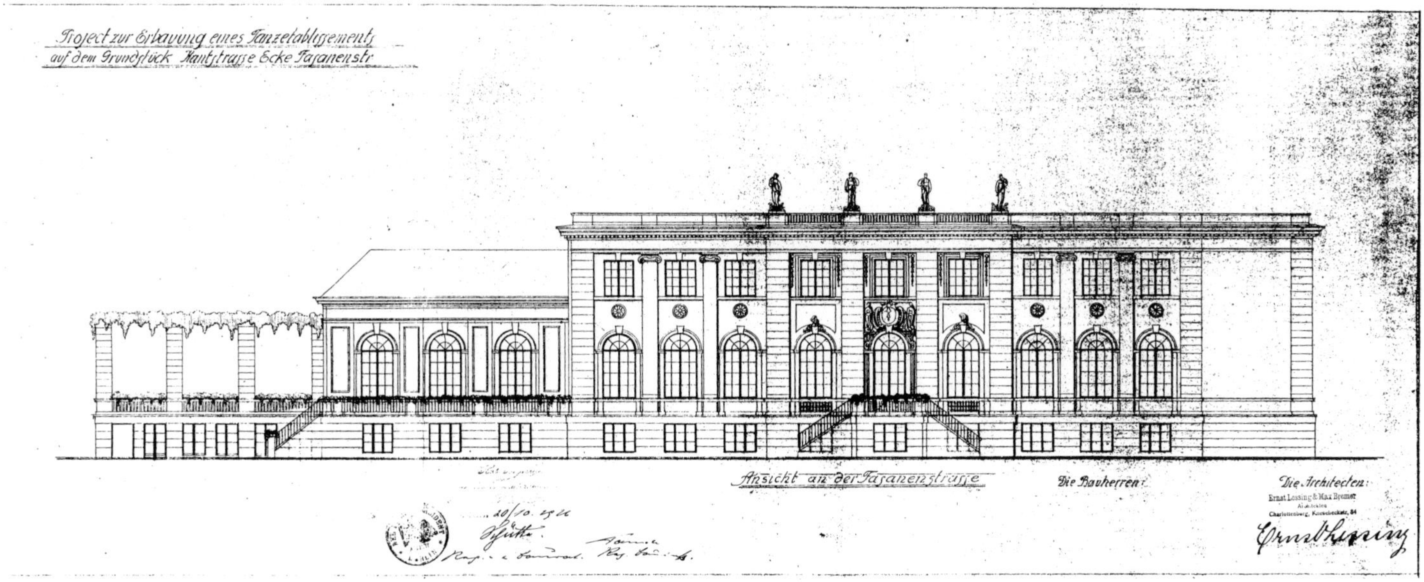

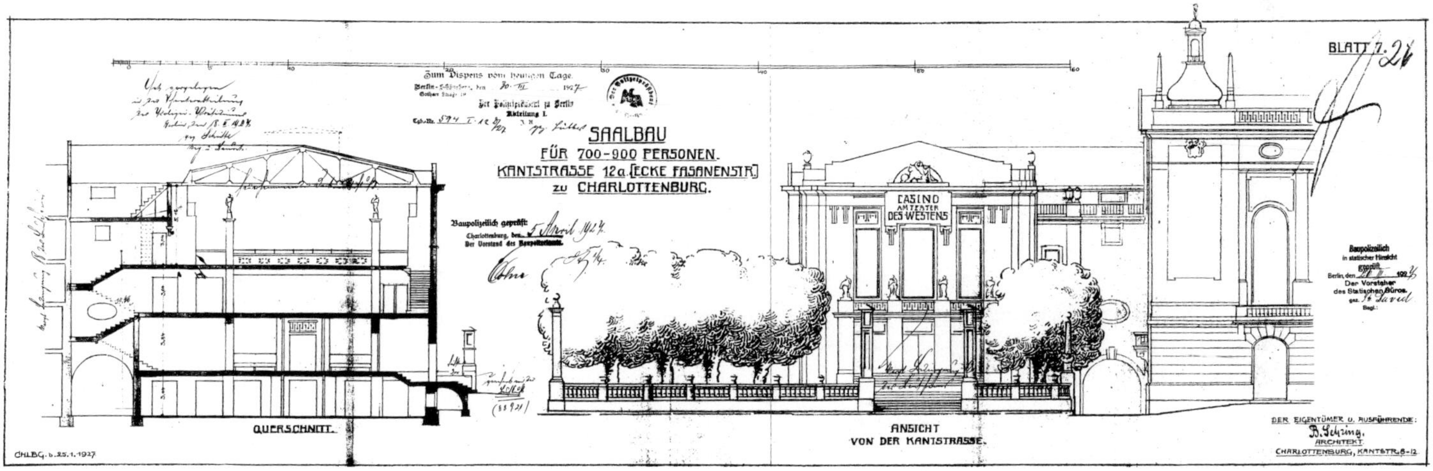

Oben: Entwurf von Max Bremer und Ernst Lessing, 1926 (nicht ausgeführt). – Unten: Entwurf von Bernhard Sehring, 1927

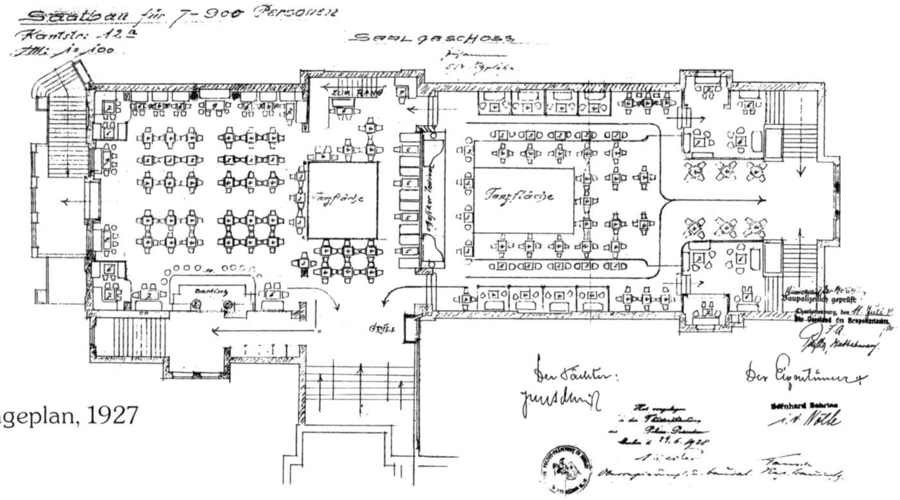

Bestuhlungsplan des *Delphi*, 1928 (oben) und Lageplan, 1927

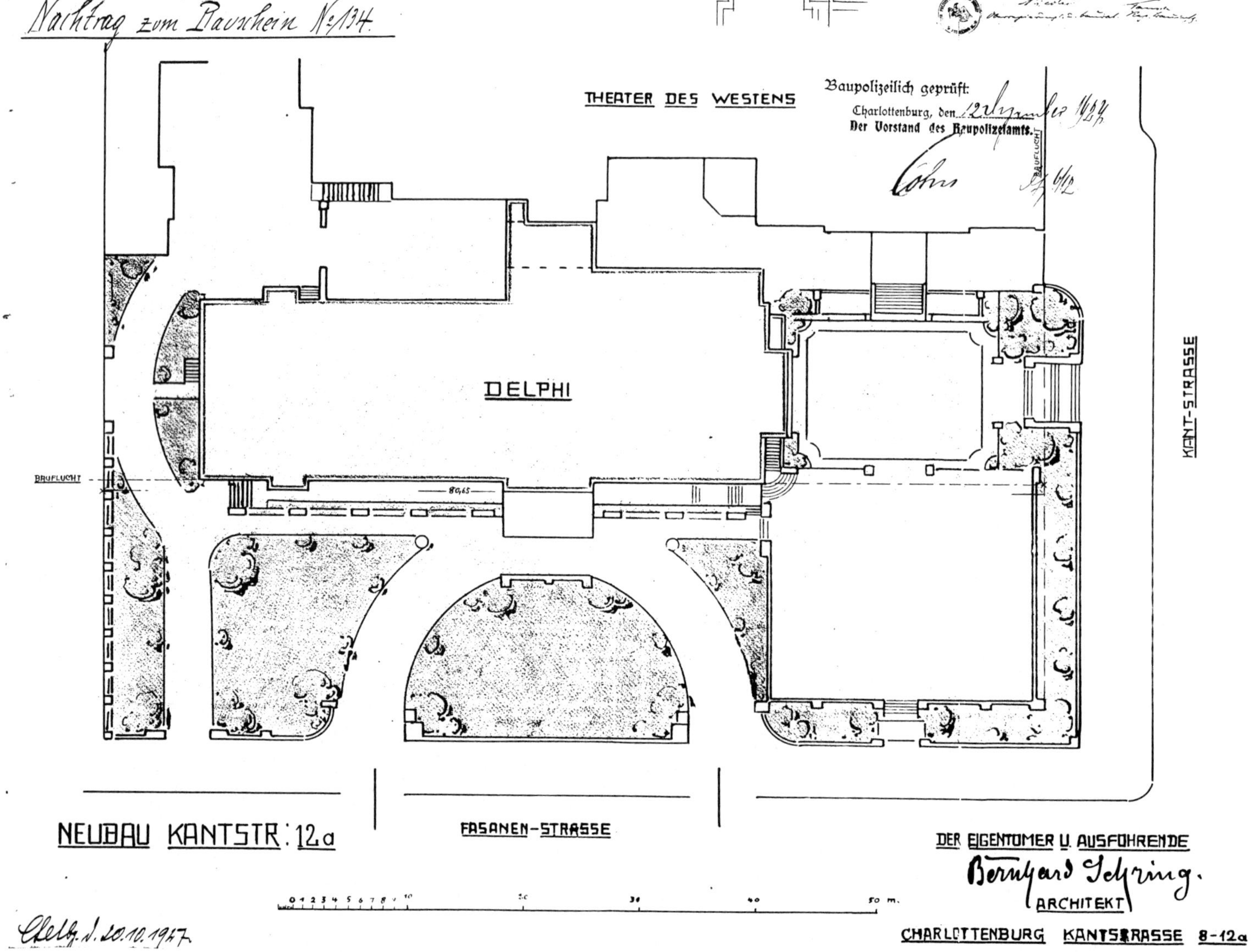

nichts davon zu spüren. Die merkwürdige Antiquiertheit des *Delphi* – innen wie außen – wird besonders deutlich beim Vergleich mit anderen Gaststättenbauten jener Jahre, dem *Café Schottenhaml* am Tiergarten etwa, dem *Europahaus* oder dem *Haus Gourmenia* am Zoo zum Beispiel.

Erster Pächter des *Delphi* ist der Gastwirt Josef Schneid. Die Tatsache, daß es sich bei diesem um einen Österreicher und keinen Deutschen handelt, löst bei einer Gruppe Berliner Gastwirte erhebliche Unruhe aus. Um sich gegen eine angebliche »Überfremdung« zu schützen, hatte man einen »Schutzverband Inhaber Deutscher Vergnügungslokale« ins Leben gerufen. In einem Schreiben an die Baupolizei Charlottenburg wird der unliebsame Konkurrent beschuldigt, er habe trotz angeblich fehlender Bauabnahme seinen Betrieb bereits eröffnet. Und außerdem: »Es ist uns ferner bekannt, dass die Tanzflächen entgegen den Bestimmungen keine 50 qm haben. Die Singspielkonzession bedingt getrennte Garderobenräume für die Künstler beiderlei Geschlechts. Die Wiener Herren jedoch erklärten, sogar in Zeugengegenwart, dass dies nicht nötig sei, und die Künstler sich gemeinsam in einer Rumpelkammer umkleiden müssen. – Wir ersuchen höflichst, dieser Sache noch vor Eröffnung auf den Grund zu gehen, um gegebenenfalls mit den strengsten Massnahmen einzugreifen.«[4]

Offensichtlich blieben aber die erhofften »Massnahmen« aus, und am 1. Mai des Jahres 1928 erlebte der *Delphi-Palast* seine feierliche offizielle Eröffnung. Die Zeitschrift *Der Artist* berichtet darüber in ihrer Ausgabe vom 8. 6. 1928:

»Im Berliner Westen, der Kantstraße, nahe dem *Theater des Westens*, ist jüngst ein Pracht-Etablissement eingeweiht, das in seiner dekorativen Ausstattung anmutet wie ein Märchen aus ›Tausend und einer Nacht‹; zauberhaft in Licht und Farbenfreudigkeit getaucht: Das *Delphi-Café*. An einen Palast der Renaissance erinnert schon das Vestibül, die glanzvolle Aufmachung des Entrees. Allerdings zahlt der Besucher sogleich bei seinem Eintritt eine Mark

Das *Delphi*. Postkarte, um 1928

Der *Delphi-Palast* mit »Sternenhimmel« und Tischtelefonen, nach 1930

Obolus für die Lustbarkeitssteuer nebst dem dem Pracht-Etablissement angemessenen Garderobengeld, und dass der ahnungslose Musikfreund dieser Kleider- wie Geldablage, ob er sich auch anfangs sträuben mag, nicht entweicht, dafür sorgen die galabetressten Cerberusse, wenn's sein muss, auch mit der ganzen Aufbietung ihrer Ellenbogenkraft. Doch der feenhafte Anblick der Musik- und Tanz-Prachträume, überwölkt von dem lichtübersäten Sternenhimmel, die märchenhafte Ausstattung in idealer Konkurrenz mit den märchenhaften Preisen lassen den Gastfreund gar nicht erst zur Besinnung kommen, zumal ihn eine, wenn auch gar nicht märchenhafte, seraphische, himmlische Musik umrauscht, umbraust, nach deren Rhythmen blendende Sterne am Himmel der Tanzkunst in lichter Gewandung, mit strahlendem Glanz der Glieder in eins verwoben, sich in Herz und Sinne der Zuschauer hineintanzen.«[5]

Die »seraphische« Musik, von der hier die Rede ist, stammte von der Band des englischen Alt-Saxophonisten Billy Bartholomew. Für den 26jährigen Nachwuchs-Bandleader – seine erste eigene Band, die »Eden Five«, hatte er im Oktober 1927 für ein Engagement im eleganten *Eden-Hotel* gegründet – war es ein bemerkenswerter Erfolg, das Eröffnungs-Engagement an so prominentem Ort wie dem *Delphi* zu erlangen. Kein Wunder, hatte er doch für dieses Engagement absolute Spitzenmusiker zusammengeholt, die meisten von ihnen aus den USA oder Großbritannien stammend: Zumindest zeitweise waren dabei die Trompeter Howard McFarlane und Nick Casti, der Alt-Saxophonist Teddy Kline, die Banjoisten und Gitarristen Mike

Danzi und Al Bowlly, letzterer auch als Bandsänger. Einer der ganz wenigen deutschen Musiker in der Band war der junge Pianist Franz Grothe, lange bevor er sich als Filmkomponist einen Namen machte. Grothe war auch – neben Adolf Steimel – für die Arrangements zuständig.[6]
Über das weitere Programm des Eröffnungsabends schreibt *Der Artist*:
»Der Exzentrik-Dancer Pipiér tanzstept einen Charleston, dessen geschnörkelte Verknickungen die gewagtesten Tricks prominenter Akrobaten beschämen könnte. Ein pechschwarzer Sohn aus dem schwärzesten Urlande der Niggertänze wirft seine gelenkigen Glieder exzentrisch in die Tanzarena und Erica Dancer macht ihrem Namen alle Ehre, denn sie gleicht dem Nigger-Exzentrik sich als bescheidene Heideblume, erikaartig, an. Diese fulminanten Stars auf dem Gebiete der Gesellschaftstänze wirken naturgemäss höchst anregend auf die Dilettantenpaare, die sich tanzend nach den schneidigen Rhythmen der Jazzband ergehen, ungehemmt von einengenden Gewändern, in reizenden kleidsamsten Kostümen, stofflich auf das Minimalmass beschränkt, d. h. die bessere Hälfte der Tanzpaare, während die Herren der Schöpfung, Berlin WW markierend, auch im Tanze sehr zugeknöpft erscheinen, ihr Lebensrhythmus schwingt sichtlich nicht dem gesteigerten Rhythmus des temperamentvollen Jazz konform.«[7]
Doch trotz eines offenbar verlockenden Programms, trotz der sicherlich vorzüglichen Band Billy Bartholomews und trotz der baulichen Attraktionen, die das *Delphi* bot, scheint das Geschäft nicht besonders gut gegangen zu sein, und nach gerade mal sieben Wochen konnten die Musiker ihre Instrumente wieder einpacken, ohne Geld gesehen zu haben, wie sich der Trompeter Wilbur Curtz erinnert.[8]
Wahrscheinlich hat sich die wirtschaftliche Situation des *Delphi* auch in der folgenden Zeit nicht wesentlich gebessert. Im Frühjahr 1929 jedenfalls scheint Hausherr Bernhard Sehring neue Pächter gefunden zu haben, mit denen er bereits vertragliche Bindungen eingegangen und denen er wegen schon in Anspruch genommener Zahlungen verpflichtet ist. Für ihn besteht nun aber das Problem darin, Josef Schneid mit seinem auf 15 Jahre geschlossenen Pachtvertrag loszuwerden. Dabei geht er offenbar nicht gerade mit Samthandschuhen zu Werke, es kommt zu einem Skandal. In seiner Ausgabe vom 5. Mai 1929 erhebt der *Berliner Herold* massive Vorwürfe gegenüber Sehring: »Mißbrauch des Konkursrechts!« und: »Enteignung durch Konkursschiebung«, lauten die Schlagzeilen. Über die Hintergründe berichtet das Blatt:
»Als der Bau des neuen Vergnügungspalastes durch die bekannte Zahlungsunfähigkeit des Baumeisters Sehring stockt, springt Josef Schneid mit Schneid und sehr viel Vertrauen und – dies über alles – barem Gelde in die Bresche. 50 000 M. Darlehen, 35 000 Mark Pachtvorschuß, Investitionen von über einer Million Mark, von denen 600 000 M. bar bezahlt sind!! Kein Wort über Betrieb und Geschäftslage des *Delphipalastes* bis zu jener für Schneid verhängnisvollen Reise nach Paris zu Engagementszwecken. Schneid wird – ob mit oder ohne Schuld gleichgültig – in der Stinnesaffäre, Deutschlands neuestem Luftballon, verhaftet. (...) Am gleichen Tage wird ein Wechsel über 4 000 Mark fällig. Und in der allgemeinen Verwirrung nicht eingelöst. Folge Konkurseröffnung ...«[9] Wie es scheint, hat Sehring daraufhin sofort zugegriffen, sich die Schlüssel für den *Delphi-Palast* angeeignet und die Angestellten vor die Tür gesetzt. Versuche Schneids, den Konkurs abzuwenden, scheitern zunächst.
Eine Woche später berichtet der *Berliner Herold* bereits »Vom Kriegsschauplatz *Delphi*«[10]. Danach ist zwar der Konkurs gegen Schneid vorläufig aufgehoben worden, dennoch hat Sehring ihm nun Strom und Wasser abgesperrt: »Schneid sitzt jetzt bei Kerzenlicht in seinem Tanzpalast.«[11]
Wieder eine Woche später wird das Vokabular im *Berliner Herold* noch einmal deutlich militärischer: Von »Stellungskrieg« ist da die Rede, von »verschärftem Postendienst«, davon, daß der »Feind isoliert« sei, von »Hauptquartier« und »Okkupation«.[12] Trotz eines für ihn günstigen Gerichtsurteils – der für Sehring arbeitende Konkursverwalter wird abgelöst und durch einen neutralen ersetzt – scheint letztlich doch Schneid den kürzeren gezogen zu haben. Jedenfalls wird das *Delphi* im September 1929 nicht von Schneid, sondern von einer »West-Gaststätten A. G.« wiedereröffnet. In deren Aufsichtsrat sitzen Männer aus Köln und Düsseldorf, die, wie dem *Berliner Herold* zu entnehmen ist, der »Filmbranche« angehören.
Die Wiedereröffnung scheint am 4. September stattgefunden zu haben. »Ein völlig neuer Typ unter den Gaststätten Berlins«, verheißen die neuen Inhaber des *Delphi* in einer Anzeige vom 1. September 1929. Möglicherweise ist damit die Integration mehrerer gastronomischer Teilbetriebe – Café/Conditorei, Tanzpalast, Bar, Bier- und Weinrestaurant – unter einem Dach gemeint. In einer späteren Anzeige heißt es:

»*Delphi* setzt ganz Berlin in Erstaunen. Wodurch? Durch größte Preiswürdigkeit, durch beste Qualität des Gebotenen, durch höchsten Luxus der Räume, durch die Kapelle Dolfi Dauber, 16 Solisten. Keine Kleidungsvorschrift!«[13]
Letzteres deutet in Verbindung mit dem Hinweis auf »größte Preiswürdigkeit« darauf hin, daß man von dem ursprünglich wohl angestrebten Exklusiv-Image abkommen und ein Massenpublikum gewinnen möchte. Aber auch diese Versuche bringen keine Besserung für das Haus an der Kantstraße; schon am 21. September 1929 meldet der *Berliner Herold* unter der Überschrift: »Schlechte Geschäfte im *Delphi*«:

»Das Haus ist gähnend leer. Die rheinische Gruppe, die das Haus betreibt (...), wird sich bald etwas einfallen lassen müssen, wenn der Betrieb nicht ganz einschlafen soll.«
Ob das Programm des *Delphi* dann tatsächlich dazu geeignet war, die drohende Pleite aufzuhalten, erscheint äußerst zweifelhaft. Für Oktober 1929 wird als »Sensation für Berlin« eine »mexikanische Tanz- und Stimmungskapelle Fantasio-Band« angekündigt, außerdem – neben einigen Tanznummern – die »8 Aphrodite-Girls«. Doch selbst die Veranstaltung von »Künstlerspielen«, zu deren künstlerischer Leitung man eigens Rudolf Nelson verpflichtet hat, können das *Delphi* nicht retten. Zum 1. Dezember 1929 wird das Lokal geschlossen, am 8. Dezember meldet die *West-Gaststätten AG* Konkurs an, der mangels Masse abgewiesen wird. Am 20. Juni 1930 wird die Gesellschaft nach vorherigem Offenbarungseid aufgelöst.
Und wieder verfällt das *Delphi* in einen tiefen Dornröschenschlaf. Die Weltwirtschaftskrise mit ihren Begleiterscheinungen befindet sich auf dem Höhepunkt. Und trotz dieser höchst ungünstigen Umstände findet sich ein Gastronom, der es noch einmal mit dem *Delphi* versucht. Es ist ein alter Hase im Berliner Gastgewerbe, der »Cafétier« Josef König.
Die Geschichte von Josef König soll im folgenden etwas ausführlicher dargestellt werden, nicht nur, weil die Blütezeit des *Delphi-Palastes* eng mit diesem Namen verbunden ist. Das Schicksal Königs erscheint auch in verschiedener Hinsicht zeittypisch. In den Jahren unmittelbar vor und nach dem Ersten Weltkrieg, als sich Berlin fast explosionsartig zur europäischen Metropole entwickelte, wurde die Stadt zum Anziehungspunkt nicht nur für Künstler und Literaten, sondern auch für Menschen – vor allem aus den Ländern Ost- und Südosteuropas –, die hier die Chance sahen, als Geschäftsleute ihr Glück zu machen. Diesen Typus des »Selfmademan« verkörperte zweifellos Josef König.
Die Gründerjahre bescherten ganz besonders auch der Kaffeehaus-Branche und der Vergnügungsindustrie – auf dem Hintergrund einer allgemeinen Entwicklung der Freizeitkultur – einen kräftigen Aufschwung. Mit der Entstehung einer regelrechten Vergnügungsindustrie vollzog sich in Deutschland ein Prozeß, der in den USA schon weiter fortgeschritten war. Was jedenfalls das Angebot moderner Vergnügungslokale anging, so bestand im kaiserlich-biederen Berlin sicherlich ein erheblicher Nachholbedarf. Gerade viele Newcomer zog es deshalb in diese Branche.

Josef König

Nicht in jedem Fall wurde das für den Betreffenden ein geschäftlicher Erfolg. Fast immer aber war es ein Gewinn für die Stadt, für die Vielfalt und Farbigkeit des kulturellen Lebens, und prägte damit auch das Erscheinungsbild Berlins, vor allem in den »goldenen« zwanziger und frühen dreißiger Jahren.
Ein typisches Schicksal aber nicht nur deswegen. Wie viele dieser Newcomer – gerade auch in der Berliner Gastronomie – war Josef König Jude, und wie für viele andere war nach 1933 kein Platz mehr für ihn in dieser zuvor so weltoffenen Stadt.
Josef König wurde als eines von zehn oder elf Kindern einer angesehenen jüdischen Kaufmannsfamilie am 18. Januar 1864 in der slowenischen Stadt Petrovac, damals noch Teil Österreich-Ungarns, geboren. Getrieben von Abenteuerlust und Unternehmungsgeist, aber nach dem Konkurs der väterlichen Firma auch aus wirtschaftlichen Gründen, verläßt er im Alter von etwa 17 Jahren sein Elternhaus, geht zunächst nach Südafrika, später in die Vereinigten Staaten, wo er um 1901 heiratet. Auch wenn diese Ehe nicht lange bestanden hat, hatte sie doch weitreichende Folgen, wie sich später zeigen wird. Etwa 1906 oder 1907 kehrt er nach Europa zurück, wo er für einige Jahre als Geschäftsmann in London lebt. Wahrscheinlich hat er in all diesen Jahren bereits ein kleines Vermögen angespart, Grundkapital für seine ersten Caféhaus-Unternehmungen in Berlin. In die aufstrebende Metropole hatte es ihn in den zehner Jahren gezogen. Im Lauf der Jahre war ein regelrechtes kleines »Kaffeehaus-Imperium« entstanden, die *König-Betriebe*. Dazu gehörten u. a. der *Kerkau-Palast* in der Behrenstraße 48 und das *Café unter den Linden*, das ehemalige *Café Bauer*. Auch im »neuen Westen« war man seit 1929 mit dem *Café König am Knie* und der *Villa d'Este* präsent. Josef Königs unternehmerische Idee bestand offenbar darin, mehr oder weniger heruntergewirtschaftete Kaffeehaus-Betriebe möglichst gün-

stig zu übernehmen und sie zu sanieren. Doch keineswegs alle König-Unternehmungen waren erfolgreich; der Versuch, das 1927 nach einer Pleite des letzten Inhabers mal wieder geschlossene und ziemlich heruntergewirtschaftete *Palais de Danse* wieder auf die Beine zu bringen, schlug fehl; und auch mit dem Lokal *Platzl* war König im selben Jahr kein Erfolg beschieden.

»Flaggschiff« der König-Betriebe war zweifellos, schon wegen seiner exponierten Lage, das *Café König* an der nordöstlichen Ecke der Linden und der Friedrichstraße. Bevor Josef König es in den zwanziger Jahren übernahm, hatte es, ebenso wie das im selben Hause untergebrachte Hotel, den Namen *Victoria* getragen, den es nach 1933 zwangsläufig wieder erhielt. Nichts sollte mehr an seinen früheren jüdischen Besitzer erinnern.

1930, nachdem das *Delphi* wieder einige Monate im Dornröschenschlaf verbracht hatte, übernahm Josef König das stillgelegte Ballhaus. Als Pächterin war am 7. April 1930 eine Gesellschaft mit dem Namen *Elbcafé GmbH* gegründet worden, eine Art Familienunternehmen, denn Gesellschafter war – neben Josef König, der die Mehrheit besaß und gleichzeitig auch Geschäftsführer der GmbH war – Rudolf Gutmann, ein Schwager Königs.[14] Gegenstand des Unternehmens war »der Betrieb von Restaurationen und Caféhäusern«. Die Gesellschaft hatte ihren Sitz in Berlin W 8, Unter den Linden Nr. 46.

Festliche Wiedereröffnung des *Delphi-Palastes* – nun schon die dritte – war am 30. November 1930. Bei der Auswahl der Kapelle wollte man offenbar auf Nummer Sicher gehen und engagierte das bewährte, nicht übermäßig jazzorientierte Orchester Paul Godwin.

Mit der Übernahme durch Josef König beginnt die »goldene Ära« des *Delphi*. Worin die Ursachen für den langjäh-

Delphi-Palast wieder eröffnet.

Ein gesellschaftliches Ereignis: Delphi öffnet von neuem seine Pforten. Die Kantstraße hat „ihr" Ballokal wieder. Schon unten am Eingang empfängt uns das aufreizend Neue: die ehemalige Konditorei ist in einen Miniatur-Golfplatz verwandelt. Leute, die es mit dem Tanzen nicht gar so eilig haben, erproben hier zunächst (und unentgeltlich!) ihre Kunst. Dann geht es die palastartigen Treppen empor. Die Bar winkt, der Grillroom lockt. Zum Tanz spielt Paul Godwin mit seiner Meisterschar von fünfzehn Mann auf. Die Kapelle begleitet auch ein auserwählt gutes Programm der Tanzattraktionen. Der Besitzer, König, der schon so manches im Berliner Vergnügungsleben geschaffen hat, wird auch das bisherige Orakel von Delphi nicht umsonst befragt haben . . . R.

rigen Erfolg dieses Lokals liegen, ist heute schwer nachzuvollziehen. Immerhin ist ja auch – vor allem seit der Eröffnung des *Europa-Palastes* im August und der *Femina* im Oktober des Jahres 1929 – die Konkurrenz auf dem Feld der Vergnügungslokale nicht eben geringer geworden. Insgesamt hat es im Jahre 1930 in Berlin die beachtliche Anzahl von 71 neu erteilten Tanzkonzessionen gegeben, davon allein 17 im Bereich des Polizeiamtes Charlottenburg/Tiergarten, zu dem auch das *Delphi* gehörte.[15] Auch die allgemeine wirtschaftliche Lage hatte sich – gegenüber dem Gründungszeitpunkt des *Delphi* – seit dem »Schwarzen Freitag«[16] eher noch verschlechtert. Die Voraussetzungen für die Eröffnung eines derartigen neuen Lokals waren also nicht die günstigsten. In einer Zeit wirtschaftlicher, sozialer und politischer Instabilität (mit fast 450.000 Arbeitslosen in Berlin) war aber vielleicht eine Leistung, die von den Vergnügungslokalen erbracht wurde, besonders gefragt: Sie gewähren ihrem Publikum die »Süßigkeit des Vergessens«, von der Curt Moreck spricht. Über das *Delphi* jedenfalls urteilt er in dem auf die Wiedereröffnung folgenden Jahr 1931:

»Es ist alles da, was eine verwöhnte Großstadtmenschheit über die Langeweile einer Nacht hinwegführen kann, die ihr in die Zeit zwischen Tag und Tag ein wenig Süßigkeit des Vergessens träufelt.«[17]

Die entscheidende Rolle hat sicherlich das musikalische Programm gespielt, das das *Delphi* seinem Publikum bot. Im Unterschied zu vielen anderen Tanzlokalen bot das *Delphi* häufig wechselnde Orchester-Engagements. Die meisten Kapellen waren für einen Zeitraum von einem, höchstens zwei Monaten engagiert. Zunächst setzte man offensichtlich auf Bewährtes; musikalisch allzu Gewagtes überließ man anderen. Das Orchester Paul Godwin mit seiner betont »kommerziellen« Richtung wurde bereits genannt. Auch das Orchester Ilja Livschakoff, das hier mehrmals gastierte, galt als solides Tanzorchester, mit dem man

geschäftlich kaum ein Risiko einging. In späteren Jahren wurde diese »Politik« ganz eindeutig geändert, erlangte das *Delphi* seinen Ruf als Kultstätte des Swing.

Im einzelnen gastierten im *Delphi* in dem Zeitraum 1928 bis1933 u. a. die Orchester Billy Bartholomew, Ben Berlin, die Berliner Tanz-Sinfoniker, Dolfi bzw. Dol Dauber, René Dumont, Will Glahé, Paul Godwin, Egon Kaiser, James Kok, Ilja Livschakoff, Carlo Minari, George Nettelmann.

An seine Zeit im *Delphi* erinnert sich der damalige Saxophonist des Orchesters Ilja Livschakoff, der spätere Komponist und Orchesterleiter Hans Mielenz:

»Nachdem ich schon als Gymnasiast und später während des Studiums viele Tanzlokale kennengelernt hatte, kam mir damals das *Delphi* tatsächlich wie ein Palast vor. (...) Es ging gesittet zu, war auch – glaube ich – nicht gerade billig. An den Sonntagen nachmittags war der größte Andrang, während an den Wochentagen nachmittags Platz genug war, so daß Tanzpaare in vornehmer Gewandung für Turniere üben konnten. Das war für mich immer ein Hochgenuß und regte besonders bei Tangos meine Improvisationskünste auf dem Akkordeon an. Bei Giebel und Glahé[18] gab es überwiegend reine Tanzmusik, aber das Besondere bei Livschakoff waren immer, nachmittags und abends, die Konzerteinlagen, bei denen Livschakoff als Violinvirtuose glänzte. Er soll Jude gewesen sein, doch das interessierte niemanden, besonders weil ja auch andere Mitglieder des Orchesters mosaisch waren. Nachträglich ist mir noch in Erinnerung, daß Livschakoff nicht nur virtuos spielte, sondern auch ›bechejnt‹[19] (...) Wir spielten zum Konzert schwierige Stücke in Spezialarrangements, u. a. Hejre Kati, Zigeunerweisen, viel Sarasate bis zu den Kaukasischen Skizzen von Ippolitow-Iwanow, bei denen ich eine Solostelle auf der Oboe zelebrierte. Bei den Konzerteinlagen herrschte vollkommene Stille. (...) Ungefähr ein Jahr war ich bei Livschakoff und dreimal im *Delphi*, zuletzt April–Mai 33. Dann setzten wir uns nach Zürich ab, wo das Orchester im August 33 platzte, weil auch die ›Mosaischen‹ nicht mehr ›heim ins Reich‹ wollten.«[20] Kein Wunder angesichts bedrohlicher Vorfälle wie dem folgenden, den Hans Mielenz von seinem Platz auf dem Orchesterpodium beobachtete: »Von dort aus konnte ich schräg rechts sehen, wie im März oder April 33 einige SA-Leute hereinkamen, sich nur kurz umschauten, aber bald wieder gingen. Ich weiß das deshalb so genau, weil wir gerade eine Konzerteinlage spielten und sich der Pianist, Benedikt Silbermann, beim Anblick der Uniformen prompt verspielte, worauf Livschakoff ihn anknurrte (während des Spiels): ›Spiel, du Hund!‹«[21]

Nach der nationalsozialistischen Machtergreifung verließ auch Josef König Berlin. Wegen seiner jüdischen Abstammung war er schon kurz nach der Machtübernahme von einem Angestellten namens Williams, der sich als SS-Angehöriger zu erkennen gab, mit einer Pistole bedroht und offenbar so massiv eingeschüchtert worden, daß er sich aus Vorsichtsgründen bis zu seiner Abreise aus Deutschland versteckt hielt und sich weder in seinem Büro noch zu Hause zeigte. Wahrscheinlich schätzte er aber darüber hinaus die politische Situation insgesamt auch langfristig als so bedrohlich ein, daß er rechtzeitig grundlegende Vorkehrungen für das Weiterbestehen seines Unternehmens traf. Der Entschluß zur Emigration aus Deutschland, den König im Unterschied zu vielen anderen jüdischen Menschen schon zu einem relativ frühen Zeitpunkt faßte, mag zusätzlich auch dadurch erleichtert worden sein, daß er nicht die deutsche Staatsbürgerschaft besaß; er war Jugoslawe. Josef König hat Berlin nicht mehr wiedergesehen. Am 9. September 1933 starb er im Sanatorium Agra bei Lugano in der Schweiz an den Folgen einer Lungenentzündung.

Um das Weiterbestehen seiner Betriebe sicherzustellen, hatte er diese in einem Scheinverkauf seiner Lebensgefährtin Elfriede Scheibel übereignet und gleichzeitig seinen Sohn Wilhelm testamentarisch als Alleinerben eingesetzt. Anders als in fast allen vergleichbaren Fällen ist es so gelungen, ein an sich »jüdisches« Unternehmen über die Jahre des Nationalsozialismus hinweg zu erhalten.

Elfriede Scheibel (links unten); Josef König und Elfriede Scheibel mit ihrem Sohn Wilhelm (rechts oben)

Elfriede Scheibel, am 20. November 1900 in dem Ort Preiskretscham, Kreis Gleiwitz (Oberschlesien) geboren und in der Gegend von Rostock aufgewachsen, kam um das Jahr 1916 zum Besuch der Handelsschule nach Berlin. Hier muß sie, als vielleicht siebzehnjähriges junges Mädchen, den um 36 Jahre älteren Cafétier Josef König kennengelernt haben. Aus der Bekanntschaft wurde eine Liebesbeziehung, und dieser entstammte ein Sohn. Am 10. Januar 1919 brachte die damals gerade achtzehnjährige »unverehelichte Buchhalterin« – so heißt es in der Geburtsurkunde – in ihrer Wohnung in Nowawes, dem späteren Potsdam-Babelsberg, einen Knaben zur Welt, der den Namen Wilhelm erhielt und alsbald von Josef König adoptiert wurde.

An eine Heirat konnte angesichts der Vorgeschichte Josef Königs wohl nicht gedacht werden. Die um 1901 in den USA geschlossene Ehe war offiziell nie geschieden worden, da die Ehefrau ihn nach einigen Jahren verlassen hatte und nie wieder von sich hören ließ. König mußte also damit rechnen, sich der Bigamie schuldig zu machen. Aus diesem Grunde unterblieb die Eheschließung, obwohl die kleine Familie bis zu der Emigration Josef Königs zusammenlebte, die längste Zeit davon in einer Villa in der Tempelhofer Paradestraße 62.

Auf dem Umweg über eine eigens gegründete Aktiengesellschaft namens *Donau AG*, die vorübergehend als alleinige Gesellschafterin der *Elbcafé GmbH* fungierte, gelangte das Unternehmen, wie gesagt, in einem Scheinverkauf an Elfriede Scheibel. Diesen Umweg hatte man möglicherweise gewählt, um die Veräußerung nach außen hin schwerer durchschaubar zu machen, evtl. auch aus steuerlichen Gründen. Tatsächlich war Elfriede Scheibel jedoch als Treuhänderin für Josef König und nach dessen Tod für den gemeinsamen Sohn Wilhelm tätig. Offiziell war das Unternehmen damit »arisiert«, auch wenn es für die jetzige »Betriebsführerin«[22] Elfriede Scheibel anfangs noch immense Schwierigkeiten gab; so waren die Besucherzahlen nach Königs Flucht deutlich zurückgegangen, und zeitweise bestanden massive Zahlungsschwierigkeiten. Die Situation besserte sich erst, nachdem sich im Zusammenhang mit der Olympiade 1936 die Geschäftslage wieder normalisiert hatte.

In dem Zeitraum 1934–1936 traten im *Delphi* u. a. die *Berliner Tanz-Sinfoniker* und die Orchester Will Glahé, Ilja Livschakoff, Juan Llossas, George Nettelmann und Teddy Stauffer mit seinen *Original Teddies* auf.

Nicht nur in geschäftlicher Hinsicht bedeutete die Berliner Olympiade von 1936 einen Einschnitt. Für kurze Zeit erlebte Berlin noch einmal einen Hauch von Normalität. Teddy Stauffer, der mit seinen *Original Teddies* im Juli des

Silvesterfeier im *Delphi* (um 1938); 3. von rechts: Wilhelm König

Olympiajahres zum ersten Mal im *Delphi* spielte, beschreibt in seinen Memoiren die damalige Situation so: »Die Olympiade brachte noch einmal die Illusion des Friedens. Und für uns Musiker die Illusion künstlerischer Freiheit in Deutschland. – Die Amerikaner waren da. Ihre Anwesenheit inspirierte uns im *Delphi-Palast* zu einem noch nie dagewesenen Rhythmus. Man tanzte schon am Nachmittag Swing.«[23]

Mit Teddy Stauffer begann die Swing-Ära des *Delphi*, und durch eine offensichtlich konsequente Programmpolitik, die wahrscheinlich zunehmend auch durch den swingbegeisterten »Junior« Wilhelm König beeinflußt wurde, entwickelte sich das *Delphi* »zu einem wahren Mekka aller Jazz- und Swingfreunde«, wie Horst H. Lange, Zeitzeuge und Autor des Standardwerks »Jazz in Deutschland«, schreibt. Und Bob Huber, damals Trompeter bei den »Teddies«, in späteren Jahren als Komponist und Orchesterchef erfolgreich und heute, 1992, neben Walter Dobschinski und Billy Toffel einer der drei letzten »Überlebenden« dieser legendären Band, erinnert sich:

»Vorher, als wir zum Beispiel in der *Kakadu*-Bar gespielt haben, da kamen die Leute vor allem wegen des Varieté-Programms oder um Frauen kennenzulernen. Im *Delphi* und später auch in der *Femina*, da kamen die Leute – überwiegend jüngeres Publikum –, um zu tanzen und um unsere Musik zu hören; richtige Fans hatten wir. Walzer, die waren gar nicht verlangt. Wir spielten viel amerikanische Titel, gute Jazz-Nummern, mal einen Tango oder so etwas. Probleme hatten wir deswegen nicht; es hat nie jemand eine Bemerkung gemacht, wir sollten keine amerikanischen Nummern spielen. – Das Orchester klang sehr gut; es war ein Spaß, es anzuhören. Gespielt haben wir

Werbepostkarte, um 1936

unsere Schallplatten-Arrangements, natürlich auch viel Druckarrangements. Aber das wichtigste an unserer Musik war: Die Interpretation war anders, als wie es vorher in Deutschland gespielt wurde, die Synkopierungen und alles das. Sogar manche Musiker kamen zu uns, nachmittags, wenn sie nicht spielen mußten, und für die war es schon interessant.«[24]

Ein weiteres Orchester, dessen Name – neben dem Teddy Stauffers und seiner »Original Teddies« – untrennbar mit der Geschichte des *Delphi-Palastes* verbunden ist, ist das von Heinz Wehner.

Heinz Wehner war 1934 als junger Bandleader nach Berlin gekommen und entwickelte sich hier sehr bald zum Publikumsliebling, nicht zuletzt wegen einer Reihe hervorragender Musiker, die er in seine Band geholt hatte. Dazu gehörten v. a. der Klarinettist und Saxophonist Herbert Müller, dann Helmuth Wernicke, einer der führenden Jazzpianisten und außerdem auch Arrangeur und Komponist (»Das Fräulein Gerda«), und schließlich der Posaunist Willy Berking, der ebenfalls arrangierte und komponierte und später eigene Orchester leitete. Schon während seines ersten Berliner Engagements im *Europa-Pavillon* 1934 hatte sich der gerade 26 Jahre alte Heinz Wehner mit seiner Band so hervorgetan, daß ihn die Zeitschrift *Der Artist* bereits im Dezember des Jahres »zu dem Stamm der führenden deutschen Kapellenleiter« zählte.[25] Im Februar 1937 spielte das Orchester das erste Mal im *Delphi*, und der Erfolg war auch hier so groß, daß Engagement auf Engagement folgte, bis es schließlich fast so etwas wie das »Hausorchester« des *Delphi* wurde. Der dem Haus an der Kantstraße gewidmete »Delphi-Fox«, vom damaligen Band-Trompeter Theo Ferstl komponiert und 1941 auch

Heinz und Elfriede Wehner, geb. Scheibel

auf Schallplatte aufgenommen, erinnert daran. Zu der musikalischen bzw. geschäftlichen Dauerbeziehung kam dann später eine persönliche hinzu: Am 26. Mai 1941 schlossen Heinz Wehner und Elfriede Scheibel, fortan Frau Wehner, vor dem Standesamt Berlin-Mitte den Bund der Ehe.

Im Februar 1941 hatte das Orchester zum letzten Mal im *Delphi* gespielt. Kurz nach der Eheschließung wurde Wehner im Rahmen der Truppenbetreuung zu einem Engagement an den Sender Oslo verpflichtet, der nach der Besetzung Norwegens unter deutscher Kontrolle stand. Im Januar 1945, als der Krieg schon fast zu Ende war, wurde Wehner noch eingezogen und an die Ostfront geschickt, angeblich in einem Strafbataillon.[26] Aus dem Krieg kehrte er nicht mehr zurück. Über sein Schicksal gibt es unterschiedliche Darstellungen: Es wird berichtet, er sei bei dem Versuch, sich von Landsberg an der Warthe aus – von dort stammt sein letztes Lebenszeichen vom Februar 1945 – nach Berlin durchzuschlagen, umgekommen.[27] Möglicherweise ist er aber auch in sowjetische Kriegsgefangenschaft geraten und dort erfroren.[28]

Doch noch einmal zurück in die Zeit von 1941/42. In diesen Jahren erlebte das *Delphi*, bevor es endgültig geschlossen und schließlich von Bomben zerstört wurde, mit den Gastspielen dreier ausländischer Tanzorchester noch einmal eine Serie musikalischer Höhepunkte. Mitten im Krieg boten die Big Bands des Holländers Ernst van t'Hoff und der beiden Belgier Jean Omer und Fud Candrix im Berliner *Delphi-Palast* Swing in Reinkultur:

»Die musikalisch wohl bedeutendste Bigband war sicherlich die des Holländers Ernst van t'Hoff, der das Orchester im Artie-Shaw-Stil spielen und swingen ließ. Die Band spielte mit schleppendem Rhythmus und knalligen Einsätzen und Tuttis, in der Art, wie es damals die allermodernsten amerikanischen Swingorchester handhabten, vor allem der allseits geschätzte Artie Shaw. Das Ernst-van-t'Hoff-Orchester war somit das modernste Swingorchester des Kontinents (...), und, was die Arrangements anbelangt, allen europäischen Kollegen voraus.«[29]

Mit Musikern des Orchesters Ernst van t'Hoff kam es, wie Horst H. Lange berichtet, auch zu einigen Jam-Sessions im *Delphi*, ebenso wie später mit den Orchestern von Jean Omer und Fud Candrix. Fud Candrix gastierte mit seinem Orchester 1942 im *Delphi*. Ein weiterer Zeitzeuge, Franz Heinrich, erinnert sich an einen Mai-Nachmittag des Jahres 1942:

»Die Candrix-Mannen machten es sehr spannend. Kurz nach 17 Uhr betrat der erste Musiker den Saal, mit starkem Beifall begrüßt, und bestieg würdevoll das Podium, wie man damals den ›Band-Stand‹ nannte. Und in gleichem Tempo, das man eher als ›langsamen Schritt‹ bezeichnen konnte, ging es weiter. Die Candrix-Leute wußten: sie waren die Stars, und sie ließen sich entsprechend viel Zeit. Jeder von ihnen genoß den gespendeten Sonderbeifall – bis ER erschien, der sehnsüchtig erwartete König des Orchesters. Aber dann legten sie los, wir wurden für das Warten voll entschädigt, und der vollgefüllte Saal kochte vor Swing-Begeisterung, wie ich sie bis dahin noch nie erlebt hatte. Es war ein Feuerwerk der US-Hits der letzten Jahre, viele von der Bandsängerin (...) auf Englisch gesungen.«[30]

US-Hits im Mai des Jahres 1942 – damit hatte Candrix eindeutig gegen das seit dem Kriegseintritt der USA im Dezember 1941 geltende Verbot, US-Titel zu spielen, verstoßen. Allem Anschein nach kam es daraufhin zu Schwierigkeiten mit der Reichsmusikkammer. Wie sich der Bandleader aus dieser Klemme befreite, darüber gibt es widersprüchliche Mitteilungen von Zeitzeugen. Franz Heinrich berichtet, bei einem Besuch im *Delphi* zwei oder drei

Wochen später habe er dort Fud Candrix mit einem weitgehend »entschärften« Programm erlebt, wobei das Orchester zu seiner großen Enttäuschung »nach gedruckten deutschen Schlager-Arrangements« gespielt habe.[31] Dies deutet auf eine »Kapitulation« vor der Reichsmusikkammer hin; dagegen behauptet Lange ausdrücklich:
»Als Candrix im *Delphi* spielte, hinterging er die Reichsmusikkammer, wo es nur möglich war. Auch er hatte englische Titel von den Noten entfernt oder die Noten als ›eigene‹ Arrangements abgeschrieben. Andere ›verdächtige‹ Swingstücke gab er als ›neutrale‹ Musik aus. Jeder ernste Ärger mit den RMK-Funktionären konnte abgebogen werden ...«[32]

Um die Reichsmusikkammer zu täuschen, habe er gängige US-Titel einfach eingedeutscht: »So erklangen, von Fud Candrix harmlos angesagt, der ›Holzhacker-Ball‹ (›At The Woodchopper's Ball‹), ›Das Lied vom Blauen Ludwig‹ (›St. Louis-Blues‹). ›In guter Stimmung‹ (›In The Mood‹), ›Der große Lärm vom Ku'damm‹ (› The Big Noise From Winnetka‹ als Baß- und Drum-Solo) und viele andere bekannte Swing- und Jazzkompositionen ...«[33]
Von 1937 bis zur Schließung des *Delphi* 1943 waren dort u. a. die Orchester Paul von Béky, Pat Bonen, Heinz Burzynski, Fud Candrix, Günter Herzog, Ernst van t'Hoff, Arne Hülphers, John Kristel, die *Lanigiros*, Juan Llossas, Jean

Omer, Renato Rappaini, Max Rumpf, Heinz Wehner und Fritz Weber zu erleben.
Nach dem Kriege hat das *Delphi* nur noch kurz eine Rolle als Tanzlokal gespielt. Der größte Teil des Hauses, so berichtet Elfriede Wehner später, war nach der Kriegszerstörung nicht mehr benutzbar: »Nur der ca. 200 Personen fassende untere Raum war einigermaßen erhalten geblieben, allerdings vollkommen leer – nur die nackten vier

Sommer 1939 vor dem *Delphi:* Orchesterchef Fritz Weber mit seinem Satzführer Lubo D'Orio

Wände. (...) Nachdem wir alte eiserne Brauerei-Gartenstühle und Tische organisiert hatten und im ausgebrannten *Kaffee-König*-Keller halbverbranntes Porzellan ausgegraben hatten, eröffneten wir Mitte Juli 1945 den traurigen Rest des *Delphi-Palastes*.«[34] Nach der Zerstörung der alten Wohnung Unter den Linden diente das *Delphi* Elfriede Wehner auch bis 1951 als Wohnung.
Einmal noch wurde das *Delphi* bzw. das, was von der einstigen Pracht übriggeblieben war, zum Schauplatz eines bedeutsamen musikalischen Ereignisses: Am 9. Juli 1948 erlebte Berlin hier eine Jam-Session mit dem amerikanischen Kornettisten Rex Stewart, dessen Bedeutung Horst H. Lange so beurteilt:

»Das Rex-Stewart-Gastspiel war in Deutschland eine Sensation, da zum erstenmal nach dem Krieg ein prominenter Jazzmusiker aus den USA es für werthielt, in Deutschland vor deutschem Publikum zu spielen.«[35] Wegen der nächtlichen Stromsperren in der Zeit der Berlin-Blockade mußte die Veranstaltung bei Kerzenlicht stattfinden. Hans Blüthner, Mit-Veranstalter sowie Augen- und Ohrenzeuge, berichtete damals:

»Auch auf dem Gebiet des Jazz ist nach einer fast zwanzigjährigen Unterbrechung ein wirklicher Vertreter dieser Kunst nach Berlin gekommen – REX STEWART! ... Anläßlich des Besuches Rex Stewart's hatte der *Hot Club Berlin* geplant, mit ihm und seinen Solisten eine ›Jam-Session‹ durchzuführen. Rex zeigte großes Interesse für diesen Plan, und wir vereinbarten mit ihm einen ihm am besten passenden Termin. Dies war Freitag, der 9. Juli 1948. Es sollte dies die 10. Jam-Session des HCB werden. Schwierigkeiten über Schwierigkeiten häuften sich und schienen fast die Durchführung dieser einmaligen Jam-Session unmöglich zu machen. Das *Delphi*, welches wir nach unserer so erfolgreichen Juni-Session wieder zu unserer Bleibe gewählt hatten, war im Prinzip mit unserem Vorhaben einverstanden, wenn man auch bezügl. der Währungsreform sich kein gutes Geschäft versprach ... Nachdem Rex gegen 0.15 Uhr im durch Kerzen und 2 Karbidlampen erhellten *Delphi* erschien, wurde er mit unvorstellbaren Ovationen begrüßt. Eine Berliner Gruppe hatte den Reigen eröffnet, und fiel dank der ausgezeichneten Solisten wie Joachim Chrom (p), Lem Arcon Hübner (ts) und Joe Glaser (d) angenehm auf. Nach einer kurzen Ansprache des Clubleiters wechselte die Farbe auf dem Podium, und Rex und seine ›Blackies‹ spielten. Alles saß wie gebannt und lauschte seinem Theme-Song, dem unmittelbar danach ein Dixieland folgte. Sie spielten Blues, ›Boys meets horn‹ und andere herrliche Pièecen. Sie wurden mit dröhnendem Applaus bedankt. Ja, sie inspirierten unsere Musiker dermaßen, daß man sie nicht wiedererkannte. Mackie Kaspar und Hans Berry (tp), Walter Dobschinsky (tb), Hübner und Heinz Kretzschmer (ts), Fritz Schulz-Reichel und Helmuth Wernicke (p), Alex Mackowiak, Tragenkranz und der Bassist von Günter Pätzold (b) und Ilja Glusgal (d) waren teilweise geradezu herrlich, dies gilt besonders für die Trompeter und Pianisten. Ein Jam, wie wir sie uns immer wünschen. Noch nie gehörte Musiker erschienen auf dem Podium und nahmen aktiv teil an dieser unvergeßlichen Session ... Gegen 3.30 Uhr bestieg noch einmal Rex das Podium, und wir hörten seinen ›Basin Street Blues‹, der zu einer Offenbarung wurde. Es wurde Jazz in dieser Nacht gereicht, wie wir ihn wünschen. Frei improvisiert, schwarz und weiß gemischt. Der Club kann stolz auf das Gelingen dieser Nacht sein.«[36]

1951 wurde das Lokal im Erdgeschoß des *Delphi-Palastes* verkauft. Ende des Jahres zog Elfriede Wehner, nachdem sie sich im Anschluß daran noch erfolglos als Wirtin einer Moabiter Kneipe versucht hatte, nach Essen zu ihrer Schwägerin, der Schwester von Heinz Wehner. Von 1954 bis 1960 lebte sie dann bei ihrem Sohn Wilhelm König und dessen Familie in Brasilien. Die letzten zwanzig Jahre ihres Lebens verbrachte Elfriede Wehner wieder in Essen, wo inzwischen auch die Familie ihres Sohnes lebte. Am 8. Oktober 1980, kurz vor ihrem 80. Geburtstag, starb sie.

Von der alten Pracht des *Delphi* ist heute kaum noch etwas zu entdecken, denn das Gebäude wurde nach dem Kriege in vereinfachter Form wiederhergestellt und der zerstörte Saal im Obergeschoß in den Jahren 1948/49 zum

Kino umgebaut. Säulen, Putten und andere Bauteile, die dem Haus einst einen Hauch von Antike verleihen sollten, empfand man wohl als überflüssig; beim Wiederaufbau jedenfalls wurden sie nicht wieder verwendet, sondern – mangels Transportkapazität – im Vorgarten verbuddelt. Dort wurden sie vor einiger Zeit, als man noch vorhatte, das *Delphi* originalgetreu zu restaurieren, bei der Munitionssuche zufällig wiederentdeckt und ausgegraben. In einem Depot warten sie auf ihre Wiederverwendung.
Was macht die Bedeutung des *Delphi* aus? Sicher nicht die architektonische Leistung oder die Technik; in dieser Hinsicht boten andere Häuser mehr. Das *Delphi* wurde zur Legende, weil hier Berliner Jazzgeschichte geschrieben wurde. Heute wirkt das gesamte Anwesen – zumindest äußerlich – ein wenig vernachlässigt. Außer dem Filmtheater beherbergt die so traditionsreiche Vergnügungsstätte im Erdgeschoß ein Café sowie im Keller seit 1956 die *Vaganten-Bühne*. Die Musiktradition dieses Hauses lebt fort in dem Jazzlokal *Quasimodo*.

Erhaltene Fassadenteile des *Delphi*, 1992. Fotos: Frank Wolffram

Jam-Session im Nachkriegsberlin. Oben mit Gitarre: Coco Schumann

9. Spekulationsobjekt und Swingpalast: Die *Femina*

Wer die Nürnberger Straße entlanggeht, dem fällt noch heute ein zwischen Augsburger und Tauentzienstraße liegendes langgestrecktes Gebäude auf. Man erinnert sich vielleicht daran, daß hier in den sechziger Jahren das *Berliner Theater* unter seiner Prinzipalin Hela Gerber seinen Sitz hatte. Ältere Berliner aber wissen: Dies war einmal die Stätte der *Femina*.

Der Gebäudekomplex selbst wurde in den Jahren 1928 bis1931 in mehreren Abschnitten nach Entwürfen der Architekten Bielenberg und Moser erbaut, die schon für das *Europahaus* verantwortlich zeichneten. Es handelt sich um einen fünfgeschossigen Stahlskelettbau mit einer Fassade aus Travertinplatten, im Stil der Neuen Sachlichkeit gehalten mit einigen »expressionistischen Reminiszenzen«, wie Architektur-Historiker vermerken.[1] Der Bauteil, der auch die *Femina* beherbergte, war als einer der ersten fertiggestellt.

Eröffnet wurde die *Femina* am 1. Oktober 1929. Der eigentliche Ballsaal befand sich im ersten Obergeschoß eines rückwärtigen Anbaus, der seiner Form nach am ehesten an ein Kirchenschiff erinnert. Etwas später, wahrscheinlich im Dezember 1929, wurde in dem unmittelbar darunterliegenden Erdgeschoß das *Grand Café* eröffnet. Die Entwürfe für die Inneneinrichtung dieses Konzert-Cafés stammen von Michael Rachlis, einem Vertreter der Neuen Sachlichkeit. Der Architekt habe sich dabei, wie der *Berliner Herold* mit kritischem Unterton anmerkt, »mit einem etwas harten Stil durchgesetzt«; die Einrichtung hinterlasse »den Eindruck des Nüchternen«.[2]

Wer die Inneneinrichtung des *Femina*-Ballsaales geschaf-

Das *Femina*-Gebäude in der Nürnberger Straße, 1932

„Femina“, das neue Ballhaus.

Gestern wurde Berlins neues Ballhaus „Femina“ in der Nürnberger Straße, Ecke Tauentzienstraße, eröffnet.

Mit einem Kostenaufwand von über 2 Millionen Mark wurde von den Architekten Bieler und Mosenberg dieses neue Ballhaus für den Konzern des Eden-Hotels errichtet. Die Fassade ist in braunrotem Travertin ausgeführt. Durch ein Marmor-Vestibül und einen zweiten Vorraum betritt man eine Herrenbar, in der Stimmungssänger und -sängerinnen sich hören lassen. - Von den Garderoben für mehr als 2000 Personen führt ein Fahrstuhl, der gleichzeitig 16 Personen befördert, die Gäste in die Tanzbar des ersten Stocks, wo zwanzig junge Damen bedienen und ein allererstes Tanzorchester spielt. Gegenüber dieser Bar ist der Haupt-Tanzsaal, der in zwei Rängen bis zum Dach aufsteigt. Tischtelephone gibt's und eine Rohrpost mit Zentrale, von der aus junge Mädchen in Uniform die Briefchen austragen. Die Tanzfläche kann ganz oder teilweise um einen halben Meter erhöht werden, um die Darbietungen allgemein sichtbar zu machen. Elegante Tanzpaare, Grotesk-Tänzer und vollständige Ballette werden nachmittags und abends sich dort zeigen. Erste Kapellen sind verpflichtet. Allermodernste Beleuchtung taucht den Saal in blendendes Licht. — Getränke und Speisen werden zu Preisen, die jeder Börse Rechnung tragen, serviert.

fen hat, ist unklar. Aus den Bauakten ergibt sich kein Hinweis, der die Annahme von Rave/Knöfel bestätigt, es habe sich um Arthur Walther gehandelt. Daß die Entwürfe für den Ballsaal, ebenso wie für *Bols-Taverne* und *Grand Café*, von Michael Rachlis stammen, erscheint ebenso unwahrscheinlich; Innenaufnahmen der *Femina* in ihrem ursprünglichen Zustand lassen eher expressionistische Anklänge erkennen, was gegen diese Vermutung spricht.

Die ästhetische Qualität der Inneneinrichtung findet nicht unbedingt den Zuspruch der Presse: »In der *Femina* ist kein überraschender, blendender Stil gefunden worden. Der große Ballsaal mutet fast wie eine Kopie des *Palais am Zoo* an«, bemängelt der *Berliner Herold* in seinem Eröffnungsbericht.[3] Gelobt wird aber immerhin das hydraulisch hebbare Tanzparkett, das bei artistischen Vorführungen eine bessere Sicht von allen Plätzen aus ermöglicht. An weiteren technischen Errungenschaften bietet die *Femina* die fast schon obligatorischen Tischtelefone sowie eine Saalrohrpost, eine Einrichtung, über die ansonsten nur noch das *Resi* verfügte, das zudem die Urheberschaft daran für sich beanspruchen konnte.

»Tanz unter freiem Himmel!« versprach die *Femina*-Werbung – eine elektrisch betriebene hydraulische Anlage machte es möglich. Und in dem *Femina*-Programm vom

Im großen Ballsaal der *Femina:* das Orchester Julian Fuhs, 1929

Mai 1939 finden sich dazu die verheißungsvollen Sätze: »Das gläserne Dach des *Femina*-Ballsaales öffnet sich. Zum Tanztee leuchtet ein blauer Himmel über den Tischen. Nachts schimmern die Sterne, die über den Dächern Berlins stehen, herein. – Beim Tanz überströmt das Parkett die angenehme Frische des Abends. Doppelten Genuß empfindet man also im Ballsaal der *Femina:* Die Annehmlichkeit, unter freiem Himmel zu sitzen, zu plaudern, zu tanzen, verbindet sich hier in schöner, so praktischer Weise mit dem festlich-luxuriösen Rahmen der *Femina*«.[4]

Zwei Bars besitzt der Tanzpalast, die eine im Erdgeschoß-Vestibül – sie erweist sich als unrentabel und muß später dem Einbau der Garderobenanlage weichen –, die andere im Vorraum des Ballsaales, dem späteren *Casino*, gelegen. Aber auch hier weiß der *Berliner Herold* in seinem Eröffnungsbericht nur Unerfreuliches zu berichten:

»In der ersten muß man schon wieder einmal einen schmalzigen Jargonsänger in Kauf nehmen. Ist das noch die Sehnsucht der Berliner? In der zweiten sieht man abermals deutlich, daß es für die vielen neuen Bars in Berlin am Wichtigsten fehlt: an den Barfrauen. Man sollte neue Bars erst aufmachen, wenn zu ihrer Bedienung auch die nötige Anzahl hübscher und interessanter Frauen zur Verfügung steht ...«[5]

Das sonstige Programm findet eine zwar kurze, aber immerhin lobende Erwähnung: artistisches Programm wie Kapelle seien »höchste Spitzenklasse«. Der Werbeanzeige im Eröffnungsmonat ist zu entnehmen, daß es sich hierbei tatsächlich um drei führende Tanzorchester jener Jahre handelte: Da ist zunächst das Orchester Ernö Geiger, dem Horst H. Lange, wie immer mit der Elle der Jazzmäßigkeit messend, trotz »gelegentlich gute(r) Hotsolistik« etwas ungnädig bescheinigt: »Orchester dieser Art gab es viele in Berlin und vielleicht auch noch in anderen Großstädten Deutschlands.«[6]

Immerhin war es eine beim Publikum beliebte, solide Tanzkapelle, die auch von etlichen Schallplattenveröffentlichungen her bekannt war. Dasselbe gilt für das Orchester

Juan Llossas (Motto: »Wer seine Sorgen nicht vergessen kann, der hört sich Juan Llossas an«), der allgemein als der »Tangokönig« galt. Das dritte Orchester im *Femina*-Eröffnungsmonat 1929 war das von Julian Fuhs. Der Pianist Julian Fuhs hatte seine Band 1924 gegründet und es vor allem dank hervorragender Solisten geschafft, in den Jahren 1925–26 daraus »das beste jazzmäßige Tanzorchester in Deutschland« zu machen, wie Horst H. Lange bescheinigt.[7] In späteren Jahren, sicherlich auch zum Zeitpunkt der *Femina*-Eröffnung, spielte das Orchester höchstwahrscheinlich einen Stil, der sich weitgehend an dem Vorbild des von Paul Whiteman nach Europa gebrachten symphonischen Jazz orientierte, wodurch es, wie Lange urteilt, »zu einer völlig kommerziellen, instrumentüberladenen Tanzkapelle (...) absackte«[8]. Ob die Zeitgenossen es auch so hart beurteilt haben? Übrigens eröffnete Julian Fuhs zwei Jahre später fast genau gegenüber der *Femina* ein eigenes Lokal.

Ausgesprochen skeptisch betrachtet der *Berliner Herold* die geschäftliche Seite der *Femina*-Eröffnung. Unter der bombastischen Überschrift »Volkswirtschaft und Ballhaus« wird die unternehmerische Entscheidung, im Berliner Westen ein weiteres Tanzlokal dieser Größenordnung zu errichten, kritisch unter die Lupe genommen: »Jedermann weiß, daß der Westen schon genug Lokale hatte, die sich nur mit außerordentlichen Anstrengungen ihr Brot suchen können. Welcher Mut gehört dazu, nun noch ein neues Konkurrenzlokal zu eröffnen, und zwar von Unternehmern, die damit eigentlich nichts weiter tun als – sich selbst Konkurrenz zu machen!«[9]

Inhaberin der *Femina* war zunächst die 1929 gegründete *Femina-Restaurations-, Tanz- und Barbetriebsgesellschaft m.b.H.* Die entscheidende Rolle in dieser Gesellschaft spielte ein Mann, der in der Geschichte der Berliner Tanzlokale von einiger Bedeutung, zugleich aber auch wegen seines Geschäftsgebarens umstritten war: Heinrich Liemann.

Die *Femina*. Postkartenserie

Der 1882 im galizischen Tarnow geborene Heinrich Liemann war zusammen mit seinem Bruder Josef aus Breslau nach Berlin gekommen. Hier sollen die zwei Brüder, so die Darstellung des *Berliner Herolds*, in der Zeit der Inflation zu Geld gekommen sein, u. a. auch mit einem kleinen Juwelierladen in der Mauerstraße. Schließlich aber wandten sie sich der Gastronomie zu und betrieben, als Mitinhaber des damals bedeutenden Voß-Konzerns, u. a. den *Admiralspalast*, die *Libelle*, das *Wien-Berlin* und das *Café Unter den Linden*. Danach trennten sich die Brüder. Josef Liemann gründete das *Palais am Zoo* und die *Gourmenia*, mit der er dann ein Jahr später in Konkurs ging, um anschließend, wie es heißt, »in die Wäschebranche« zu wechseln. Bruder Heinrich übernahm das offenbar etwas heruntergewirtschaftete *Eden-Hotel* in der Kurfürstenstraße. Er ließ es 1928 mit Hilfe überwiegend fremden Kapitals umbauen und erweitern und machte es so zum »Adlon des Westens«. Nach der Eröffnung des *Casanova* 1927 im Haus der *Scala* folgten in einem wahren Gründerfieber die *Femina*, später die *Cascade*, die *Rio Rita*, das *Münchener Hofbräu* am Wittenbergplatz und im November 1932 die *Florida-Bar*. Nach 1933 verließ er Deutschland; mit seiner Familie ging er zunächst nach Paris, wo er wiederum ein Lokal mit dem Namen Rio Rita betrieben haben soll. Im Oktober 1934 sei er – gleichzeitig mit Ernst Lubitsch übrigens – ausgebürgert worden, berichtet der *Berliner Herold*; zu dieser Zeit habe die Familie Liemann in der Emigration in London gelebt.[10] Das weitere Schicksal Heinrich Liemanns ist nicht bekannt.

An dem Fall Liemann wird exemplarisch ein Stück alltäglicher Antisemitismus deutlich. Die Berliner Gastronomie, als deren Sprachrohr der *Berliner Herold* in gewisser Weise gelten kann, war wohl nie besonders gut auf Liemann zu sprechen. Kein Wunder angesichts seiner in der damaligen Zeit als aggressiv empfundenen Geschäftspraktiken. Ungewöhnlich schon seine Werbemethoden: So hatte er zur Eröffnung der *Femina* Radioapparate an Berliner Hotelportiers verschenkt, um sie so dazu zu bewegen, ihren Gästen den Besuch des neuen Tanzpalastes zu empfehlen. Immer wieder wird vor allem der Vorwurf laut, er habe bedenkenlos mehr Lokale eröffnet, als der Berliner Westen verkraften könne, er habe damit die Konkurrenz angeheizt und sei so zum »Totengräber der westlichen Gastronomie« geworden: »Seine Spekulationen und Gründungen haben die übrigen Gastronomen in Berlin so geschädigt, daß sie im Konkurrenzkampf ihre Reserven verloren und nicht daran denken konnten, ihre Lokale ebenso schön und geschmackvoll einzurichten wie Liemann, der das seinerseits auf Kosten seiner Lieferanten, seiner Gläubiger und des Steuerfiskus tat.«[11]

Nach 1933, vor allem aber, nachdem Heinrich Liemann Deutschland verlassen hatte, nahmen die Vorwürfe eine deutlich antisemitische Tendenz an, wenn es etwa im *Berliner Herold* heißt, über seine Steuerschulden empfinde Liemann »heute als Emigrant in London seine diabolische Freude (...), während eines seiner Opfer, der arische Leiter seines *Kabaretts für alle*, (...) noch heute für Liemann Steuerschulden zahlen muß ...«[12] Selbst die Vertreibung des jüdischen Geschäftsmannes aus Deutschland erfährt durch den dadurch angeblich eingetretenen Erfolg ihre nachträgliche Rechtfertigung: Seit Liemanns »Verschwinden« habe sich die Gastronomie des Westens deutlich erholt, heißt es.

Ein Besuch der *Femina* war in diesen ersten Jahren ihres Bestehens ein nicht ganz billiges Vergnügen. Wer sich 1930 den Luxus leistete, den Ballsaal zu besuchen, mußte tief in die Tasche greifen. Ab 20 Uhr war eine Mark Eintritt zu entrichten. Wer im Parkett des Ballsaales Platz nehmen wollte, bekam die Weinkarte vorgelegt; Bier wurde nur auf dem Rang serviert. Die billigste Flasche Wein war für 5 Mark zu haben, der billigste Sekt, die Hausmarke, für 8,50, die Flasche *Henkell Trocken* für 14 Mark, und ein Likör an der Bar kostete 1,50. Günstiger war es am Nachmittag und am frühen Abend: Wer die *Femina* zum Tanztee aufsuchte, sparte sich nicht nur den Eintrittspreis. Bei einem »Gedeck« für 2 Mark 50 konnte man hier den ganzen Nachmittag verbringen. Vergleichsweise preisgünstig war es auch in der *Texas-Bar*, wo man bei »sehr billigen

TISCH-ÜBERSICHTSPLAN FÜR TELEFON

SAAL	RANG
Erst Gruppenbuchstaben A, dann Nummer wählen	Erst Gruppenbuchstaben B, dann Nummer wählen

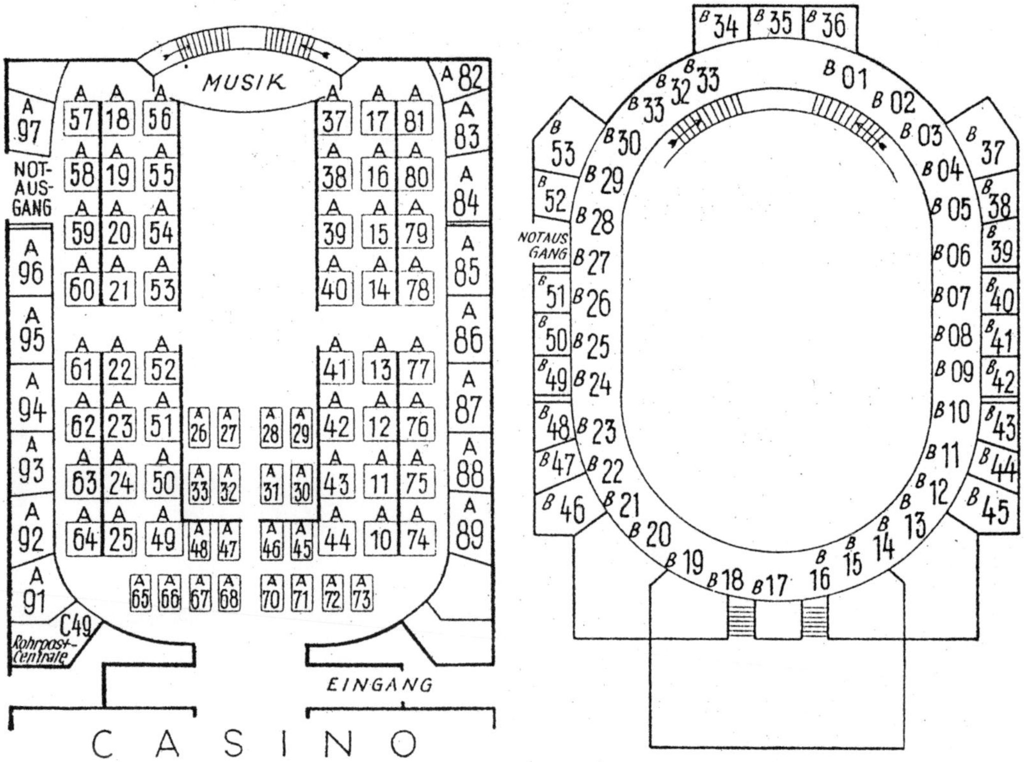

ANWEISUNG
zur Bedienung des Tischtelefons

B E I S P I E L :

Es wird die Anschlußnummer B 49 gewünscht.

R u f e n d e S t a t i o n :

Nach Abnahme des Hörers zunächst durch Drehen der Scheibe nach rechts den Buchstaben B, anschließend die Ziffer 4 und schließlich 9 wählen.

Nach erfolgter Wahl:

Summen in Zeitabständen bedeutet: „Leitung frei".

Summen dauernd bedeutet: „Leitung besetzt".

Bei falscher Wahl: Hörer auflegen, neu wählen.

Besonders zu beachten:

Erst Buchstabe, dann Zehner, zuletzt Einer.

A n g e r u f e n e S t a t i o n :

Leuchtet die rote Lampe auf, ist der Hörer abzunehmen und man melde sich mit der Tischnummer. Nach Beendigung des Gespräches Hörer sofort wieder auflegen.

DIRECTIONS
for Use of Table Telephones

E X A M P L E :

Table B 49 is wanted.

T h e C a l l e r : —

Remove receiver.

Please dial at first "B" turning the dial right as far as possible. Repeat with numbers 4 and 9.

Periodical buzzing indicates "Line is clear".

Continuous buzzing indicates "Line engaged".

If wrong number is dialed, replace receiver and redial.

N. B. Dial first the letter, then the numbers, e.g. First "B", then "4", then "9".

F o r t h e p e r s o n b e i n g c a l l e d :

When red lamp shines, take up receiver and give number of your table. After conversation, replace receiver immediately.

Im *Femina*-Programm vom Mai 1939: das Tanzpaar »Doris und Parker«

Preisen«, wie die Werbung verheißt, beispielsweise Fred Kassen und John Millow am Doppelflügel – »die lustigen Interpreten moderner Schlager und Tänze« – erleben konnte und dabei für ein *Pilsner Urquell* nicht mehr als eine Reichsmark, für einen Likör gerade mal 80 Pfennig zahlte.

Hauptattraktion war aber – trotz hoher Preise – der große Ballsaal, zu dessen Besuch der *Berliner Herold* mit folgendem Stimmungsbild zweifellos anregen wollte:

»Die Tischtelephone schnarren, die Bekanntschaft mit der blonden, schwarzen oder rotblonden, Monokel tragenden Schönen ist gemacht, man ist nicht mehr allein, hat doppelten Lebensgenuß, denn erst mit einer netten Frau am Tisch schmecken uns die anderen Delikatessen. Beides ist da, nur wählen, nicht lange besinnen, nehmen, bevor's ein anderer nimmt.«[13]

Zum Programm-Angebot in diesem Januar 1931 gehören neben der Kapelle Juan Llossas die zwei Frenks, ein komisch-exzentrisches Duo (»wenn ›Er‹ so über das Parkett schlittert und ›Sie‹ ihm dauernd Ohrfeigen setzt«), der Tanz-Komiker Sherkot (»das zappelnde, beinverrenkende Etwas«) und das Duo dell' Adami (»eine akrobatische Tanz-Sensation, groß in ihrem tänzerischen Können, schön gewachsene zwei Menschen, man freut sich, ihnen zusehen zu können«). In der Wiener Bar gibt es *The Sing-Songs*, und in der Foyer-Bar den Clown Ferry Koworik zu bewundern.

Man war also durchaus bemüht, ein attraktives Programm zu bieten. Zweifel hinsichtlich der Durchsetzungschancen dieses neuen Tanzpalastes, wie sie der *Berliner Herold* schon bei der *Femina*-Eröffnung geäußert hatte, erwiesen sich im Laufe der folgenden Jahre jedoch trotzdem als zutreffend. Mehrmals scheint die *Femina* in Zahlungsschwierigkeiten geraten zu sein, mehrmals wurde sie von ihren Gläubigern saniert. Dies dokumentiert schon der mehrmalige Wechsel des *Femina*-Firmennamens: Lautet er 1929 *Femina Restaurations-, Tanz- und Barbetriebsgesellschaft m.b.H.*, so nennt sich die Firma ein Jahr später *Femina Betriebe GmbH*, um dann 1931 unter *Femina-Palast A.G.* zu firmieren. Maßgeblicher Mann aber bleibt in allen Fällen bis 1933 Heinrich Liemann. Vieles spricht dafür, daß hinter diesen Umfirmierungen jeweils Versuche stecken, das Unternehmen zu sanieren. Offenbar wollte man die *Femina* dadurch am Leben erhalten, daß man die Gläubiger zu Mitinhabern der jeweils neu gegründeten Gesellschaften machte. Auch durch verschiedene im Jahre 1931 vorgenommene bauliche Veränderungen versuchte man die schwierige Geschäftslage der *Femina* zu beeinflussen. Im August des Jahres wird das *Grand Café* durch Michael Rachlis umgebaut. Zukünftig betreibt hier Willi Schaeffers sein *Kabarett für Alle*. Im November wird ein Teil des Kellers, in dem sich bisher die Garderobe der *Femina* befunden hatte, zu einem als Bierkeller und Grillrestaurant eingerichteten Lokal umgebaut. Zur Begründung, mit der man gegenüber der Baupolizei die erforderliche Ausnahmegenehmigung für den Betrieb eines Kellerlokals durchsetzen wollte, mußte das in solchen Fällen übliche Standardargument »Arbeitsplätze« herhalten: »Da beim Publikum eine Vorliebe für Kellerlokale besteht, hoffen wir, die unrentable Bar auf diese Weise als rentablen Betrieb aufrecht erhalten zu können und nicht gezwungen werden, eine wesentliche Anzahl unserer Angestellten entlassen zu müssen. Wir hoffen im Gegenteil, durch die Neuanlage noch einigen Arbeitslosen Erwerbsmöglichkeiten zu bieten.«[14]

Aber selbst der Verzicht der Steuerbehörden auf eine Viertelmillion Mark an Getränke- und Vergnügungssteuer-Rückständen half schließlich nicht mehr. Anfang 1933 ist

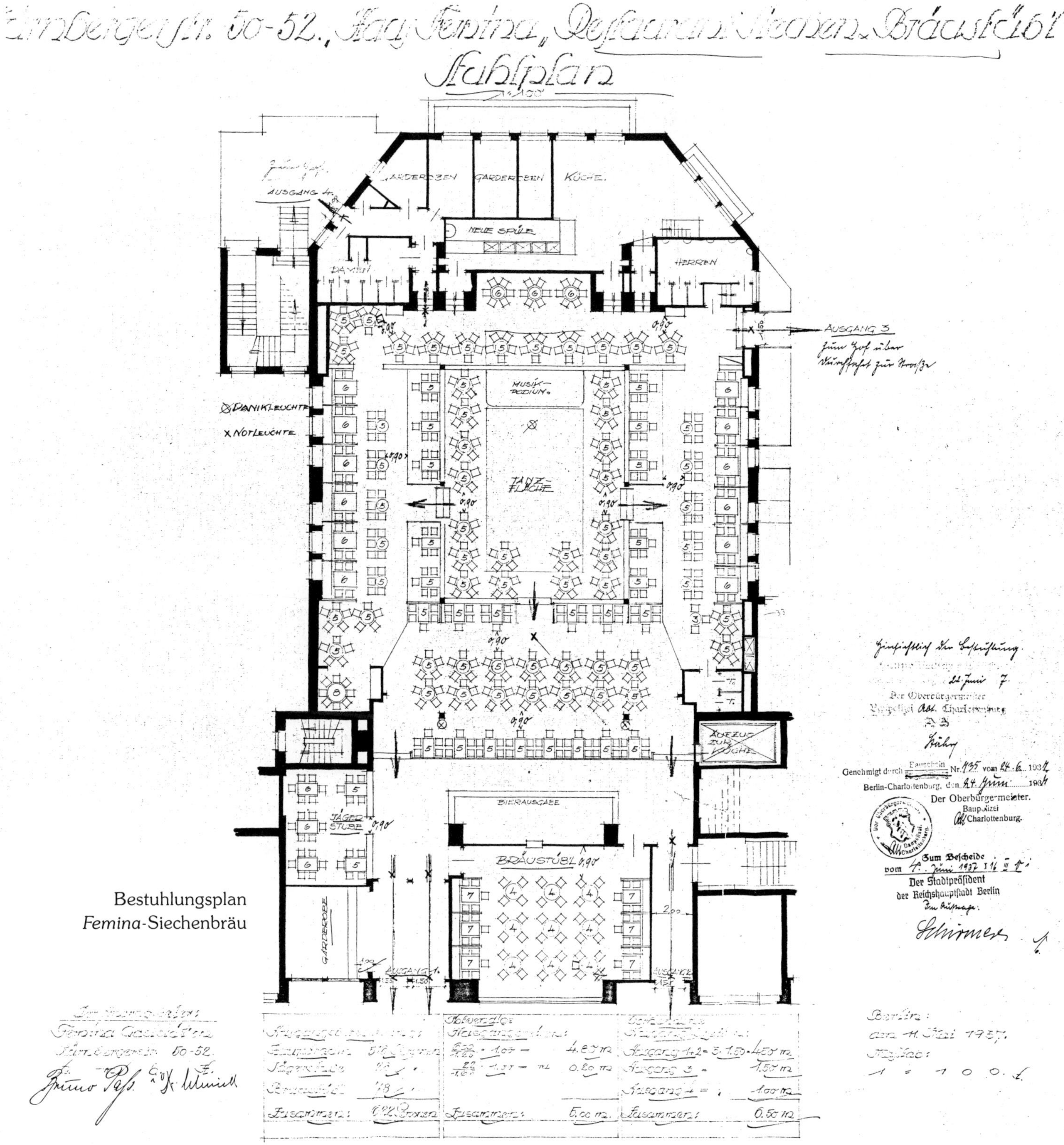

Bestuhlungsplan
Femina-Siechenbräu

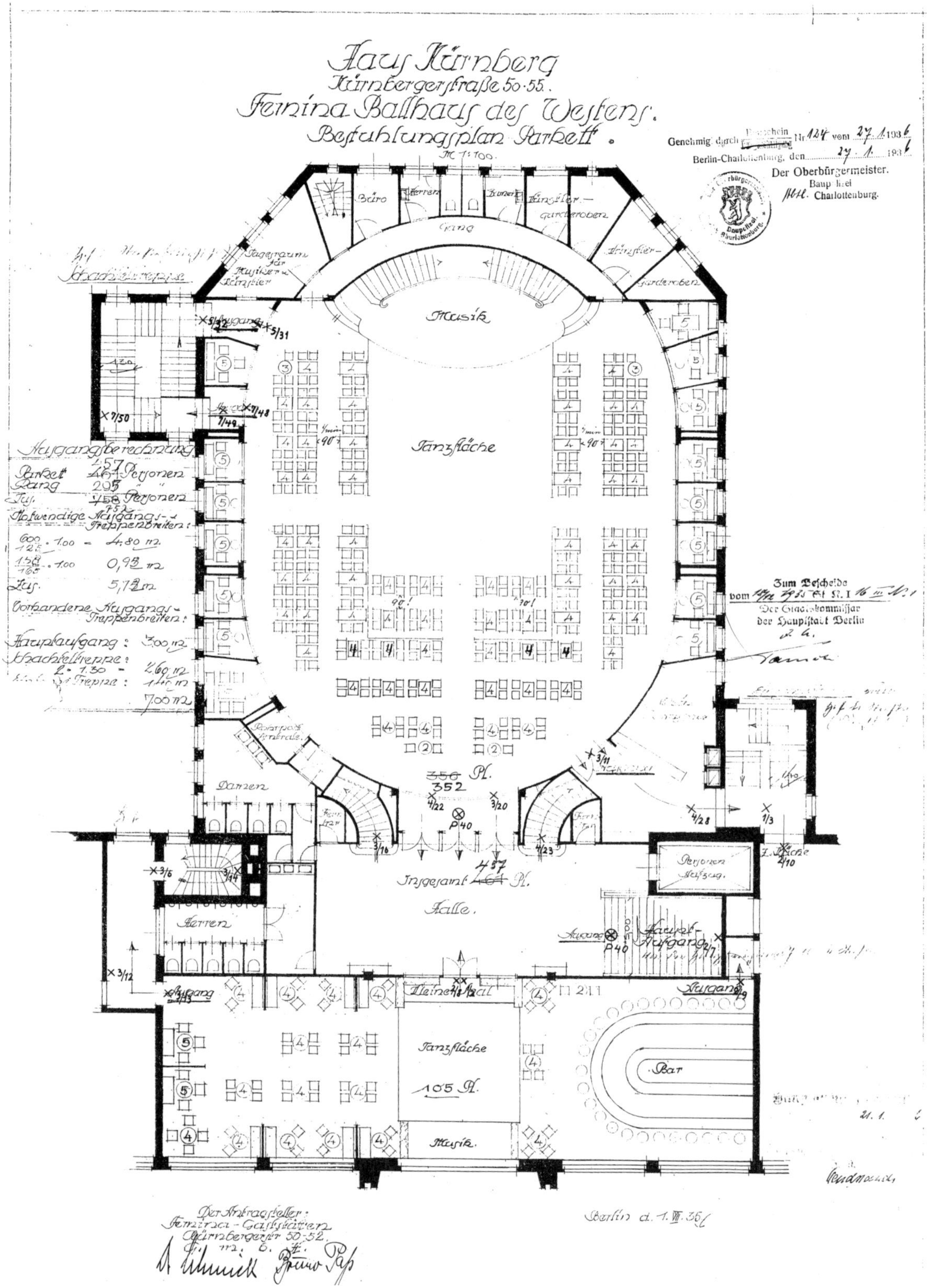

Bestuhlungsplan *Femina*-Ballsaal und Bar (»Casino«)

für die *Femina* die Ära Liemann endgültig beendet. Im März hatte es noch Verhandlungen über eine weitere Sanierung gegeben, die dann aber daran scheiterten, daß sich niemand fand, der die horrenden Steuerschulden von angeblich über 100.000 Reichsmark übernehmen wollte. Schließlich muß den Gläubigern der Kragen geplatzt sein. Am 13. April 1933 findet sich in der Presse unter der Überschrift: »Das Ende der *Femina*« die folgende Meldung:
»Als gestern abend die ›Tischdamen‹ in Nerz und Dobermann vor den Portalen der *Femina* in der Nürnberger Straße vorrauschten, fanden sie die Fenster des großen Tanzpalastes erloschen. Keine Jazzsyncopen klangen durch die Nacht, die Musiker standen melancholisch mit ihrem Geigenkasten im Torgang. *Femina* öffnete die Türen nicht mehr, die Gläubiger hatten am Mittag alle Stühle mit dem Gerichtsvollzieher abholen lassen.«[15]
Damit beginnt eine lange Periode ohne die *Femina*. Von April 1933 bis Oktober 1935 bleibt der Tanzpalast geschlossen. Immer und immer wieder werden Versuche unternommen, das Unternehmen wieder auf die Beine zu bringen, aber die Schuldenlast scheint so groß, daß sich niemand endgültig zu einer Übernahme entschließen kann. Auch Kapellmeister Bernhard Etté, der sich ursprünglich für die *Femina* interessierte und sie gemeinsam mit dem früheren Ökonomen des Leipziger *Zentraltheaters*, Anton Schneider, bewirtschaften wollte, winkt schließlich im September 1933 ab: Die geforderte Pachtsumme erscheint zu hoch. So bleibt weiter alles beim alten, die *Femina* bleibt geschlossen.
In dieser Zeit hat es sogar einen Kriminalfall um die *Femina* gegeben. Im Frühjahr 1934 stehen die Brüder Bruno und Kurt Pagel vor dem Kriminalgericht Moabit. Ihnen wird zur Last gelegt, wie es in der Anklageschrift heißt, »Geschäftsleute und stellungssuchende Angestellte des Gastwirtsgewerbes im Wege des Kautions- und Darlehensbetruges um hohe Beträge geschädigt (zu) haben«[16]. Mit der Zusage, die *Femina* im November 1933 zu eröffnen, hatten sie bereits Verträge über die Verpachtung der Toiletten und Garderoben, eines Zeitungs- und eines Blumenstandes sowie einer Mokkastube abgeschlossen und von den Anwärtern dafür hohe Kautionsbeträge kassiert. Zu spät merkten die Opfer, daß ihre »Geschäftspartner« weder eine Gaststättenkonzession noch einen Pachtvertrag für die *Femina* besaßen. Besonders schlimm traf es den angeblich zukünftigen Geschäftsführer, der neben der Kaution auch seine bisherige Stelle verlor, die er im Hinblick auf den künftig angeblich besser bezahlten Job bei der *Femina* bereits gekündigt hatte. Geschädigt waren außerdem verschiedene Firmen, die gegen die Zusage, nach der Eröffnung der *Femina* ausschließlich bei ihnen Tabakwaren, Wein und Bier zu beziehen, beträchtliche Darlehnsbeträge gezahlt und natürlich nicht zurückerhalten hatten. Das Verfahren gegen die beiden Angeklagten wird übrigens im September des Jahres »gemäß § 2(1) Amnestiegesetz vom 7. 8. 1934« eingestellt[17]; eine der Geschädigten, die Firma *Emil Hoffmann, Groß-Import echter Biere*, wird einige Zeit später Alleininhaberin der *Femina*.
Nach all diesen vergeblichen Anläufen scheint es dann aber doch noch zu klappen mit der Wiedereröffnung der *Femina*. Es hätten sich ernsthafte Interessenten gefunden, meldet der *Berliner Herold* am 3. Juni 1934; der Name Bruno Paß wird genannt, ein erfahrener Berliner Gastronom, dessen Schwiegermutter das *Café Woerz* am Nollendorfplatz betreibe. Die Wiedereröffnung der *Femina*, so ist zu lesen, sei für den September 1934 geplant. Doch bis es soweit ist, vergeht noch einmal mehr als ein Jahr! Zunächst wird mal wieder – am 7. März 1934 – eine neue Gesellschaft gegründet, die *Femina Gaststätten GmbH*. In ihr haben sich der »Restaurateur« Bruno Paß und die Hauseigentümerin, die *Märkische Bau- und Grundstücksverwertungs-AG*, zusammengetan. 1937 wird dann Fritz Hoffmann, Inhaber der Firma *Emil Hoffmann – Groß-Import echter Biere* – und Hauptgeschädigter des Betrugsfalles aus dem Jahre 1933, alle Gesellschafteranteile und das Amt des Geschäftsführers übernehmen.
Das Stammkapital der Gesellschaft beträgt stolze 50.000 Mark – aus Sicherheitsgründen, schließlich soll die *Femina* ja diesmal finanziell auf festeren Füßen stehen. Trotz dieser (für die damalige Zeit) ausgesprochen soliden Kapitaldecke gab es aber noch erhebliche Probleme bei der Konzessionserteilung. Nach den eher trüben Erfahrungen aus der Vergangenheit der *Femina* wollte man nun kein Risiko mehr eingehen. Die zuständige Polizeibehörde verlangte deshalb vor der Konzessionserteilung u. a. eine nochmalige Kapitalerhöhung sowie eine zusätzliche Sicherheit für die Angestelltenbezüge. 1935 wurde daraufhin das Stammkapital auf insgesamt 120.000 Mark erhöht. Über sämtliche nur möglichen Instanzen zieht sich das Konzessionsverfahren bis in das Jahr 1935 hin; am 9. Dezember wird schließlich die Konzession erteilt!
In dieser »Latenzperiode« der *Femina*, also während der langwierigen Auseinandersetzungen um die Konzessions-

erteilung, hatte es zusätzlich noch einigen Wirbel um den Namen *Femina* gegeben. Am 9. Dezember 1934 hatte der *Berliner Herold* unter der Schlagzeile: »*Femina* – jetzt am Zoo« berichtet: »Es wird plötzlich eine neue *Femina* geben – aber nicht mehr in der Nürnberger Straße, sondern am Zoo. Und zwar wird in etwa zehn Tagen die gesamte erste Etage der *Wilhelmshallen* den Namen *Ballhaus Femina* führen.«[18] Richard Klempt, Inhaber der *Wilhelmshallen*, hatte seiner Firma – aus »unlauteren Gründen«, wie der Vertreter der alten *Femina*, Rechtsanwalt Haase, meint – den Namen *Femina* einverleibt und dies im Handelsregister eintragen lassen. Ob Klempt nun tatsächlich, wie unterstellt, den Eindruck erwecken wollte, sein neues Lokal sei die legitime Nachfolgerin der alten *Femina*, sei dahingestellt. Auf jeden Fall wäre damit der Name für das Ballhaus an der Nürnberger Straße verloren gewesen. So setzten sich also die Neugründer der »alten« *Femina* heftig zur Wehr, und Klempt mußte klein beigeben und sich nach einem anderen Namen umsehen; das neue Lokal im Obergeschoß der *Wilhelmshallen* erhielt so zunächst den Namen *Fiametta*, bevor es später in *Frasquita* umgetauft wurde. Die *Femina* aber blieb, wo sie immer war, in der Nürnberger Straße.

Nach all diesen Schwierigkeiten wurde die *Femina* am 1. Oktober 1935 festlich wiedereröffnet. Einiges hatte man in der Zwischenzeit verändert: Aus der ehemaligen *Texas-Bar* war die *Schoppenstube*, ein gemütliches Weinlokal, geworden; ebenfalls im Erdgeschoß, wo sich zuerst das *Grand Café* und später Willi Schaeffers' *Kabarett für Alle* befunden hatte, war nun ein Bierrestaurant im bayerischen Stil entstanden, das *Siechen-Bräu*. Hier im *Siechen* sollten, so war es ursprünglich geplant, »abwechselnd Kapellen der Wehrmacht, der SA und SS, des NSKK (= NS-Kraftfahrer-Korps; d. Verf.) und der Flieger Konzerte geben«[19]. Etwas später, im Sommer 1936, wurde aus dem im Kellergeschoß gelegenen *Femina-Grill* ein ungarisches

Bekanntes Ballhaus wiedereröffnet

In dem Haus in der Nürnberger Straße, das seit April 1933 verödet war, flammten pünktlich zum 1. Oktober alle Lichter auf. Die „Femina" hat, teilweise in neuem Gewande [illegible] Pforten wieder geöffnet. So feiert man Wiedersehen mit der Tanzfläche im Ballsaal, die für das Ballett bis auf Tischhöhe gehoben werden kann, mit der verschiebbaren Glasdecke und den geschnitzten Amoretten an der Logenbrüstung. Im Vorraum steht man vor dem Aquarium mit den putzigen Fischchen. Im Erdgeschoß aber sieht man allerlei Neues. Die Texasbar ist in eine behagliche Schoppenstube verwandelt worden. Aus dem ehemaligen Kabarett ist ein Siechen-Spezialausschank geworden, an den sich ein Selbstbedienungsraum anschließt. In dem Schankraum werden abwechselnd Kapellen der Wehrmacht, der SA und SS, des NSKK und der Flieger Konzerte geben. Im Ballsaal konnte man bereits Oskar Joost mit seinen fünfzehn Solisten, das Sunshine-Ballett und das akrobatische Tanzpaar Duo dell' Adami bewundern. In der Bar spielt die Kapelle Valentin Marzell, im „Femina-Grill" der Geiger Georges Boulanger, von Oskar Jerochnik begleitet. Es wird wieder lebendig in der Nürnberger Straße.

Restaurant mit dem Namen *Puszta*. Die einzelnen Lokale waren durch separate Eingänge von der Nürnberger Straße aus zugänglich.
Das musikalische Aufgebot zur Eröffnung bestritt Oskar Joost »mit seinen 15 Solisten«, der im großen Ballsaal zum Tanz spielte; tanzartistische Einlagen boten das Sunshine-Ballett und das bereits aus früheren Jahren bekannte Tanzpaar Duo dell' Adami. In der Bar, dem späteren *Casino*, unterhielt die Kapelle Valentin Marzell die Gäste und im Grillrestaurant der Violinvirtuose Georges Boulanger, begleitet von Oskar Jerochnik am Piano.
Musikalisch hatte sich seit Schließung der *Femina* im April 1933 eine ganze Menge getan. Ungeachtet der staatlichen und gesellschaftlichen Etablierung des Nationalsozialismus mit seiner deutschtümelnden Ideologie hatte sich der Swing als vorherrschende Stilrichtung in der Tanzmusik durchgesetzt. Neben dem *Delphi* entwickelte sich die *Femina* zum führenden »Swingpalast« Berlins; fortan war hier alles zu hören, was gut und swingend war. Zwischen Frühjahr 1938 und 1939, also im Verlauf eines Jahres, traten hier im Ballsaal die Orchester von Teddy Stauffer, Heinz Wehner, Hermann Rohrbeck und Oskar Joost auf, außerdem die Lecuona Cuban Boys und die schwedische Band Hakon von Eichwald mit der Sängerin Elena Lauri. Während also für den Ballsaal die Spitzenorchester jener Zeit engagiert waren, blieben das *Siechen* – nach anfänglichen, aber offenbar fehlgeschlagenen Versuchen mit völkischer Blasmusik – sowie das *Casino* stets den aufstrebenden Berliner Bands vorbehalten, die vor allem ein junges Publikum anzogen. Eine beliebte Barkapelle, die häufig im *Femina-Casino* zu hören war, war die Band Bernhard Clages mit der Sängerin Evi Marlen. Im *Siechen* konnte man im April 1939 das Orchester Hans Weigelschmidt hören, über das im *Femina*-Programm zu lesen ist:
»Das fröhliche *Siechen* und die jungen Gäste, die zu den treuen Freunden dieser schönen Gaststätte geworden

1939 in der *Femina:* das Orchester Heinz Wehner. Links am Baß: Otto Tittmann

Silvester 1936/37: Bedienungspersonal im *Femina*-Siechenbräu

sind, verlangen eine Kapelle mit sehr viel jugendlichem Schwung, mitreißender frischer Laune. Und darüber – das weiß, wer einmal unter Weigelschmidts Zepter tanzte – verfügt in reichem Maße diese Kapelle.«[20]

Großer Beliebtheit erfreute sich auch die Kapelle Heinz Bätjer, die hier immer wieder zu hören war, so auch im Januar 1939. Im Programmheft ist darüber zu lesen:

»Heinz Bätjer und seine Künstler machen eine rhythmisch straffe Musik, die die Freude jedes jungen Tänzers ist. Denn diese Musik erfüllt die Anforderungen des von Tempo erfüllten Tanzes unserer Zeit. Das hat Bätjers musikalisches Empfinden erkannt und geschickt ausgewertet. Das Spiel seiner Kapelle findet herzlichen Beifall, und besonders spricht eindeutig für ihn, daß das Parkett ständig von tanzlustigen Paaren dicht gefüllt ist, die sich nur ungern eine Tanzpause gefallen lassen möchten.«[21]

Auch während des Krieges bot die *Femina* noch Tanz und Unterhaltung, jetzt allerdings nur noch im *Casino*, im *Siechen*, in der *Puszta* und der *Schoppenstube*. In dieser Zeit scheint der große Ballsaal nicht mehr in Betrieb gewesen zu sein. Allerdings fehlen im Programm jetzt die großen Namen; in den Kriegsjahren bis 1942 waren hauptsächlich die Orchester Helmut Schmidt und Valentin Ullbrich-Marzell in der *Femina* zu hören.

Nach dem Kriege gab es wieder eine *Femina*. Der alte Ballsaal allerdings war zerstört, aber in dem zur Nürnberger Straße gelegenen Teil, dem ehemaligen *Casino*, etablierte sich wieder die *Femina*. Ihr Ruhm reichte jedoch an den der Vorkriegszeit nicht heran und wurde überschattet von einem neuen Lokal, das sich in dem Keller, der ehemaligen *Puszta-Stube*, einquartiert hatte: der *Badewanne*. Hier hatten sich zunächst zwischen 1949 und 1950 Lyriker, Maler, Musiker und Tänzerinnen zu einem Künstlerkabarett zusammengefunden, bevor dann an dieser Stätte zwei Jahrzehnte lang Berliner Jazzgeschichte geschrieben wurde. Doch das ist ein Kapitel für sich!

Aus dem übriggebliebenen Erdgeschoß der *Femina*, dem Saal des *Siechenbräu*, wurde nach dem Kriege erst das Kabarett *Ulenspiegel*, später das Filmtheater *Cinema* und schließlich das *Berliner Theater*, das nach einer 13 Jahre währenden Existenz als Boulevard-Bühne zum Ende der Spielzeit 1972/73 für immer seine Pforten schließen mußte. Heute sind an dieser Stelle Büroräume und die Personalkantine der Berliner Finanzbehörden untergebracht.

Getanzt wird heute nur noch in den Räumen der ehemaligen *Puszta*, der späteren *Badewanne*, und in der früheren *Schoppenstube*. Im Jahre 1992 handelt es sich dabei allerdings um Diskotheken, von denen die eine »Garage«, die andere »Zoo Club« heißt.

Die *Badewanne* im ehemaligen Puszta-Keller der *Femina*

10. Weltstädtische Refugien: Berliner Bars

In den siebziger und achtziger Jahren des vorigen Jahrhunderts, als die Stadt sich anschickte, Weltstadt zu werden, tauchten auch in Berlin, nach amerikanischem Vorbild, die ersten Bars auf. Die *Englische Bar* unter den Linden, Ecke Linden-Passage, soll damals die erste Vertreterin dieser neuen Gattung gewesen sein. Neu war vor allem die Besonderheit der Einrichtung mit der charakteristischen hohen Bartheke und den Hockern. Dazu kam, jedenfalls in der Anfangszeit und sofern es sich nicht gerade um eine der übel beleumundeten »Animier- oder Kokottenbars« handelte, ein nach Möglichkeit weißgekleideter, in jedem Falle aber männlicher Mixer. Für die Exklusivität der Bars sorgten standesgemäße Preise: »Ungefähr doppelt so hoch als in anderen Lokalen«, vermerkt Hans Ostwald 1928.[1]

Mit dem »Zug nach Westen« verlagerten sich auch die Standorte der eleganten und exklusiven Nachtbars dorthin; hatte einst die in der City gelegene Jägerstraße den Ruf als »die« Berliner Barstraße für sich beanspruchen können, so konzentrierten sich die Bars seit den zwanziger Jahren rund um den Kurfürstendamm, ganz besonders aber in der Joachimstaler- und einigen ihrer Nebenstraßen. »Arme Friedrichstadt, die eigentlich gar keine richtige Bar mehr hat! Beneidenswert der Westen, in dem Bar an Bar blüht!« rief der *Berliner Herold* 1931 aus, denn gute Bars erschienen – angesichts der andauernden Wirtschaftskrise – so wichtig wie nie: »Die Zeiten sind schlecht, man muß sich trösten. Es ist wichtig, daß wir jetzt gute Bars in Berlin haben. Sie haben die Mission, die Quelle des Optimismus zu sein.«[2]

Plakat. Entwurf: Reinhard Hoffmüller, 1919

Die *Queen-Bar*, um 1910

Eine der ältesten Bars des Berliner Westens war die *Königin-Bar* am Kurfürstendamm 235, gleich neben dem Kino *Marmorhaus*. Schon 1903 wurde sie als *Queen-Bar* eröffnet, 1914, als alles Englische wegen des Krieges in Verruf geriet, in *Königin-Bar* umbenannt. Die Inneneinrichtung im Rokoko-Stil hatte kein Geringerer als Heinrich Straumer, der Architekt des Berliner Funkturms, entworfen. 1933 wurde die traditionsreiche Bar – sie gehörte zuletzt einem Herrn Rosenthal – nach der Arisierung von ihren neuen Besitzern Bruno Kantel und Carl Wildermann vorübergehend in *Sanssouci* umbenannt, erhielt aber später wieder ihren alten Namen zurück.[3] Nach dem Kriege, als alles Englische und Amerikanische wieder hoch im Kurs stand, hieß sie dann wieder – wie zu Anfang – *Queen-Bar.*

Ihr ursprüngliches Domizil am Kurfürstendamm aber hatte sie verlassen müssen; das Haus war im Krieg zerstört worden. Unter der Leitung von Carl Wildermann bestand die *Queen-Bar* für einige Jahre noch in einer ehemaligen Villa im Stadtteil Schmargendorf.

Nicht ganz so alt, aber mindestens ebenso traditionsreich war eine andere Bar in der Joachimstaler Straße: die *Kakadu-Bar*. In den Jahren 1891–92 hatte der Architekt Adolf Hauffe auf seinem eigenen Grundstück ein für die Gegend und die Zeit typisches Wohn- und Geschäftshaus geschaffen, ein Haus von großbürgerlichem Zuschnitt, die Fassade überreich mit Stuck verziert und die Ecke, wie damals üblich, von einer Turmkuppel gekrönt.

Schon seit 1892 hatte sich in einem der zur Augsburger Straße gelegenen fünf Läden eine kleine Weinhandlung

Queen. Werbe-Faltblatt (oben) und Postkarte (unten), fünfziger Jahre

Königin-Bar. Postkarte, um 1920

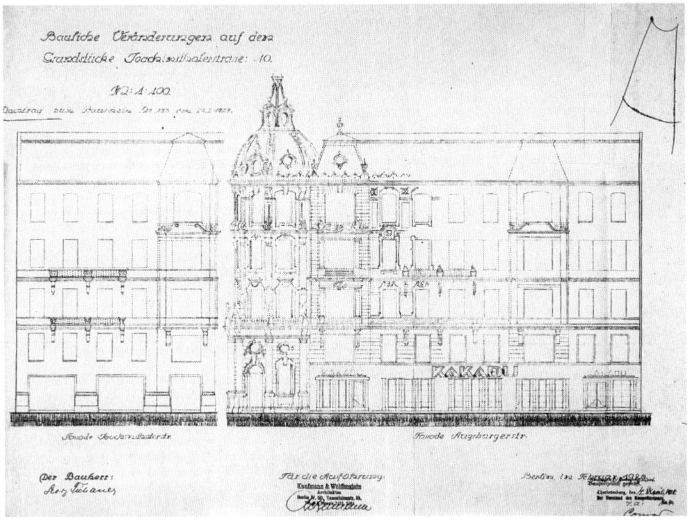

Kakadu-Bar, Umbaupläne

etabliert, die sich nach und nach durch verschiedene Umbauten erweiterte. Schließlich wurde daraus die *Kakadu-Bar,* deren »erste urkundliche Erwähnung« vom 6. Mai 1920 stammt.[4] Die Besitzverhältnisse in dieser ersten Zeit sind etwas unklar. Möglicherweise haben die Inhaber in diesen wirtschaftlich und politisch unruhigen Jahren häufiger mal gewechselt. Das ändert sich 1923 mit der Übernahme des *Kakadu* durch die Firma Georg Tichauer & Co. Bis zum Jahre 1936 bleibt die Geschichte des Lokals mit dem Namen Tichauer fest verbunden.

Während der zwanziger Jahre hat sich die *Kakadu*-Bar allem Anschein nach bestens etablieren können. Irgendwelche besonderen, für die Presse bedeutsamen Ereignisse scheint es jedenfalls nicht gegeben zu haben. Aufschlußreiche Einblicke in Alltägliches ergeben sich jedoch mitunter bei der Durchsicht alter Behördenakten. So findet sich in den Bauakten der Brief des Zahnarztes Dr. Theodor Russo an die Baupolizei in Charlottenburg. Aus diesem Brief ergibt sich ein für den heutigen Leser atmosphärisch reizvolles Bild aus recht ungewöhnlicher Perspektive, nämlich der des Nachbarn, der sich durch den Barbetrieb in seiner Ruhe gestört sieht. Dr. Russo ist Inhaber der im Hochparterre gelegenen Wohnung unmittelbar über der *Kakadu*-Bar. Er hat von Umbauplänen der Bar gehört und befürchtet, »dass nach Wegnahme der Querwände und Vergrösserung der Räume der durch die Jazzkapelle unter Schreien und Johlen betrunkener Gäste verursachte Radau, der bis 3 Uhr nachts, mitunter auch länger andauert, und der bereits heute sehr oft die Grenze des Erträglichen überschreitet, überhaupt jedes Schlafen und Arbeiten in meiner Wohnung unmöglich macht. Der Lärm ist derartig stark, dass sogar der über mir wohnende Wohnungsinhaber, ein Herr Knopf, belästigt wird ...«[5]

Viel scheint Dr. Russos Beschwerde nicht bewirkt zu haben, denn im Winter 1927/28 wird mit dem Umbau der Bar in ein »elegantes Wein- und Speise-Restaurant in vornehmsten Stile«[6] – so die Absicht des Bauherrn Georg Tichauer – begonnen. Der lärmgeplagte Zahnarzt

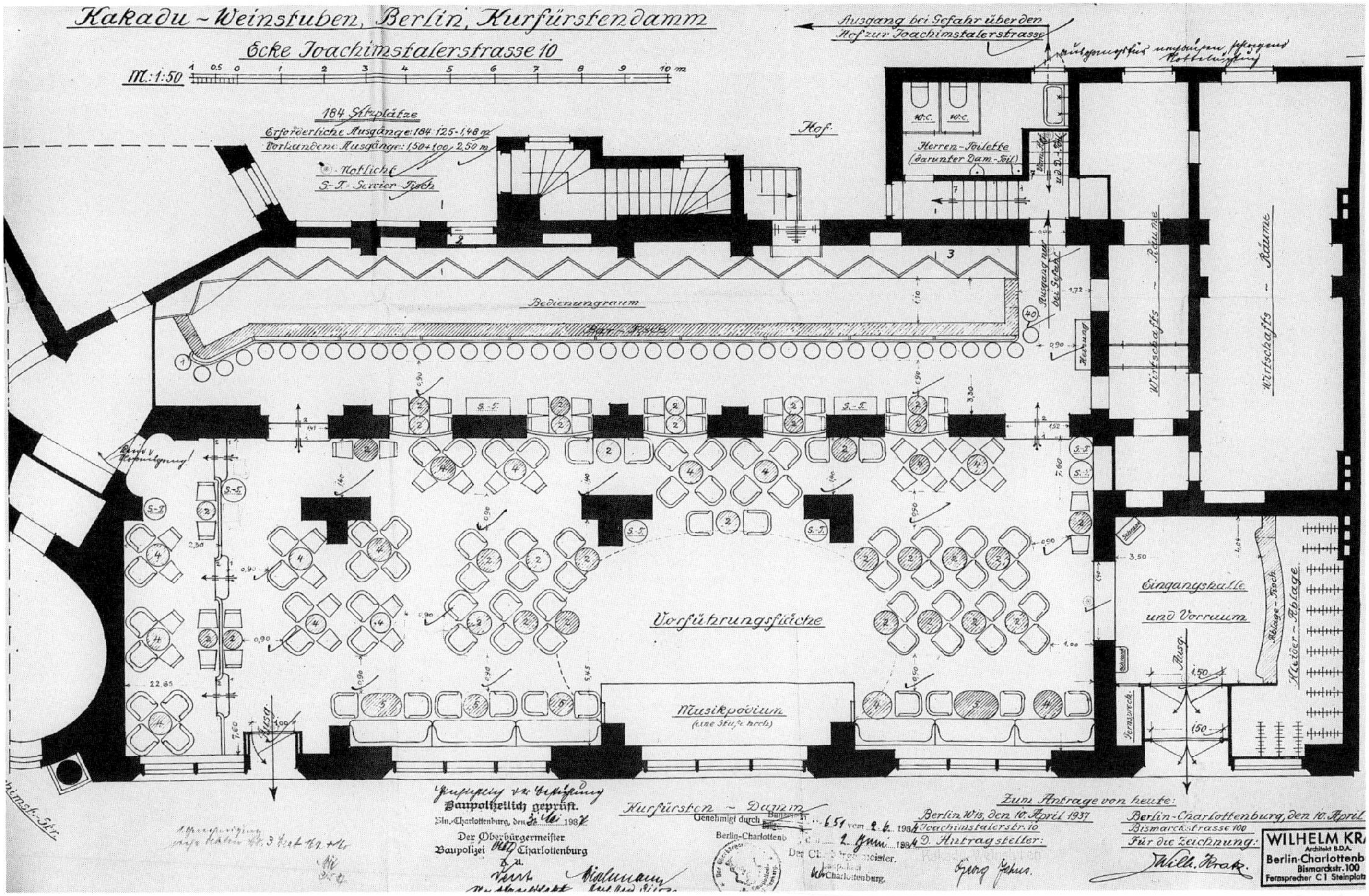

Kakadu. Bestuhlungsplan, 1937

Dr. Russo muß später kapituliert haben: Im Frühjahr 1931 ist in seine Räume über der Bar ein vegetarisches Restaurant eingezogen.

Bei dem großen Umbau im Jahre 1928 erhielt die *Kakadu*-Bar ihr endgültiges Gesicht. Dafür hatte Tichauer die Architekten Kaufmann & Wolffenstein verpflichtet, die auf dem Gebiet des Gaststättenbaus zu dieser Zeit führend waren. Wie fast immer lag dabei die künstlerische Leitung bei Max Ackermann.

Nach Einbeziehung der fünf ehemaligen Läden nimmt das Lokal nun die gesamte zur Augsburger Straße gelegene Erdgeschoßfront ein. Charakteristisch, unverkennbar wie ein Markenzeichen die Fassade in »hellgelbem Edelputz« mit den betonten Fenster- und Türelementen, deren Umrahmungen und Leibungen in rotbraunem Marmor gehalten sind. An Markisen erinnern die in farbigem Glas ausgeführten Soffitten am Gesims und über den Fensterelementen. Anders als in früheren Jahren wirkt der in Leuchtschrift gehaltene Namenszug »Kakadu« – auch er eine Art Markenzeichen – jetzt ruhiger und zugleich seriöser.

Hauptanziehungspunkt in dem mit ca. 400 qm für eine Bar recht großen Innenraum war die große Bar im hinteren Teil des Raumes, in der Werbung später gern als »längste Bar Berlins« bezeichnet. Daneben gab es in dem vorderen Teil noch eine weitere, kleinere Bar. Die Inneneinrichtung in »maßvollem Expressionismus« zeigte eine deutliche Vorliebe für das Ornamentale, für lebhafte Muster und spielerisch durchbrochene Linien, deutlich vor allem bei der Gestaltung der Decken- und Wandflächen. Der Stoff für die Wandbespannung war im Hauptraum rot und goldfarben, in der großen Bar blau und goldfarben. Die Rückwand bestand dort aus farbig geätzten, von hinten erleuchteten Glasscheiben. Insgesamt wirkt der Raum – soweit sich das anhand der vorliegenden Bilder beurteilen läßt – etwas überladen und erinnert darin ein wenig an Inneneinrichtungen, wie sie für die Gründerzeit typisch waren. Von heutigen Architekturkritikern wird das Ergebnis des

Die *Kakadu-Bar*

Kakadu-Bar, Zeichnung für geplante Fassadengestaltung

Umbaus denn auch gewissermaßen als Rückfall ins funktions- und beziehungslos Dekorative eher skeptisch beurteilt.[7]

Im Jahre 1930 kommt es zu einem Besitzerwechsel. Doch die *Kakadu*-Bar bleibt in der Familie: Nachfolger von Georg Tichauer wird dessen Bruder Dagobert. Möglicherweise will sich Georg in Zukunft voll auf seine Lokale *Barberina* und *Ambassadeurs* konzentrieren. Die beiden Sorgenkinder unter seinen Betrieben waren zu Anfang des Jahres in massive Schwierigkeiten geraten.

Zuständig für die Barmusik in dieser Zeit ist die treue Hauskapelle Herrnsdorf, über deren musikalische Qualitäten nichts bekannt und auch aus den zeitgenössischen Rezensionen des *Kakadu*-Programms nichts Wesentliches zu erfahren ist. Die Darbietungen insgesamt scheinen aber den Rezensenten des *Berliner Herolds* mehr als befriedigt zu haben:

»In der *Kakadu*-Bar am Kurfürstendamm wie immer Hochbetrieb. Stimmung überall, an den Bars und auf dem Parkett, eine Attraktion löst die andere ab. Gerda Laßner, bekannt vom Berliner *Alkazar* seinerzeit, eröffnet mit ihren Tänzen das erstklassige tänzerische Programm, den Reigen schöner Frauen. Hildegard Orlowsky gefällt in ihrem Spitzentanz, Irma Ire Giese zeigt ihre eigenen Tanzschöpfungen. The Dewills sind akrobatische Könner und übertreffen sich in ihren Leistungen. Arnaud und Alex Nora sind famos, modern und amerikanisch in ihren Tanznummern. Alfred Grunert, der Tenor, und der ›rasende‹ Jazzsänger Louis Frank sind immer aufgelegt, lassen so in Gemeinschaft mit der bekannten und beliebten Kapelle Herrnsdorf nie ruhige Minuten eintreten. Tempo herrscht im *Kakadu*, und ich glaube, gerade darum geht man stets gern wieder hin.«[8]

Auch für die *Kakadu*-Bar wird ab 1930 das Klima rauher, als die Auswirkungen der Weltwirtschaftskrise auch in der Berliner Vergnügungsbranche spürbar werden. Vor allem bei der Preisgestaltung mußte man sich jetzt dem härter gewordenen Wettbewerb anpassen; Werbeanzeigen versprechen nun: »Kein Weinzwang«. Es scheint, als habe man auch in Programm und Werbung etwas mehr investieren müssen, um weiterhin konkurrenzfähig zu bleiben. Die Leuchtreklame über dem Lokal wird erweitert, und

Joachimstaler- Ecke Augsburger Straße, rechts die *Kakadu-Bar*

am Eingang wird ein zur Bordschwelle führendes Baldachinzelt errichtet, dessen Notwendigkeit Dagobert Tichauer gegenüber der Baupolizei so begründet:
»Das Zelt soll ermöglichen, dass die den vorfahrenden Wagen entsteigenden Gäste bei Regenwetter trockenen Fusses in das Lokal gelangen können. Unser Weinlokal wird von einem internationalen Publikum besucht und mussten wir schon des öfteren hören, dass das Fehlen eines Baldachins als ein erheblicher Mangel empfunden wird.«[9]
Auch bei der Programmgestaltung mußte man sich nun etwas mehr einfallen lassen, prominente Namen und vor allem mehr Abwechslung bieten. So sind für das Jahr 1934 u. a. die »Tanz- und Stimmungskapelle« Joe Bund, Fritz Weber, »der singende Geiger«, und eine weitere »Tanz- und Stimmungskapelle« namens »7 Original Teddies« verpflichtet – natürlich niemand anders als der gerade 25 Jahre alte Teddy Stauffer, der mit seiner damals noch kleinen Besetzung erst am Beginn seiner Karriere stand.
Exklusiv waren die Bars der Gegend um den Kurfürstendamm schon allein wegen ihrer Preise. Exklusivität

herrschte aber bei einigen noch in anderer Hinsicht. Viele Bars galten als Treffpunkte einer bestimmten Szene. So war etwa die *Roxy*-Bar von Heinz Ditgens nicht nur das Stammlokal von Boxweltmeister Max Schmeling, sondern galt überhaupt als Treffpunkt der Sportler »vom goldenen Sportabzeichen aufwärts«, wie der *Berliner Herold* ironisch meint.[10] Die Gäste der von Walter Erbe geleiteten *Rio Rita*-Bar hingegen haben, glaubt man dem *Berliner Herold*, »im Kriege mit dem Chef bei den Fliegern gedient«.[11] Der *Kakadu* wurde offenbar bevorzugt von Wirtschaftskapitänen aufgesucht. Jedenfalls vermerkt der *Berliner Herold* unter der Rubrik »Berühmte Stammgäste«: »Siehe Handbuch der deutschen Aktiengesellschaften. Sage mir, wann deine A.-G. Aufsichtsratssitzung hatte, und ich will dir sagen, wann du im *Kakadu* warst.«[12]

Bei einem solchen Publikum konnten die Musiker stets mit guten Trinkgeldern rechnen. Jonny Heling, damals Schlagzeuger in der Band von Joe Bund, erinnert sich:
»Wir mußten aber einen Geiger haben, der mit der Geige rumgezogen ist. Der ist dann an die Tische gegangen. (...) Im *Kakadu* waren Tischfrauen. Und eine hat dann zum Beispiel so mit den Augen geblinzelt: Komm mal her, hier kannst du was rausholen! Dann ist der mit seiner Geige hingegangen und hat da gespielt. Der Gast, der wollte natürlich nicht gestört werden, dann hat er ihm 20 Mark gegeben. Manche haben aber auch ihre Lieblingslieder bestellt und waren stolz, wenn dann extra für sie gespielt wurde.«[13]
Die nationalsozialistische Machtergreifung und die bald darauf beginnende Verdrängung der Juden aus dem öffentlichen Leben führt auch für die *Kakadu*-Bar zu Ver-

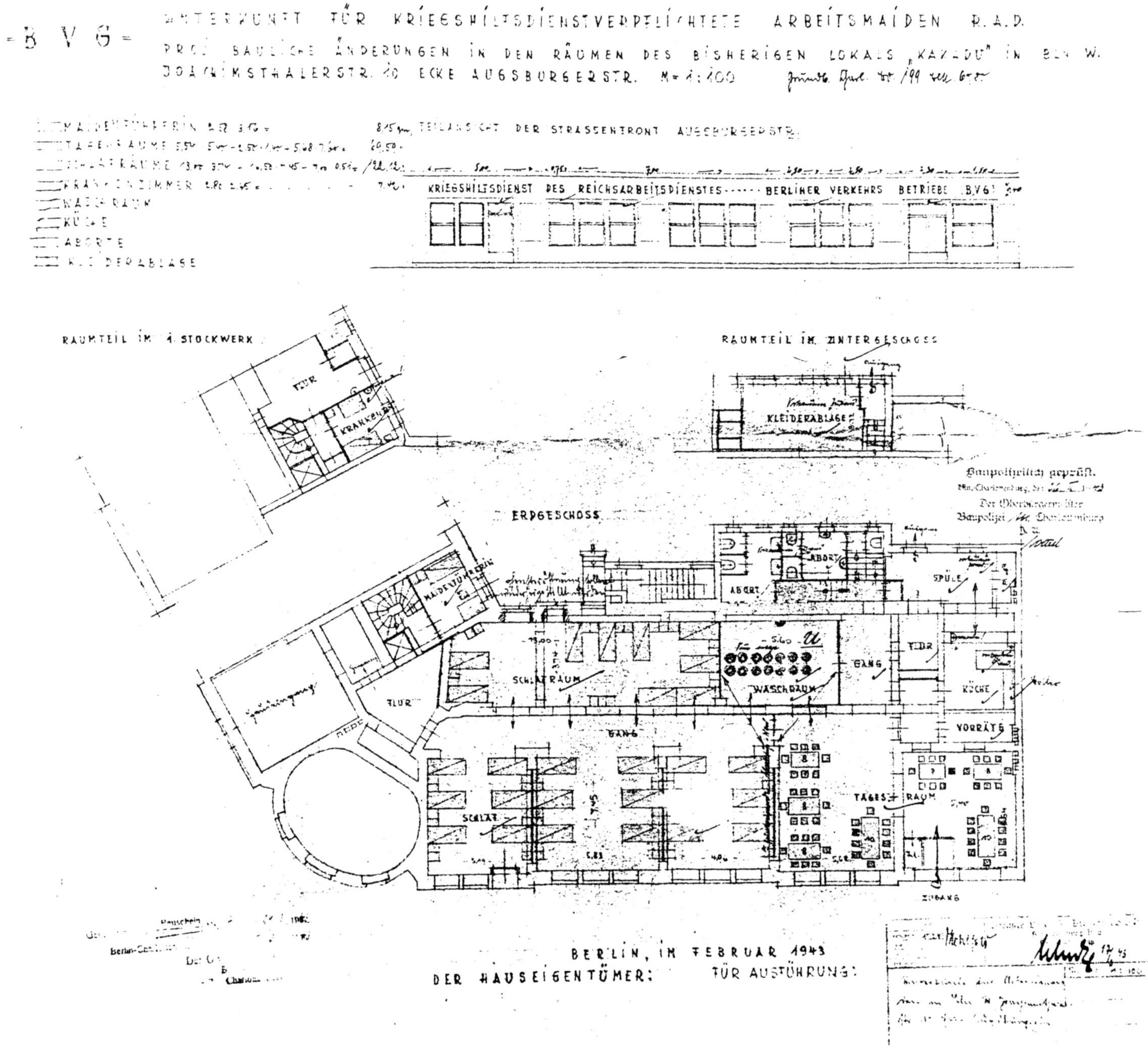

Kakadu-Bar. Umbau in eine Unterkunft für Arbeitsmaiden, 1943

änderungen. Bis in das Jahr 1936 kann Dagobert Tichauer noch als Inhaber des Lokals fungieren. Erstmals vom Mai dieses Jahres findet sich ein Schreiben des *Kakadu*, gezeichnet von dem »Betriebsleiter und stellvertretenden Betriebsführer Pg. Kowalinski« – selbstverständlich »mit deutschem Gruß«. Ein Parteigenosse als Aushängeschild – vielleicht versuchte Tichauer auf diese Weise den Betrieb zu retten. Doch der Versuch konnte nicht gelingen; 1937 heißt die *Kakadu*-Bar nicht mehr »Bar«, sondern »Weinstube«, und gleichzeitig hat sie einen neuen Besitzer, Georg Jahns. Das Schicksal Dagobert Tichauers ist nicht bekannt. Es heißt, er sei später nach Australien ausgewandert.

Sozusagen aus politischen Gründen wird im Jahre 1938 noch einmal umgebaut: Die alteingesessene Konditorei Emil Thier muß ihr angestammtes Domizil an der Eichhorn- Ecke Potsdamer Straße zum 1. Oktober 1938 aufgeben – »wegen der Umgestaltung der Reichshauptstadt an der Nordsüdachse«, wie es offiziell heißt. Gemeint ist damit der geplante Umbau Berlins zur überdimensionalen nationalsozialistischen Metropole nach den Plänen Albert Speers. Als Ersatz für den im Tiergarten zwangsweise aufgegebenen Laden wird für die Konditorei Thier der an der Ecke gelegene ehemalige Hauseingang zum Laden ausgebaut, wodurch der *Kakadu*-Bar dort gelegene Räumlichkeiten verlorengehen. Es muß deswegen zur Hofseite ein Anbau für die Büroräume errichtet werden. Bei dieser Gelegenheit werden die Straßenfassaden, wie es heißt, »von ihren Verzierungen befreit«, und die beiden unteren Stockwerke erhalten einen Travertinbelag. Im Zusammenhang damit wird gleichzeitig auch ein sogenannter »Gefolgschaftsraum« eingerichtet – pikanterweise an einem Ort, der ursprünglich als Damentoilette vorgesehen war.

Nachdem im Juli 1939 noch Luftschutzräume eingebaut worden waren, wurde das Lokal im Februar 1943 beschlagnahmt und in eine Unterkunft für kriegsdienstverpflichtete »Arbeitsmaiden« umgebaut. Ab 1. April 1943 sollten diese Arbeitsmaiden von der BVG beschäftigt und auch untergebracht werden. Am 6. April teilt die BVG der Baupolizei mit: »Die Unterkunft ist am 1. 4. d. Js. fristgemäss von den Arbeitsmaiden bezogen worden.«[14] Damit endet die Geschichte der *Kakadu*-Bar.

Das Haus wurde später bei Bombenangriffen so stark zerstört, daß ein Wiederaufbau nicht in Frage kam. Auf dem abgeräumten Grundstück siedelten sich nach dem Kriege einige ambulante Händler mit ihren Verkaufsbuden an, und für einige Zeit hatte die damals stadtbekannte Firma Koschwitz – »Fleisch und Fleischwaren, Feinkost, Lebensmittel, Spirituosen« – dort sogar einen Imbißpavillon mit Sommergarten errichtet, bis sich ein Investor fand, der das Grundstück neu bebaute. Seit 1955 steht an dieser Stelle das Hochhaus der *Allianz-Versicherung*.

Bei Henry Bender

Bei Henry Bender. Wandbemalung: Walter Trier und Heinz Hagen

Auf eine vergleichbar stolze Tradition konnten sich nur wenige Bars berufen, und doch haben viele unter ihnen einen Platz in der Erinnerung verdient, vor allem die Künstlerbars, die Treffpunkte der Berliner Bohème. Dazu gehört sicherlich die Künstlerbar *Bei Henry Bender* (»Die Künstler aller Länder treffen sich bei Henry Bender«), die von dem ehemaligen Schauspieler, Sänger und Komiker im April 1929 eröffnet wurde und lange Jahre, bis in die Nachkriegszeit, in der Bleibtreustraße bestand; dazu gehört – mit ihren von Walter Trier geschaffenen Wandgemälden – die Bar *Bei Julian Fuhs*, die der erfolgreiche Bandleader 1931 in den Räumen des früheren Weinrestaurants *Champignon* gegründet hatte; und dazu gehört – neben unzähligen anderen – das *Eldorado*, eine Bar, die nahezu ausschließlich von der Exotik ihres Stammpublikums lebte und deswegen vermutlich wie keine andere in Kunst und Literatur verewigt wurde. Genaugenommen handelte es sich um zwei *Eldorados*, denn zu dem Stammhaus in der

Das *Eldorado* in der Motzstraße, 1932

Lutherstraße gesellte sich später noch ein weiteres, gleichartiges und gleichnamiges Etablissement in der Motzstraße. Das *Eldorado*, so beschrieb es Eugen Szatmari 1927, rekrutierte »sein eigentliches Stammpublikum aus jenen Kreisen, in denen die Mathematik der Liebe nicht ganz ohne Fehler ist. Hier tanzen nicht nur Männer mit Frauen, sondern auch Frauen mit Frauen, – ja, auch Männer mit Männern, und der gutmütige Herr aus Sachsen, der da mit der blonden Sängerin tanzt, hat keine Ahnung davon, daß diese blonde Fee – ein Mann ist.«[15] Konnte Szatmari seinen Lesern das Lokal 1927 noch fast als Geheimtip empfehlen, so entwickelte es sich sehr bald zum Schickeria-Treffpunkt: »Für die weltstädtische Schaulust inszenierter Transvestitenbetrieb hat seine Stätte im *Eldorado* an der Lutherstraße gefunden«, konstatierte Moreck 1931 bissig.[16]

Motzstrasse 15

Eldorado

Der Bombenbetrieb

Im *Eldorado*, 1929

Schon vor der nationalsozialistischen Machtübernahme, wahrscheinlich aufgrund eines im Oktober 1932 erlassenen polizeilichen Verbots, mußte das *Eldorado* geschlossen werden. Die Schließung einer Reihe weiterer Lokale folgte bald nach der Machtübernahme. Ausschlaggebend dafür waren, wie es hieß, Beanstandungen »in sittlicher Beziehung«[17], und so waren von dieser »Säuberungsaktion« in erster Linie Schwulen- und Lesbenlokale betroffen, aber u. a. auch die frühere »Negerbar« *Biguine*, die nach ihrer Schließung als bayrisches *Platzl* wiedereröffnet wurde.[18]

In der *Rio Rita-Bar* in der Tauentzienstraße, nur wenige Schritte von der Gedächtniskirche, »trifft sich die hohe Diplomatie, und manches Inkognito verbirgt hier einen Großkaufmann aus der Wall Street, einen Weltindustriellen von Übersee, einen Kolonialkaufmann auf seinem Europatrip«[19]. Im Januar 1931 wurde dieses Lokal, das wie u. a. auch die *Femina* zu dem Gastronomie-Imperium Heinrich Liemanns gehörte, unter der Leitung von Walter Erbe, einem früheren »Luftkapitän«, eröffnet. Kultiviert und elegant, ganz dem Stil dieser Bar entsprechend, nicht nur die langjährige Hauskapelle Heinz Huppertz, sondern auch die von Michael Rachlis geschaffene Inneneinrichtung:

»Von einem Vestibül wird man aufgenommen, links für sich die Bar, abgeteilt und doch im Bild des Ganzen. Durch einen Spiegelgang kommt man dann nach der eigentlichen Tanzstätte. Das Tanzparkett liegt etwas vertieft, von

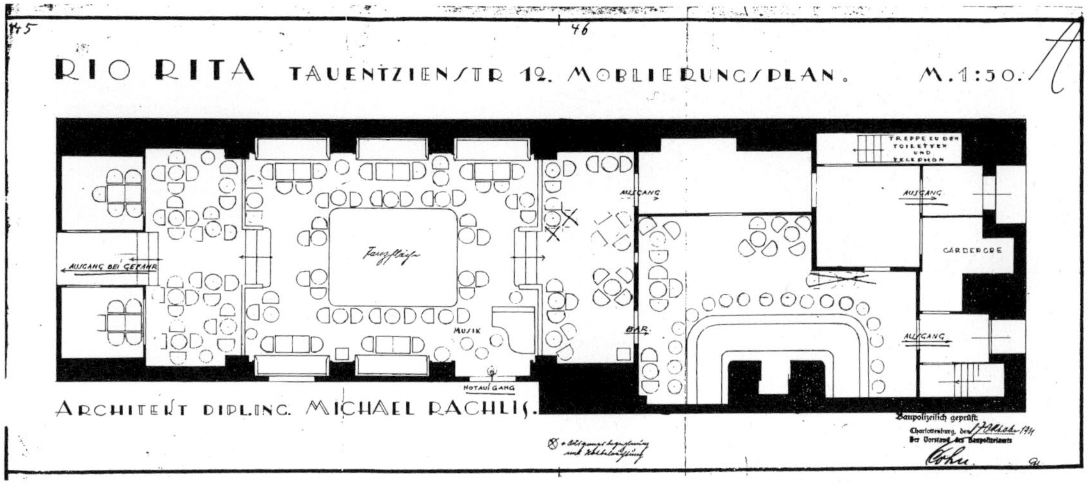

Unten: *Rio Rita Bar.* Zeichnung: Hans Leu

Rio Rita Bar. Zeichnung: Hans Leu

zwei seitlichen Terrassen und zwei Logen eingerahmt, wird sich hier ein schönes gesellschaftliches Bild entwikkeln. Aus dem Leben der spanischen Tänzerin Rio-Rita tragen die mit braunem Samt bespannten Wände Malereien eines spanischen Gauklerfestes. Verspiegelte Pfeiler, die durch prächtige Beleuchtungskörper flankiert werden, unterbrechen den Raum und gestalten ihn warm und intim.«[20]

Im Unterschied zur *Rio Rita* zeigt die *Pompeji-Bar*, im November 1934 von Johnny Sirach, dem früheren Besitzer von *Johnny's Night Club*, eröffnet, deutlich weniger Aufwand in der Ausstattung. Offenbar im Hinblick auf ein jugendliches, weniger anspruchsvolles Publikum hatte der Architekt Fritz Sonntag hier überwiegend einfache Materialien verwendet: Linoleum als Bodenbelag, für die Wand-

verkleidung Rauhputztapete, zur Dekoration Großfotos, Hocker als Sitzgelegenheiten. Der Raum wirkt auf diese Weise zwanglos-leicht und mutet, gerade auch wegen des angestrebten italienischen Ambientes, fast schon wie ein früher Vorgriff auf die Innenarchitektur der fünfziger Jahre an.

In einer Reihe von Bars wurde Jazzgeschichte geschrieben. An drei von ihnen soll hier erinnert werden: die *Sherbini-Bar*, das *Quartier Latin* und die *Ciro-Bar*. Alle drei wurden von Ausländern gegründet und konnten, zumindest eine Zeitlang, auch wegen ihres internationalen Publikums – darunter zahlreiche Diplomaten – in musikalischer Hinsicht Freiräume bieten, die es sonst im nationalsozialistischen Deutschland nicht mehr gab. Im Schutze des internationalen Publikums genossen Gäste wie Musiker fast so etwas wie diplomatische Immunität. Hier, in diesen Bars, herrschte noch etwas von der weltoffenen Atmosphäre des »alten« Kurfürstendamms, eine Atmosphäre, die vor allem von den Nazis als »dekadente Entartung« schon

Die *Pompeji-Bar*

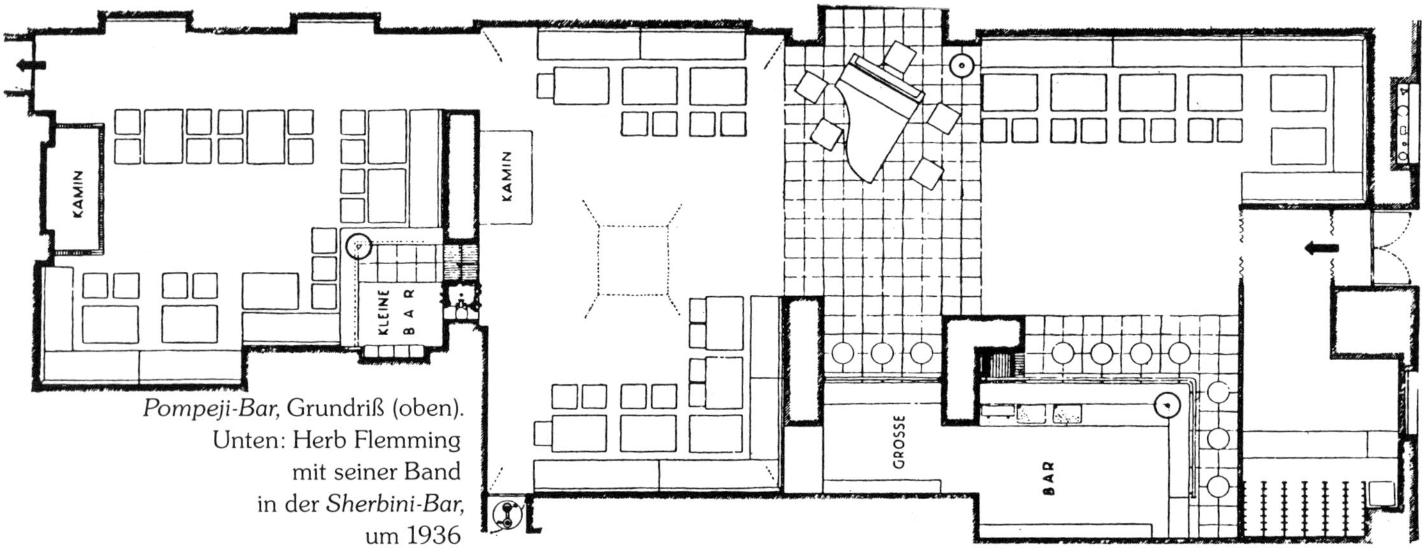

Pompeji-Bar, Grundriß (oben). Unten: Herb Flemming mit seiner Band in der *Sherbini-Bar,* um 1936

lange vor 1933 bekämpft worden war. Gerade deswegen aber wurden diese Bars nun zur Zielscheibe heftiger Angriffe, wie etwa gegen das *Sherbini.* Schon 1934 wird im *Berliner Herold* kräftig Stimmung gegen dieses Lokal gemacht:

»Hier hat sich die Zeit nicht geändert. Hier sieht die Kurfürstendammwelt noch genau so aus wie vor 1933. Die Gesichter und Profile schauen hier in die Berliner Nacht, als ob sie zu Hussongs berühmten Kurfürstendammbuch Modell gestanden hätten.[21] Heiße Jazzmusik, Negertänze, Luxuspreise, fremde Sprachen – zuweilen glaubt man nicht in Berlin, sondern auf dem Montparnaß zu sein.«[22] Doch ungeachtet solcher Angriffe konnte sich die Bar des Ägypters Mustafa El Sherbini weiterhin als »Jazz-Dorado« behaupten, wo, wie es im übelsten Jargon hieß, »Nigger zum Hot-Jazz steppten«.[23] Von 1935 bis 1937 konnte man hier die Band des farbigen Posaunisten Herb Flemming erleben, der u. a. später so bekannte Musiker wie Fritz Schulz-Reichel und Franz Thon angehörten. Ungeachtet seiner Hautfarbe konnte Herb Flemming in dieser Zeit in

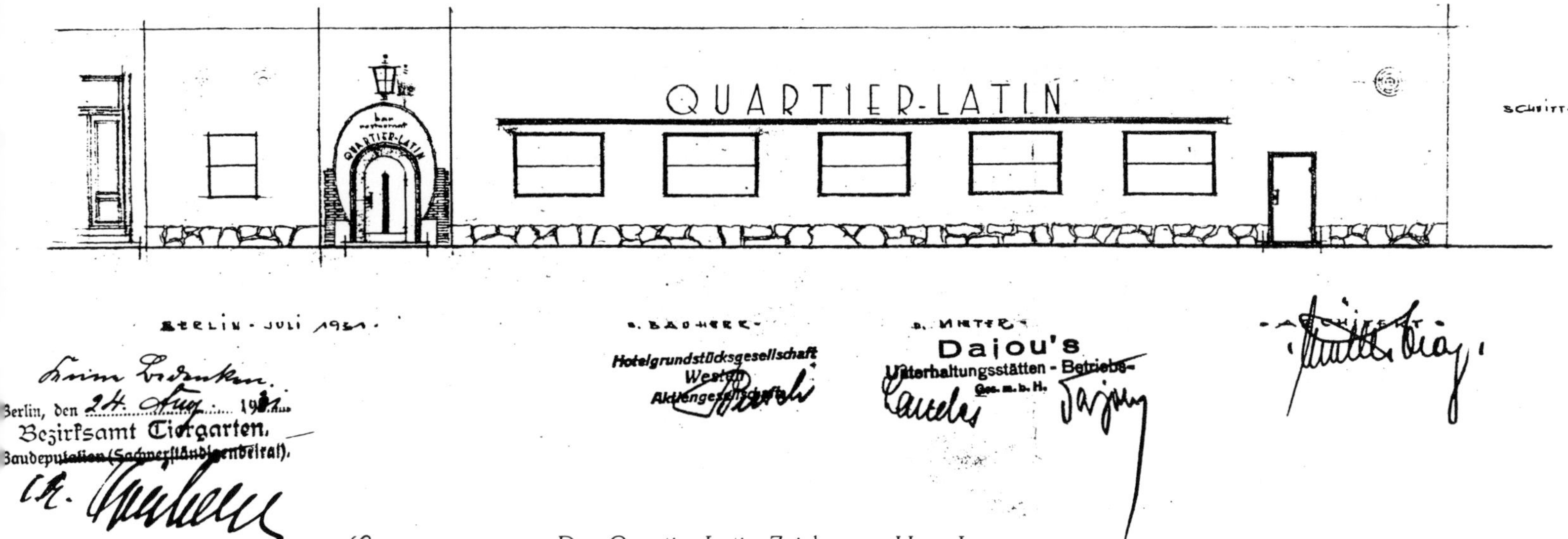

Das *Quartier Latin.* Zeichnung: Hans Leu

Berlin arbeiten, vielleicht tatsächlich als »Renommierneger«, wie Horst H. Lange meint, also als lebendiger Gegenbeweis gegen Rassismus-Vorwürfe. An die musikalischen Qualitäten des Bandleaders erinnert sich Jonny Heling, 1937 als Drummer in der Band, noch heute voller Bewunderung: »Das war der unwahrscheinlichste Posaunist, den ich überhaupt je gehört habe. Der hatte ein Lippenvibrato, also sowas von einem Ton auf einer Posaune – wie der beste Cellist!«[24]

Internationales Flair auch im *Quartier Latin.* Horst Winter, später vor allem als Schlagersänger erfolgreich und noch heute als Kapellmeister der *Hoch- und Deutschmeister* in Wien musikalisch aktiv, spielte dort mit seiner Band im Olympiadejahr 1936 zum Tanz. In seinen Memoiren erinnert er sich: »Vor allem Botschafter und ihre Angehörigen bevölkerten das Lokal. Wenn einmal kein Tisch vorbestellt war, holten die Chauffeure die Autositze ins Foyer, gruppierten sie um einen improvisierten Tisch, und man trank so seinen Champagner.«[24]

Eröffnet wurde das *Quartier Latin* im Oktober 1931 von

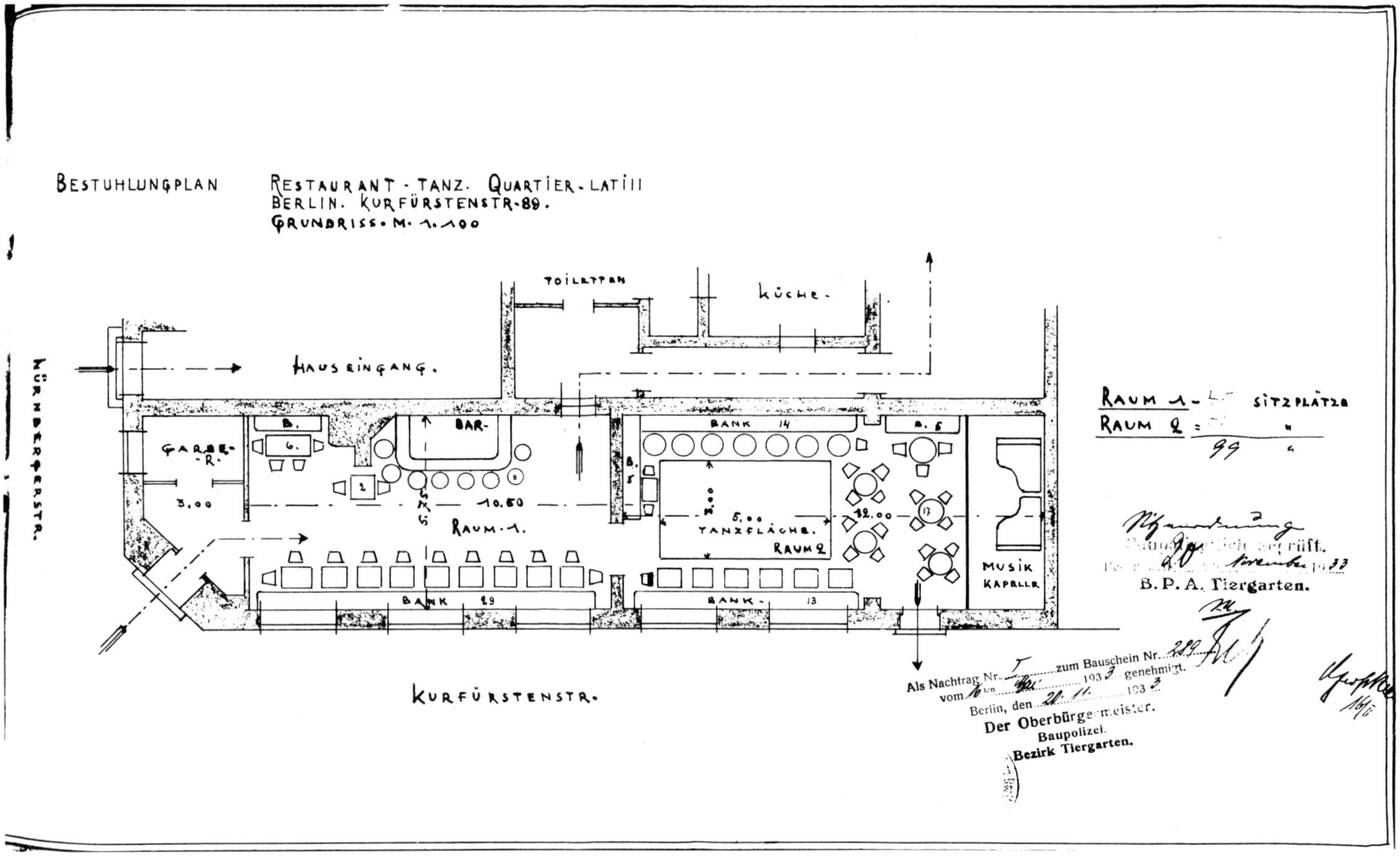

Leon Henry Dajou, einem Mann, dem der Ruf des »Witwentrösters« anhaftete und der wahrscheinlich aus einer der französischen Kolonien Nordafrikas stammte. In der Kurfürstenstraße hatte der Architekt Adam Müller-May an ursprünglich ausgesprochen profaner Stätte, dem ehemaligen Musterlager der *Märkischen Drahtbürsten-Fabrik*, ein elegantes Barlokal eingerichtet.

Nach anfangs zumeist eher exotischen Klängen – so wurde beispielsweise im Dezember 1932 eine Gruppe namens »Bruce's Original Neger Jazz« geboten – konnte man hier ab 1937 regelmäßig die Kapelle Kurt Hohenberger erleben, eine Band, die wie nur wenige sonst in Deutschland einen eigenen Stil entwickelt hatte, »swingig und doch gut tanzbar«, wie Horst H. Lange meint.[26] Kennzeichnend war der »dezente«, manchmal »unterkühlt« wirkende Klang der Band, möglicherweise auch dadurch bestimmt, daß man »im ›piekfeinen‹ *Quartier Latin* (...) verhalten spielen mußte und nicht mit aller Kraft losblasen durfte«.[27]

Auch das *Quartier Latin* überstand den Krieg nicht. Von dem Gebäude, in dem es sich befunden hatte, war nach dem Kriege nur noch eine Ruine übrig. Heute steht an dieser Stelle der prägnante Neubau der Grundkreditbank.

Ginge es nur nach dem Namen und dem Gebäude, so könnte man sagen: Die dritte der Bars hat überlebt. Es handelt sich um die *Ciro-Bar*, wie das *Quartier Latin* von Adam Müller-May entworfen und im Januar 1932 eröffnet:

»Eine Marmorfassade von gediegener Pracht, nicht aufdringlich, eröffnet den Reigen schöner kleiner Räume. Im Vordergrund die Bar mit goldener Kuppel und den bespannten Wänden, vor denen uns in bunter Folge die alten ägyptischen Hoheitszeichen aus der Zeit Ramses grüßen. Etwas tiefer liegt der eigentliche Restaurationsraum in hellterrakotta Farben gehalten mit seiner silbernen Decke, wieder einige Stufen hoch, und wir sind im Silber-Raum, von dem aus man das elegant mondäne Leben an sich vorüberrauschen lassen kann.«[28]

Die Kapelle Kurt Hohenberger im *Quartier Latin*

Achmed Mustafa, ein Ägypter, der seit den späten zwanziger Jahren in Berlin lebte und hier zunächst als Varieté-Tänzer Erfolge zu verzeichnen hatte, führte die *Ciro-Bar* in der Rankestraße sowie eine Kladower Dependance, ein oberhalb der dortigen Dampferanlegestelle gelegenes Hotel-Restaurant mit Blick auf die Havel. Hier wie dort wurde größter Wert auf swingende Musik gelegt. Albert Vossen mit seinem Swing-Akkordeon leitete lange Jahre die Band des *Ciro*, und neben vielen anderen war auch Fritz Schulz-Reichel von 1935–37 als Pianist dabei, mal draußen in Kladow, mal in der Rankestraße. An die Verhältnisse in der Bar erinnert er sich:

»Wir hatten eine gewisse Narrenfreiheit, weil wir ja internationales Publikum hatten, und dieses internationale Publikum legte natürlich großen Wert darauf, das Repertoire zu hören, was sie auch im Ausland geboten kriegten, und wir hatten ziemliche Schwierigkeiten, da auf dem laufenden zu sein. Wir hatten ein paar Gäste von den Botschaften, die kamen dann zu uns und haben uns das vorgepfiffen oder vorgesungen, was da gerade aktuell war in Amerika oder England oder irgendwo anders, und wir haben uns das aufgeschrieben und haben es arrangiert und haben dann zum Erstaunen des Publikums auch gespielt, die immer hell begeistert waren, daß wir so up to date waren.«[29]

Das liegt nun 55 Jahre zurück. Im Unterschied zu den anderen Bars reicht die Tradition der *Ciro-Bar* bis in unsere Tage. Noch heute befindet sich in der Rankestraße 31–32 ein Lokal dieses Namens. Wo einst Albert Vossen mit seinem Swing-Akkordeon zum Tanz bat, verheißt die heutige Diskothek, neuerdings unter dem Namen »Berlin-Kapstadt« –: »Im Herzen der Stadt – ein Hauch von Afrika«.

Die *Ciro-Bar.* Zeichnung (oben): Hans Leu

11. Ausgrenzung und Reglementierung: Berliner Tanzlokale und Tanzkapellen im Nationalsozialismus

Die »Säuberungswelle« nach der Machtergreifung erstreckte sich nicht nur, wie beschrieben, auf Lokale und ihre Besitzer. Auch in musikalischer Beziehung wurde bald nach der Machtübernahme mit der »Säuberung« im Sinne nationalsozialistischer Kulturideologie und -politik begonnen. In personeller Hinsicht stellte das entscheidende Mittel dazu die Errichtung der Reichsmusikkammer dar.

Im September 1933 war mit Errichtung der Reichsmusikkammer (RMK) eine Zwangskörperschaft geschaffen worden, deren Mitgliedschaft die Voraussetzung für die Berufsausübung als Musiker war. Die Mitgliedschaft in der RMK war an zwei Bedingungen geknüpft: Nach § 10 der 1. Durchführungsverordnung zum Reichskulturkammergesetz konnten Mitglieder nur Personen sein, die »die für die Ausübung ihrer Tätigkeit erforderliche Zuverlässigkeit und Eignung« besaßen. Damit war das Instrument geschaffen, Berufsverbote zu erteilen und in erster Linie die jüdischen Musiker von der Ausübung ihres Berufs auszuschließen.

Um die Einhaltung kontrollieren zu können, war jeder Musiker verpflichtet, den Mitgliedsausweis der RMK ständig bei sich zu führen und sich auf Verlangen auszuweisen. Wer von den jüdischen Musikern Deutschland noch nicht verlassen hatte, dem blieb oft nichts anderes übrig, als ohne Mitgliedsausweis aufzutreten. Um einen solchen Fall dürfte es sich bei dem damals gefeierten Geiger und Kapellenleiter Michael Schugalté gehandelt haben, über den sich im August 1935 in den *Amtlichen Mitteilungen der Reichsmusikkammer* unter der Überschrift: »Betrifft: Ausweiskarte des Michael Schugalté« folgendes findet:

»Bei einer Vernehmung gab der den Künstlernamen Michael Schugalté führende Jude Moses Schuchgalter an, daß ihm in Hamburg die Brieftasche mit einliegender vorläufiger Ausweiskarte, Führerschein usw. gestohlen worden sei. Da inzwischen Schuchgalter gemäß § 10 der I. Durchführungsverordnung zum Reichskulturkammergesetz vom 1. November 1933 (...) wegen Unzuverlässigkeit aus der Reichsmusikkammer ausgeschieden wurde, bitte ich, seine Ausweiskarte, wenn sie sich findet, unverzüglich einzuziehen und an die Reichsmusikkammer (...) zurückzusenden. – gez. Karrasch«[1]

Der vollständige Ausschluß der jüdischen Musiker begann dann 1935 mit der systematischen Überprüfung aller Mitglieder und Bewerber hinsichtlich ihrer »arischen« Abstammung. Erste Listen mit den Namen ausgeschlossener Mitglieder erschienen 1938 in den »Amtlichen Mitteilungen«. Unter dem Verdikt mangelnder »Zuverlässigkeit« wurden unzählige Musiker und Kapellenleiter, die ihren Beruf nicht mehr ausüben durften, aus Deutschland vertrieben, die meisten wohl aufgrund ihrer »nichtarischen« Abstammung. In einigen Fällen kam es aber auch aus anderen Gründen zu Berufsverboten. Zeitweilig ausgeschlossen war von Mai bis November 1939 Walter Leschetizky, ein junger Musiker, der damals als Arrangeur für das Orchester Hermann Rohrbeck tätig war. Offenbar entsprachen seine Arrangements nicht den Vorstellungen der offiziellen Kulturpolitik, denn man hielt ihm, wie seine Witwe mitteilt, vor, seine »künstlerische Auffassung und musikalische Betätigungsform (deckten sich) nicht mit den Grundsätzen der nationalsozialistischen Idee«.[2] Ausländische Musiker dagegen durften grundsätzlich in Deutschland arbeiten. Ihr Auftreten war allerdings anzeigepflichtig, was allenfalls eine bürokratische Erschwernis, aber kein tatsächliches Hindernis darstellte.

Auch im Hinblick auf die Programmgestaltung der Tanzkapellen gab es eine Reihe rechtlicher Regelungen, die im Sinne der nationalsozialistischen Ideologie für eine von »artfremden« Einflüssen gereinigte Musik sorgen sollten. Auf propagandistischer Ebene hatte es ja bereits eine wahre Flut übelster Verdammungen des Jazz gegeben.[3] Anders, als man aufgrund solcher propagandistischen Behandlung des Themas vielleicht annehmen würde, wurde in rechtlicher Hinsicht, gerade im Vergleich mit den Maßnahmen zur personellen Ausgrenzung, jedoch weitaus halbherziger verfahren.

Mal abgesehen vom Rundfunk, für den der Reichssendeleiter 1935 ein Verbot des »Niggerjazz« ausgesprochen hatte, bestand für die Tanzkapellen und deren Leiter in den Jahren nach 1933 zunächst kein Anlaß, an ihrer Programmgestaltung irgend etwas zu ändern. Wer dennoch meinte, nun verstärkt auf »Treudeutsch« umschalten zu müssen, tat

Amtliche Mitteilungen der Reichsmusikkammer

5. Jahr | Berlin, den 1. September 1938 | Nummer 17

Unerwünschte Musik

Die nachstehend verzeichneten Werke, die von der Reichsmusikprüfstelle für unerwünscht erklärt worden sind, dürfen in Deutschland weder vertrieben noch öffentlich aufgeführt werden:

1. N. H. Brown: „Ich träume von Millionen", bearbeitet von Frank Skinner und D. E. Bayford — Text von Franz Baumann. Verlag: Francis, Day & Hunter G. m. b. H., Berlin.
2. Alec Osborne: „Help your neighbour", Text von Edward Clifton und Jack Stevens, bearbeitet von Claude Grant. Verlag: Francis, Day & Hunter G. m. b. H., Berlin.
3. Sherman Myers: „Vagabond Fiddler", Text von Stanley Damerell, bearbeitet von Claude Grant. Verlag: Francis, Day & Hunter G. m. b. H., Berlin.
4. Jimmy Kennedy und Michael Carr: „On linger longer island", bearbeitet von Stan Bowsher. Verlag: Adolf Robitschek, Wien.
5. Jimmy Kennedy und Michael Carr: „Take your Pick and swing", bearbeitet von Stan Bowsher. Verlag: Adolf Robitschek, Wien.
6. Mabel Wayne: „Granada", Text von Fred Barny, bearbeitet von Spud Murphy. Verlag: Francis, Day & Hunter G. m. b. H., Berlin.
7. Joe Burke: „Leben, Lachen, Lieben", Text von Edgar Leslie, bearbeitet von L. Clinton und D. E. Bayford. Verlag: Francis, Day & Hunter G. m. b. H., Berlin.
8. Alberto Semprini und Roberto Leonardi: „Rosalie". Verlag: Piero Leonardi, Berlin.
9. Friedrich Holländer (Frederic Hollander): Musik zu dem Film „Die Dschungelprinzessin", insbesondere „Schlaflied".
10. Sholom Secunda: „Bei mir bist Du schön", Text von Jacob Jacobs, bearbeitet von L. Palex. Verlag: Chappell & Co., London.
11. Irving Berlin: Sämtliche Musikstücke (z. B. „I've got my love to keep me warm").
12. Yoan Allouche und Roger Sarbib: Sämtliche Musikstücke (z. B. „Ever loving").

Berlin, den 31. August 1938

Der Präsident der Reichsmusikkammer
Dr. Peter Raabe

Inkraftsetzung von Anordnungen der Reichskulturkammer im Lande Österreich

Auf Grund des § 25 der Ersten Verordnung zur Durchführung des Reichskulturkammergesetzes vom 1. November 1933 (RGBl. I S. 797) und § 4 der Verordnung über die Einführung der Reichskulturkammergesetzgebung im Lande Österreich vom 11. Juni 1938 (RGBl. I S. 624) ordne ich mit Zustimmung des Reichskommissars für die Wiedervereinigung Österreichs mit dem Deutschen Reich folgendes an:

Die Anordnung über Gastspielreisen ins Ausland vom 1. März 1934 tritt mit sofortiger Wirkung auch im Lande Österreich in Kraft.

Eine Veröffentlichung dieser Anordnung im „Völkischen Beobachter" erfolgt nicht.

Berlin, den 10. August 1938

Der Präsident der Reichskulturkammer
Dr. Goebbels

(Nicht für die Tagespresse, nur zur Veröffentlichung in den Organen der Kammer und Fachverbände.)

Auf Grund des § 25 der Ersten Verordnung zur Durchführung des Reichskulturkammergesetzes vom 1. November 1933 (RGBl. I S. 797) und § 4 der Verordnung über die Einführung der Reichskulturkammergesetzgebung im Lande Österreich vom 11. Juni 1938 (RGBl. I S. 624) ordne ich mit Zustimmung des Reichskommissars für die Wiedervereinigung Österreichs mit dem Deutschen Reich folgendes an:

Mit der Veröffentlichung dieser Anordnung im „Völkischen Beobachter" treten im Lande Österreich folgende Anordnungen der Reichskulturkammer in Kraft:

1. die Anordnung betr. Ablieferung von Druckschriften an die Deutsche Bücherei in Leipzig vom 20. September 1935, abgedruckt im „Völkischen Beobachter" vom 27. September 1935,
2. die Anordnung über Berufsbezeichnungen vom 9. Dezember 1935, abgedruckt im „Völkischen Beobachter" vom 12. Dezember 1935.

Berlin, den 10. August 1938

Der Präsident der Reichskulturkammer
Dr. Goebbels

dies sozusagen »auf eigene Rechnung«. Natürlich wurde allenthalben in den Medien gegen »Jazz« und »jüdische Musik« gewettert. Aber bis 1938 gab es in dieser Hinsicht keinerlei Verbote, auch kein explizites Verbot »jüdischer« Musik – wie hätte man das auch verwirklichen und kontrollieren sollen! Seit 1935 wurde lediglich die Veröffentlichung von sogenannten »Emigrantenwerken« anzeigepflichtig und konnten so kontrolliert werden; erste Verbote einzelner Werke oder des Gesamtwerks einzelner Autoren gab es erst ab Februar 1938, als die Reichsmusikprüfstelle ihre Arbeit aufnahm. Dabei handelte es sich um eine Abteilung des Propagandaministeriums, deren Aufgabe darin bestand, Werke ausländischer und später auch deutscher Komponisten zu überprüfen und sie, wenn sie als »unerwünscht« oder »schädlich« eingestuft waren, auf eine Verbotsliste zu setzen. Die erste derartige Liste unerwünschter Titel erschien im September desselben Jahres.
Auf dieser ersten Verbotsliste befinden sich ausschließlich Werke ausländischer Komponisten, dazu ein Werk Friedrich Holländers, eines Emigranten.[4] Indizierte Kompositionen durften weder verlegt noch vertrieben oder aufgeführt werden. Aus welchen Gründen ein Werk auf den Index gesetzt wurde, wurde im allgemeinen nicht mitgeteilt. In vielen Fällen ist erkennbar, daß die »nichtarische« Abstammung des oder der Autoren maßgeblich gewesen ist. In anderen Fällen erscheint die Indizierung vollkommen rätselhaft, so etwa im Falle des überaus populären Schlagertitels »Wenn ich ein Schlangenbeschwörer wär'«[5] der damals vielbeschäftigten Autoren Heinz Weiß (Musik) sowie Günther Schwenn und Guido Pfrötschner (Text).
Eine wirklich deutliche Einschränkung in der Freiheit der Programmgestaltung gab es erst mit Beginn des Krieges. Bereits am 2. September, also unmittelbar nach Kriegsbeginn, wurde vom Propagandaministerium per Erlaß angeordnet, daß Werke, die dem »nationalen Empfinden« widersprachen, nicht mehr aufgeführt werden durften. Insbesondere, darauf wurde von der Reichsmusikkammer zusätzlich hingewiesen, durften Texte und Titel keine Entlehnungen aus fremden Sprachen mehr enthalten. Spätere Anordnungen und Erlasse untersagten die Aufführung von »Werken feindländischer Komponisten« (4. 11. 1941), und nach dem Kriegseintritt der USA im Dezember 1941 war schließlich auch ausdrücklich die »Herstellung, Verbreitung und Aufführung musikalischer Werke von Autoren der Vereinigten Staaten« verboten (4. 2. 1942). Damit wurde die Luft für die Tanzkapellen immer dünner, hatten doch diese Importtitel in der Zeit zuvor einen Großteil ihres Repertoires ausgemacht, und auch das Publikum verlangte ja danach – nach wie vor.
Dennoch: Die tatsächlichen Auswirkungen dieser Maßnahmen und Verbote auf die Praxis in den Tanzlokalen dürften häufig überschätzt werden. Sicherlich gab es sie, die Herren in den berühmten Ledermänteln, die in den Berichten der Zeitzeugen immer wieder auftauchen und deren Aufgabe darin bestand, Musiker und Repertoire auf Einhaltung der gesetzlichen Bestimmungen zu überprüfen. Dennoch ergibt sich aus Berichten von Augenzeugen und auch aus offiziellen Verlautbarungen jener Zeit, daß die Mehrzahl der Musiker und Kapellenleiter es mit der Einhaltung der Bestimmungen und Verbote wohl nicht sonderlich genau genommen hat, und es erscheint fraglich, ob sie überhaupt allgemein bekannt waren. Selbst die RMK beklagt im April 1938: »Immer wieder muß festgestellt werden, daß zahlreiche Mitglieder der Reichsmusikkammer über wichtige Anordnungen ungenügend oder gar nicht unterrichtet sind.«[6]
Hier ging es um Verbote. In diesem Zusammenhang stellt sich unweigerlich auch die Frage, wie es im nationalsozialistischen Deutschland um Jazz und Swingmusik bestellt war.[7] Seit Mitte der dreißiger Jahre hatte der Siegeszug des Swing auch in Deutschland begonnen. Swing – das war ja nicht nur eine Musikrichtung, die allein schon wegen ihrer amerikanischen Herkunft suspekt erschien. Swing war gleichzeitig auch Ausdruck eines Lebensgefühls, das man im wesentlichen als nonkonformistisch und individualistisch beschreiben könnte, ein Lebensgefühl, das damit im direkten Gegensatz stand zu Normen und Werten, wie sie die NS-Ideologie propagierte. Die Frage, ob es so etwas wie ein Swingverbot im nationalsozialistischen Staat gegeben hat, liegt also durchaus nahe. Wie gefährlich lebte also ein Musiker, der im Dritten Reich swingende Musik spielte? War es tatsächlich – wie es in einer Rundfunksendung hieß – die »große Show im musikalischen Untergrund«, was *Femina, Delphi* und all die anderen Tanzlokale jener Jahre Abend für Abend boten?[8]
Der Umgang mit der Frage, ob es so etwas wie ein Swingverbot tatsächlich gegeben hat, verrät häufig nicht gerade übermäßige Sorgfalt. Als angebliches Beweismittel dafür, Swing sei bei den Nazis verboten, seine Anhänger seien verfolgt worden, wird in allen möglichen Veröffentlichungen ein Emailleschild präsentiert, auf dem in Frakturschrift zu lesen ist: »Swing tanzen verboten. Reichskulturkam-

Ausschlüsse aus der Reichsmusikkammer

Auf Grund des § 10 der Ersten Durchführungsverordnung zum Reichskulturkammergesetz vom 1. November 1933 (RGBl. § S. 797) sind die nachstehenden Personen aus der Reichsmusikkammer ausgeschlossen worden:

1. Arntz, Heinrich, Düsseldorf, Annastr. 8, geb. in Essen am 30. 9. 1899 — VII M 85 114/38 —.
2. Baar, Else, Hannover, Celler Str. 103, geb. in Landsberg/Warthe am 9. 5. 1898 — VII M 01605/38 —.
3. Bauer, Emil, Wien 18, Dittesgasse 12/10, geb. in Wien am 4. 3. 1874 — M 162/37 —.
4. Baurose, Herta, Wien 6, Mariahilferstr. 47, geb. in Wien am 23. 2. 1914 — M 165/37 —.
5. Bernstein, Walter, Feldberg b. Müllheim/Kreis Lörrach, geb. in Stettin am 23. 6. 1902 — VII M 14 524/38 —.
6. Bittner, Fritz, Berlin W 50, Nürnberger Str. 24, geb. in Berlin am 3. 2. 1900 — I a 4273/37 —.
7. Bürger, Julius, Wien 2, Ober Donaustr. 59/18, geb. in Wien am 11. 3. 1897 — M 4806/38 —.
8. Caspari, Fridolin, Neuwied, Werftstr. 8, geb. in Neuwied am 17. 12. 1910 — VII 5335/36 —.
9. Dick, Franz, M.-Gladbach, Alsstr. 5, geb. in M.-Gladbach am 14. 4. 1904 — VII 22 712/38 —.
10. Dieg, Fritz, zuletzt wohnhaft in Schmölln, geb. in Meuselwitz am 16. 1. 1913 — VII 2628/37 —.
11. Dittmer, Hans, Hannover-Döhren, Waldhauser Straße 7, geb. in Hannover-Waldhausen am 21. 5. 1896 — VII 1813/37 —.
12. Emerich, Paul, Wien 9, Thurngasse 15, geb. in Wien am 12. 11. 1895 — M 223 122 —.
13. Gitt, Otto, Elbing, Innere Vorbergstr. 13, geb. in Saalfeld Kreis Mohrungen am 17. 2. 1888 — VII 6750/36 —.
14. Glas, geb. Feodewora, Anna, früher wohnhaft: Kiel, Adolfstr. 83, geb. in Petersburg am 26. 5. 1890 — M 4786/38 —.
15. Guttmann, Artur, früher wohnhaft: Wien 4, Wohllebengasse 8/7, geb. in Wien am 21. 8. 1891 — M 184/37 —.
16. Haab, Rudolf, Wehen/Taunus, Kirchstr. 17, geb. in Wehen am 21. 11. 1903 — VII 3232/38 —.
17. Haupt, Hermann, Köln-Bickendorf, Vitalisstr. 9, geb. in Köln am 6. 1. 1899 — VII 2805/37 —.
18. Karp, Kurt, Wittenberg, Neustr. 19, geb. in Berlin am 25. 8. 1910 — VII 2948/37 —.
19. Kleber, Josef, Lehrte, Köthenwaldstr. 44 a, geb. in Lauterbach am 26. 7. 1885 — VII 4258/36 —.
20. Koberstein, Oskar, Berlin N 54, Kastanienallee 46, geb. in Berlin am 20. 1. 1884 — VII 1461/37 —.
21. Königsberger, Josef, Wien 13, St. Veitgasse 65 I, geb. in Krakau am 24. 1. 1879 — M 272/37 —.
22. Meichsner, Kurt, Reinsdorf-Wilhelmshöhe, Vielauer Str. 11, geb. in Neuwiese b. Stollberg/Erzgebirge am 30. 7. 1906 — VII 1453/37 —.
23. Mengkowski, Eduard, Marienburg, Goldener Ring 62, geb. in Marienburg am 13. 3. 1895 — VII 2713/37 —.
24. Meyers, Gerhard, Cleve, Meroninger Str. 118, geb. in Bochum am 9. 2. 1896 — VII 2552/36 —.
25. Mungenast, Adolf, Saarburg, Cunohof Nr. 9, geb. in Saarburg am 15. 6. 1912 — VII M 427 667/38 —.
26. Mungenast, Franz, Saarburg, Cunohof Nr. 9, geb. in Saarburg am 14. 2. 1908 — VII M 427 668/38 —.
27. Mungenast, Hermann, Saarburg, Cunohof Nr. 9, geb. in Saarburg am 9. 9. 1919 — VII M 427 666/38 —.
28. Odemann, Robert, Berlin-Wilmersdorf, Rüdesheimer Str. 13, geb. in Hamburg am 30. 11. 1904 — VII M 125 884/38 —.
29. Panthen, Hermann, Schwedt a. O., Prenzlauer Straße 1, geb. in Bad Schönfließ am 22. 1. 1910 — VII 1466/37 —.
30. Perthel, Walter, Weimar, Harthstr. 19, geb. in Pohlitz bei Greiz am 23. 3. 1905 — VII 2786/37 —.
31. Pfeiffer, Gottfried, Mannheim R. 7. 14, geb. in Fürth i. B. am 2. 3. 1903 — VII 1112/37 —.
32. Salter, Julius, früher wohnhaft: Wien 4, Taubstummengasse 12, geb. in Lemberg am 14. 1. 1896 — M 4805/38 —.
33. Schlichting, Max, Berlin N 58, Wörther Str. 1, geb. in Berlin am 19. 8. 1900 — VII 5036/36 —.
34. Schulz, Georg, Augsburg, Weißenburger Str. 25 II, geb. in Giesling/Aichach am 15. 4. 1906 — VII 1229/37 —.
35. Sickfeld, Kurt, Berlin-Adlershof, Arrasstr. 4, geb. in Rixdorf am 16. 6. 1905 — M 2415/37 —.
36. Siegel, Alexander, Dresden-N., Friedensstr. 19, geb. in Dresden am 2. 3. 1897 — VII 2382/37 —.
37. Silving-Silbiger, Bertold, Wien 2, Negerlegasse 8, geb. in Wien am 10. 12. 1887 — M 223 169 —.
38. Smok, Paul, Zwickau, Wettiner Str. 4 III, geb. in Zaborze am 15. 1. 1888 — VII 417/37 —.
39. Stolarczyk, Alois, Marienburg, Langgasse 5, geb. in Birkenheim Kreis Beuthen am 8. 4. 1883 — VII 2697/37 —.

Die Ausgeschlossenen haben das Recht zur weiteren Betätigung auf jedem zur Zuständigkeit der Reichsmusikkammer gehörenden Gebiet verloren.

Eine Tätigkeit in Orchestern oder Kapellen, die ausschließlich oder überwiegend aus weiblichen Mitgliedern zusammengesetzt sind, wurde verboten:

Meinecke, Johannes, Hamburg 39, Armgartstr. 22, geb. in Hamburg am 24. 8. 1893 — VII 2357/38 —.

Als Musikerzieher, Chorleiter und Leiter eines Volksmusikvereins ist ausgeschlossen worden:

Graeße, Georg, Koblenz-Pfaffendorf, Wilhelmstraße 9, geb. in Lindenau am 16. 2. 1883 — VII 1115/37 —.

Als Musikerzieherin wurde ausgeschlossen:

Schwarzensteiner, Marianne, München, Wörthstr. 11, geb. in Dachau am 16. 2. 1914 — VII 2601/37 —.

Die Unterrichtserteilung an Personen unter 21 Jahren ist verboten worden:

Woywod, Kurt, Frankfurt/Oder, Bergstr. 183, geb. in Berlin am 30. 3. 1899 — VII 200 533/38 —.

Die Befugnis zur Leitung einer Lehrlingskapelle in fachlicher oder organisatorischer Hinsicht wurde aberkannt:

Hiege, Wilhelm, Bad Wildungen, Schloßbergstr. 8, geb. in Gudensberg b. Kassel am 4. 12. 1869 — VII M 218 832/38 —.

Berlin, den 26. Oktober 1938

Der Präsident der Reichsmusikkammer
Dr. Peter Raabe

Berufsverbote wegen »Unzuverlässigkeit«: Amtliche Mitteilungen der Reichsmusikkammer 1938

Foto: Frank Wolffram

mer« – Erstmals abgebildet war dieses Schild auf den Covers einer Schallplattenserie mit Wiederveröffentlichungen alter Tanzmusik-Aufnahmen. Seit den siebziger Jahren, als die Platten erschienen, sorgt dieses Schild nun für Verwirrung: Es wirkt so verblüffend echt, daß man glauben kann, es habe ein Verbot in dieser Form tatsächlich gegeben. In Wirklichkeit aber handelt es sich um die Schöpfung einer Schallplattenfirma. Bob Hertwig, damals Mitherausgeber dieser Plattenserie, teilt dazu mit:

»Tatsächlich ist das Emailleschild *nicht* authentisch. Wir brauchten damals für das Doppelalbum ›Swing Tanzen Verboten‹ (...) eine plakative Front. Unser damaliger Chef, Kurt Richter, erinnerte sich an solche Verbotsschilder und gab unserem Taschensachbearbeiter entsprechende Hinweise. Der setzte sich dann mit dem Grafiker Joop Schöningh zusammen (...) Schöningh entwickelte das Schild mit echter Emaille, es sah wirklich toll aus – jeder wollte es haben!«[9]

Eine zündende Idee für ein Plattencover! Damit war – freilich ohne daß bei den Urhebern eine Absicht vorlag – eine Legende geboren; der Plattentext macht deutlich, worum es dabei geht:

»Mitte der dreißiger Jahre, parallel zu den Olympischen Spielen in Berlin, kam der Swing aus New York über London nach Berlin. Verstörte Kulturwächter mit Lackkoppel und Parteihut holten spontan zum Konterschlag aus: ›Swingtanzen verboten!‹ lautete der Befehl auf ihren Emailleschildern. Zwei Türen weiter wurde dennoch Swing getanzt und ›swing‹ empfunden. – Fast so eine Art von Widerstand war das damals: Swing-Fanatismus im Zeitalter völkischen Zickendrahts.«[10]

Swingmusik, Swingtanzen als Widerstand – darum also geht es. So als sei in der Zeit des Nationalsozialismus die von offizieller Seite erwünschte Musik, wenn es so etwas überhaupt gab, auch die tatsächlich gespielte und gehörte Musik gewesen. So als hätten damals 90 Prozent »völkischem Zickendraht« gelauscht, und nur einige wenige – waren das dann Widerstandskämpfer? – hätten Swing gespielt bzw. gehört und danach getanzt.

Eine solche Vorstellung geht von dem Bild einer nahezu vollkommen gleichgeschalteten Gesellschaft ohne irgendwelche »Nischen« aus, dem »Stereotyp eines durchorganisierten und perfekt arbeitenden Herrschaftssystems« (Schäfer). Doch auch der nationalsozialistische Staat mußte seinen Bürgern ein gewisses Maß an Narrenfreiheit zugestehen, mußte bestimmte musikalische Vorlieben dulden, schon weil es sich bei der Vorliebe für Swingmusik um ein ausgesprochenes Massenphänomen handelte:

»Die Nazis hatten Bücher verbrannt und Gemälde verwüstet. Sie konnten dabei auf Vorurteile und stilles Einvernehmen weiter Volkskreise setzen. Bei der Tanzmusik lag die Sache anders. Der Swing war leichte Kost, auf ihn sprang das Tanzvolk an (...)«[11]

So war für den nationalsozialistischen Staat durchaus charakteristisch, was Hans Dieter Schäfer als »gespaltenes Bewußtsein« diagnostiziert: »Das Dritte Reich ist von einem tiefen Gegensatz zwischen nationalsozialistischer Ideologie und Praxis gekennzeichnet.«[12]

Swingende Tanzmusik war alles andere als erwünscht. Man warf ihr vor, sie sei »artfremd« und »dekadent«, eine »Kulturpest«, die es wie eine Krankheit zu bekämpfen galt.[13] Aber es gibt keinerlei Hinweise für ein generelles Verbot dieser Musik zu irgendeinem Zeitpunkt. Im Gegenteil: Gerade die Tatsache, daß es regional vereinzelt Swing-Verbote gegeben hat, spricht eindeutig dafür, daß ein allgemeines Verbot eben nicht bestanden hat. In seinem Buch »Jazz in Deutschland von 1933–1945« zitiert Christian Kellersmann dazu aus einem zeitgenössischen Werk die Zusammenfassung einiger derartiger Maßnahmen.[14] Daraus ergibt sich: Solche Verbote waren sowohl zeitlich als auch örtlich begrenzt, und sie wurden von unterschiedlichen Institutionen verhängt: von der NSDAP bzw. ihren örtlichen Gliederungen, von der Polizei, von der »Landesverwaltung« in Sachsen sowie vom »Vergnügungsgewerbe« bzw. einzelnen Gastwirten. Danach sind Verbote dieser Art wohl eher als die Ausnahme anzusehen, als Maßnahmen besonders sittenstrenger örtlicher NS-Größen oder gar einzelner Gastwirte, die um den (guten) Ruf ihrer Etablissements besorgt waren. Und wahrscheinlich ging es dabei nicht einmal so sehr um die Musik, sondern vielmehr um einige ihrer Begleiterscheinungen. Swingende Tanzmusik war natürlich Anziehungspunkt für ein jugendliches Publikum. Darunter fielen besonders die »Swing-Heinis« durch ihre Kleidung, ihr Benehmen und vor allem ihre Art zu tanzen mitunter unangenehm auf, selbst bei ausgesprochenen Swingfreunden! So sind in Horst H. Langes Standardwerk »Jazz in Deutschland« folgende ungnädige Bemerkungen zu lesen:

»Die ›Swing‹-Tänzer waren keine Jazz- und Swingfreunde im eigentlichen Sinne, sondern nur tanzwütige junge Leute, die in der Swingmusik etwa das sahen, was ihre Eltern im ›Charleston‹ gesehen haben mochten: einen wilden Tanz zum Austoben, wobei es Ehrensache war, besonders aufzufallen und verrückt zu tanzen. Sie waren in gewisser Hinsicht die Vorläufer der ›Buggi Wuggi‹ (Boogie Woogie), Twist- und ›Rock'n Roll‹-Halbstarken unserer Tage ...«[15]

Mancher Gastwirt, der allzu stürmisches Tanzgebaren der jugendlichen »Swing-Heinis« oder gar Auseinandersetzungen fürchtete, hat dann vielleicht in vorbeugender Absicht ein derartiges Schild in seinem Lokal aufgehängt. Mit NS-Ideologie im engeren Sinne aber hatte das wohl wenig zu tun. Und zugleich sei hier daran erinnert, daß auch in den sechziger Jahren, den Jahren der Beat-Musik, so mancher Gastwirt oder Leiter eines Jugendclubs das »Auseinandertanzen« untersagte. Nicht nur in der DDR, woran Biermann in seiner »Ballade von dem Drainage-Leger Fredi Rohsmeisl aus Buckow« erinnert, galt so etwas als anstößig!

Swing – und darin lag das dem Staat eigentlich Suspekte – war eben mehr als die Bezeichnung einer musikalischen Stilrichtung oder eines Tanzes; »Swing« war ja zugleich Ausdrucksform eines bestimmten Lebensgefühls, einer – im eigentlichen Sinne zumeist unpolitischen – Protesthaltung. In seinem autobiographischen Buch »Swingtime« beschreibt Heinrich Kupffer dies so:

»Swing hieß für uns: auf der Höhe der Zeit sein, den Anschluß halten an das westliche Ausland; abschätzige Distanz beziehen zur volkstümlich-kleinbürgerlichen deutschen Schlager- und Kaffeehausmusik. Swing lebte als Chiffre für einen durch andere Medien nicht ausdrückbaren Lebensstil, für ein Gefühl der Zugehörigkeit zu einer einstweilen zwar versperrten, aber im fernen Westen auch auf uns wartenden Welt.«[16]

Besonders unter Jugendlichen war diese Haltung durchaus verbreitet. Diese Szene, für die bald Ausdrücke wie »Swing-Jugend« oder »Swing-Heinis« geprägt waren, grenzte sich demonstrativ auch in ihrem Äußeren – man trug halblange Haare, außerdem »lange, häufig karierte englische Sakkos, Schuhe mit dicken, hellen Kreppsohlen, auffallende Shawls, auf dem Kopf einen Unger-Diplomaten-Hut, über dem Arm bei jedem Wetter einen Regenschirm und als Abzeichen im Knopfloch einen Frackhemdknopf mit farbigem Stein«[17] – und ihrem betont lässigen Verhalten ab: »Nur nicht so aussehen wie treudeutsche Jünglinge und zackige Hinterwäldler«, hieß die Devise.[18]

Mit ihrer Haltung aus »Nonkonformismus, Verweigerung und Protest« (Peukert) paßte diese Szene natürlich überhaupt nicht in das offizielle Bild einer gleichgeschalteten Gesellschaft. Dabei scheint das Ausmaß dessen, was der

Staat zu tolerieren bereit war, durchaus nicht einheitlich gewesen zu sein: »Die Grenzen zwischen gerade noch erlaubter, alltäglicher Unbotmäßigkeit und verbotener Auflehnung waren fließend.«[19] Entsprechend unterschiedlich waren die Reaktionen staatlicher Stellen: Während etwa in Hamburg auf Aktivitäten der dortigen Swing-Jugend mit geradezu drakonischen Maßnahmen geantwortet wurde, scheint es in Berlin, von wenigen Ausnahmen abgesehen, vergleichsweise harmlos abgegangen zu sein.

Maßnahmen, welcher Art auch immer, hatten also nur mittelbar etwas mit Swing zu tun. Sie richteten sich gegen Mitglieder der Swing-Jugend, einer zahlenmäßig relativ kleinen Gruppe, deren Treiben jedoch argwöhnisch registriert und häufig auch mehr oder weniger brutal sanktioniert wurde. Geradezu absurd wäre es aber, daraus den Schluß zu ziehen, solche Strafmaßnahmen hätten sich gegen die Swingmusik als solche gerichtet oder seien gar als Beweis für ein staatliches Swingverbot zu sehen.

Strandbad Wannsee, C-Deck: Treffpunkt der Berliner Swingszene. Auf dem Foto von links nach rechts: Coco Schumann, Rudi Ernst und Ilja Glusgal mit unbekannter Begleiterin, um 1940

12. Swingende Tanzmusik im totalen Krieg: Berliner Szenelokale

Wenn es in Berlin auch vergleichsweise wenig Reibereien zwischen Swing-Anhängern und staatlichen Stellen gab: Auch die »Reichshauptstadt« hatte natürlich ihre Szene. Noch im Jahre 1941, acht Jahre nach der Machtübernahme durch die Nazis und im zweiten Jahr des Krieges, bot die Stadt, wie sich Heinrich Kupffer in seinem Buch »Swingtime« erinnert, »durchaus kein einheitliches Bild. Sie wirkte keineswegs als graue, gleichgeschaltete Metropole, sondern bildete den Rahmen für eine Vielfalt an Subkulturen.«[1]

Die Szene derer, die sich für Swingmusik begeisterten und darin mehr als einfach nur eine Musikrichtung sahen, verfügte über eine Fülle von allgemein bekannten Treffpunkten; oft waren das Tanzlokale. Das Geschehen dort spielte sich in aller Öffentlichkeit ab. Es gab keine geheimen Klopfzeichen, niemand brauchte durch die Hintertür zu kommen. Polizeirazzien, die es in solchen Szenelokalen mitunter gab, blieben in den meisten Fällen folgenlos, selbst dann, wenn Verstöße gegen Jugendschutz-Bestimmungen vorlagen.[2] Härter durchgegriffen wurde allerdings, wenn es, wie etwa im Falle des »Clubs der Unheimlichen« (»CDU«, 1943) oder der »Clique Knietief« (1944), zu

In der *Rosita-Bar,* um 1942. Foto: Josef Donderer

Schlägereien mit anderen Jugendbanden oder gar mit der HJ gekommen war.[3]

Im Berlin der späten dreißiger und frühen vierziger Jahre gab es eine ganze Reihe von meist kleineren Lokalen, in denen diejenigen, die sich dieser Jugendkultur zugehörig fühlten, zusammenkamen. Solche Lokale lagen zumeist etwas am Rande der Berliner Vergnügungsviertel, also etwa, wie die *Orangerie*, in Schöneberg, das *Café Trix* am Kaiserdamm, das *Café Dorett* in der Kantstraße und der Moabiter Turmstraße, wie *Arnds Bier-Bar* am Olivaer Platz oder der *Groschenkeller* in der Kantstraße. Daneben mischte man sich aber durchaus auch unter das »normale«, also das bürgerliche bzw. kleinbürgerliche Publikum der großen und bekannten Tanzlokale, zumeist dann, wenn sich dort musikalisch Besonderes tat. Gerade aus diesem Grunde war natürlich vor allem das *Delphi*, wo ja eine namhafte Swingband die andere ablöste, eines der Zentren der Swingjugend. Selbst exklusive Nachtbars mit ihrem eleganten Publikum und entsprechenden Preisen waren keineswegs tabu, wenn dort, wie etwa in der *Patria-* oder in der *Rosita-Bar*, beide nicht weit voneinander im vornehmen Bayerischen Viertel gelegen, so außergewöhnliche Bands wie die der Italiener Tullio Mobiglia und Alfio Grasso spielten.

Seit ihrem ersten Berliner Engagement im April 1941 in der *Patria-Bar* hatte die Barkapelle von Tullio Mobiglia für Aufsehen gesorgt, wenn sie internationale Titel swingend darbot. Besonders bewundert wurde der Gitarrist der Band, Alfio Grasso, der damals in Berlin als einer der ersten im Stile Django Reinhardts spielte und später, als Tullio in die *Rosita-Bar* umgezogen war, mit seiner eigenen Band die Gäste der *Patria-Bar* unterhielt.

Eines der interessantesten Lokale, wenngleich kein Tanzlokal im eigentlichen Sinne – dazu hätte schon der Platz gar nicht gereicht –, war zweifellos der *Groschenkeller* in der Kantstraße, Ende der zwanziger Jahre von dem Schriftstel-

Tullio Mobiglia in Berlin, um 1941

„Groschenkeller“
Kantstrasse 126 :: Steinpl. 9234

Klubräume des Vereins Künstlerkeller e. V.
Treffpunkt der Prominenten • Stimmung • Billige Preise

ler Franz Jung[4] gegründet. Ursprünglich unter dem Namen *Dreigroschenkeller* – Brechts *Dreigroschenoper* war 1928 in Berlin uraufgeführt worden –, entsprach er eigentlich mehr dem Typus des Künstlerlokals, mit einer – zumindest in der Anfangszeit – offenbar ausgesprochen bunten Publikumsmischung:
»Dieser Keller ist eine Zeitlang große Mode gewesen in Berlin. Es gehörte zum guten Ton, nach dem Theater mit einer Gesellschaft im *Dreigroschen-Keller* zu landen, nicht nur die Theaterleute, die in den ersten Wochen das Lokal allein frequentiert haben, bald auch die Gesellschafts-Snobs – wer immer sich zur Kultur rechnete, die Diplomaten und die Ganoven vom Typ der starken Männer und Zuhälter, Journalisten und Polizeispitzel. Der Keller wurde eine Zeitlang ein großer finanzieller Erfolg.«[5]
Das später nur noch unter dem Namen *Groschenkeller* bekannte Lokal entwickelte sich zu Beginn des Krieges zu einem ausgesprochenen Szenetreffpunkt Swingbegeisterter: »Wer Jazz suchte«, erinnert sich Heinrich Kupffer, »wurde leicht fündig. Von Insidern bevorzugt wurde der *Groschenkeller* in der Kantstraße, ein enges, urgemütliches Kellerlokal, wo sich das jüngere Publikum um einen Pianisten sammelte, der den ganzen Abend spielte.«[6]
Zu denen, die damals, zu Beginn des Krieges, dort jazzten, gehörte, bevor er als Jude Anfang 1943 in ein Konzentrationslager deportiert wurde, der junge Gitarrist Coco Schumann: »Offiziell durften wir ja keine amerikanische Musik bringen. Aber wenn wir im *Groschenkeller* spielten, da sangen wir englisch, bzw. der Pianist sang, den nannten wir nur Cab: Hi-de-hi-de-ho, und dann sang der ganze Laden

Im *Groschenkeller*, um 1940: Coco Schumann (Gitarre) und Rudi Ernst (Klarinette)

mit, die ganzen Cab-Calloway-Nummern wie ›Minnie The Moocher‹ und so etwas . . .«[7]
Außer Coco Schumann und besagtem »Cab« spielten damals dort im *Groschenkeller* noch als Pianisten Bobby Schmidt, nach dem Kriege Schlagzeuger im Orchester von Kurt Edelhagen, und Bully Buhlan, der damals noch nicht sang, sondern, wie sich Coco Schumann erinnert, »ein sehr swingendes Count-Basie-Klavier« spielte.[8] Als Schlagzeuger war häufig Ilja Glusgal dabei und ein weiterer junger Mann, an den sich noch einmal Coco Schumann erinnert: »Im *Groschenkeller* war es dann, glaube ich, im Jahr 1941, daß einer mit Geigenkasten reinkam und trug 'ne Pepitahose – wir sagten immer ›Bäckerhose‹ –, das war sein Markenzeichen, und packte die Geige aus und spielte mit, und es war Helmuth Zacharias.«[9]
Szene-Treffpunkte, ebenso wie der Groschenkeller, waren *Arnds Bier-Bar* am Olivaer Platz und die *Orangerie* in Schöneberg, wo Coco Schumann mit Fritz Ringeisen und Rudolf Stiebrs spielte. »Eine Riesenshow haben wir da gemacht, da haben die Leute schon drauf gewartet. Da spielten wir den *Tiger-Rag,* der Stiebrs spielte da sein Trommelsolo, und die große Bühnenshow war, daß wir dem Drummer zum Schluß – der hörte nicht mehr auf – eine Decke überwarfen: ein Riesengejohle!«[10]
In diesen Lokalen blieb die Szene weitgehend unter sich. Andere wurden – zumindest in den Anfangsjahren des Krieges – auch von bürgerlichem bzw. kleinbürgerlichem Publikum besucht; hier mischte sich also »normales« Publikum und »Szene«. Während sich jedoch im Berliner Westen die Tanzlokale konzentrierten, in denen swin-

Die *Orangerie* in der Schöneberger Hauptstraße

gende Tanzmusik mit bekannten Kapellen geboten wurde, war der Osten in dieser Hinsicht eindeutig unterversorgt. Eine der wenigen Ausnahmen war das *Café Berolina* am Alexanderplatz.

Dort, am Ausgang des Alexanderplatzes zur Königstraße[11], waren in den Jahren 1930–32 nach Entwürfen von Peter Behrens das *Alexander-* und das *Berolina-Haus* entstanden. Die beiden Gebäude waren die einzigen, die nach einem groß angelegten Bauwettbewerb für die Neugestaltung des Alexanderplatzes tatsächlich ausgeführt worden waren. Mit ihren acht Stockwerken galten sie damals bereits als Hochhäuser. Das 1. Obergeschoß war bei beiden Häusern etwas vorgezogen und durchgehend verglast. Im *Berolina-Haus* befand sich an dieser Stelle ein Café, das zunächst als *Café Braun*, später als *Café Berolina* bekannt war. Wahlweise per Rolltreppe, mit dem Fahrstuhl, einem der vier Paternoster oder einfach per pedes über die Treppe konnte man in den ersten Stock gelangen, wo das eigentliche Café lag. Im Parterre gab es anfangs noch eine »Bier- und Kaffeeschwemme«, den späteren »Passage-Imbiß«; im obersten Geschoß kamen dann noch die Tanzbar *Kajüte* mit Hafenbar-Atmosphäre und »intimem Nachtleben« sowie ein Dachgarten mit Liegewiese und Tanz hinzu.

Eröffnet wurde das *Café Braun* am 21.10.1931 von Heinrich Braun, einem erfahrenen Cafétier, der u. a. schon das alte *Kaffeehaus Piccadilly* am Potsdamer Platz, den Vorgänger des späteren *Hauses Vaterland*, geleitet hatte und zuletzt – gemeinsam mit George Ansbach – das *Café Europa* am Anhalter Bahnhof.

Nach 1933 wurde das *Café Braun* »arisiert« und unter dem neuen Namen *Café Berolina* von den Erich-Krumm-Betrie-

ben übernommen, zu denen auch die Tanzbar *Bobby* am Kurfürstendamm gehörte. In dieser Zeit galt das *Café Berolina* unter Eingeweihten als Ort, wo oft gute Swingbands zu hören waren, wenngleich es sich dabei um Gruppen von durchaus unterschiedlichem Rang handelte, wie sich Zeitzeuge Franz Heinrich erinnert:

»Ehrgeiz der Erich-Krumm-Betriebe war es zweifellos, periodisch neue Tanz- und Swing-Orchester vorzustellen. Die Qualität derselben war recht unterschiedlich; die meisten Namen hatte ich vorher noch nie gehört ... und hörte sie auch später nie wieder.«[12]

In der Tat: Neben wirklichen Spitzenorchestern wie den von Bernhard Etté, Juan Llossas und Max Rumpf traten im *Berolina* am Alexanderplatz häufig Kapellen auf, deren Namen heute nur noch Eingeweihten bekannt sind, wie die von Willy Hösch aus Kiel (Anfang 1938), von Bert Schröder, dem »Meister des Rhythmus« mit seinen 11 Solisten (1938), oder wie die Orchester Pat Bonen mit der Sängerin Geraldine Sylva (Jahreswende 1939/40) und Peter Rose-Petösy (Frühjahr 1939).

Dennoch boten gerade diese nicht so bekannten Kapellen oft Überraschendes, und Franz Heinrich erinnert sich beispielsweise an ein für ihn denkwürdiges Erlebnis in der *Kajüte*, der im obersten Stockwerk des Hauses gelegenen Bar des *Cafés Berolina*:

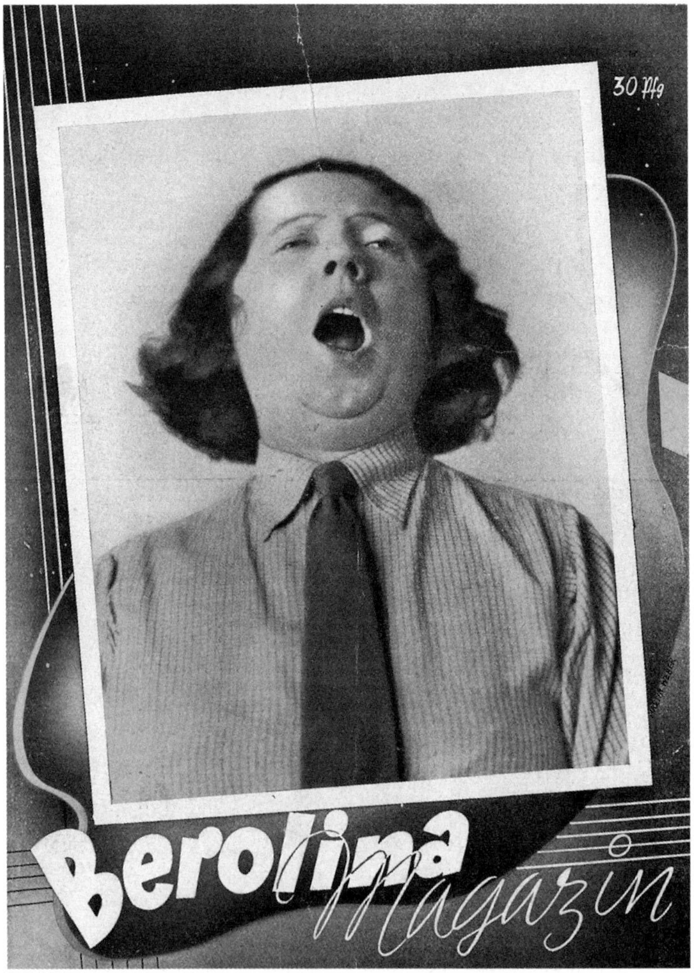

Café Berolina. Programmheft, September 1940 (oben). – Unten: Ufa-Filmtheater und Café Turmstraße (später: *Dorett*)

»1939 lockte mich ein Plakat dorthinein, das verkündete: ›In der *Kajüte*: Jimmy, der bekannte Negerschlagzeuger aus Deutsch-Südwest-Afrika!‹ Ich war gespannt. Jimmy (– er kann auch Johnny oder anders geheißen haben, jedenfalls trug er auf dem Plakat nur einen Vor-, aber keinen Zunamen –) thronte mit seinem Schlagzeug auf dem geschlossenen Konzertflügel; seine Musiker, der Pianist, ein Saxophonist und ein Bassist, waren von weißer Hautfarbe. Es war eine für das damalige Deutschland geradezu groteske Situation: ein Neger als Leiter einer weißen Musikgruppe in einem deutschen Lokal! Das Repertoire bestand ausschließlich aus amerikanischen Nummern, deren Refrain vom Leiter der Combo gelegentlich guttural gesungen wurde.«[13]

Während des Krieges verlegte sich die Leitung des *Cafés Berolina* – wegen des verhängten Tanzverbots – weitgehend auf Varietéprogramme. Angebot zu den täglich stattfindenden Hausfrauen-Nachmittagen: »Zehn Weltstadt-Attraktionen«, dazu die Tasse Kaffee zu 40 Pfennig.

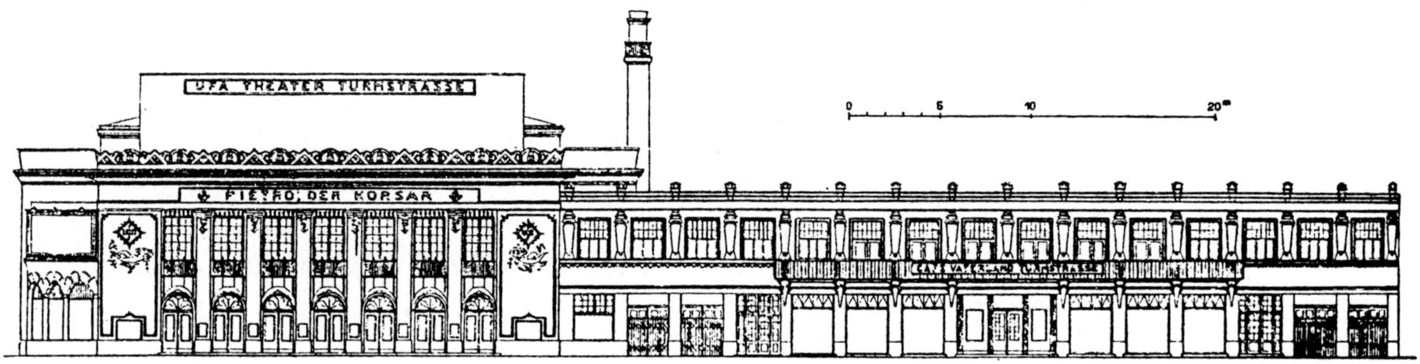

KAFFEE UFA

(früher Kaffee Vaterland)
Moabit, Turmstr. Ecke Stromstr.

Parterre:

KONZERT-KAFFEE
UND KONDITOREI

Kapelle Krauss mit neuer Besetzung

I. Etage:

TANZ-DIELE

Täglich 5–7 Uhr (außer Sonntags)

während des NACHMITTAGS-TEES
zwanglosser, unentgeltlicher

TANZ-UNTERRICHT

in allen modernen Tänzen:
Black Bottom / Tango / Slow-Fox / Blues / English Waltz

nachmittags und abends

GESELLSCHAFTS-TANZ

Neue fabelhafte Kapelle.

Café Dorett in der Turmstraße

Nach den Kriegszerstörungen wurden Berolina- und Alexander-Haus bald wieder instand gesetzt. Im *Berolina-Haus* ist heute das Bezirksamt Berlin-Mitte untergebracht.
Ein Treffpunkt der jugendlichen Szene war auch das *Dorett* in der Turmstraße, das zuvor erst *Café Vaterland*, dann, nach dem benachbarten Kino, *Kaffee Ufa* hieß. Im Zusammenhang mit dem Bau des *Ufa-Filmtheaters* an der Turm- Ecke Stromstraße, wo sich schon vor dem Ersten Weltkrieg ein Bier- und Konzertgarten der Schultheiss-Patzenhofer-Brauerei befunden hatte, entstand in den Jahren 1924/25 nach Entwürfen der Architekten Max Bischoff und Fritz Wilms auch ein Café. Als *Café Vaterland* wurde es im Februar 1925 unter der Leitung von George Ansbach eröffnet und später, wahrscheinlich in den dreißiger Jahren, in *Café Dorett* umbenannt. Unter diesem Namen wurde das Lokal, trotz seiner etwas abseitigen Lage, ein Treffpunkt jugendlicher Swingfreunde, vor allem, seit Ende 1938 der Trompeter Günter Herzog mit seiner Band dort sein Stammquartier bezogen hatte. »Nicht umsonst«, erinnert sich Horst H. Lange, »pilgerten etliche Berliner Hotfans Abend für Abend nach Moabit«:
»In vorgerückter Stunde und Stimmung sprang Günter Herzog auf den Flügel, zog sein Jackett über die Ohren und intonierte den *Tiger Rag*, daß ›die Wände wackelten‹, und bald war die schönste Swingsession im Gange, die Band war in Fahrt. Heiße Musik im Jahre 1939, das war ein Erlebnis für alle, die dabei waren.«[14]
Beliebter Szene-Treffpunkt am Kurfürstendamm war das

Café Uhlandeck, das am 1. August 1929 eröffnet worden war. »Der Kurfürstendamm hat«, so war damals im *Berliner Herold* zu lesen, »eine leuchtende Ecke mehr bekommen. Am zentralen Eck der Uhlandstraße ist ein neues weltstädtisches Café, verbunden mit Konditorei und Restaurant, entstanden. Die Eigenart dieser absolut typischen Großstadtschöpfung wird dies neue Café bald zu einem Lieblingsplatz des Berliner Publikums machen.«[15] Daß es sich bei dem Gebäude ursprünglich um einen typischen Gründerzeit-Bau von 1891/92 handelt, sieht man ihm im Jahre 1929 nicht mehr an. Das Haus wurde 1928/29 von den Architekten Kaufmann und Wolffenstein und unter der künstlerischen Leitung von Max Ackermann modernisiert und dabei vor allem die Fassade sehr stark vereinfacht. Dachtürmchen und Giebelaufbauten wurden entfernt, ebenso Stuckteile an der Fassade, um so glatte Putzflächen zur Anbringung von Leuchtreklame zu erhalten. Neben der Beseitigung aller »überflüssigen« Fassadenteile hatte man auch die Ecken abgerundet sowie die Pfeiler und Wandflächen zwischen den Fenstern in Goldkera-

mik verblendet, wodurch eine »typische Fassade der Neuen Sachlichkeit« entstand.[16] Hinzu kamen die großen Fensterflächen in den beiden unteren Geschossen, in denen das Lokal untergebracht war. Der *Berliner Herold* erblickte in dem Ergebnis des Umbaus nicht nur einen ästhetischen Gewinn, sondern gleichzeitig ein Symbol der Modernität: »Die Balkons und Balkönchen der antiquierten Straßenfront sind verschwunden – Lichtreklamen betonen den modernen Charakter des völlig neu wirkenden Hauses. (...) Schon die äußere Front dieses Cafés ist ein Ausdruck unseres heutigen Geschmacks.«[17]
Auf die Aufmerksamkeit der Ku'damm-Passanten zielte besonders die im Erdgeschoß gelegene Konditorei mit ihrer schirmförmig in den Deckenbereichen übergehenden Wandverkleidung. Deren Rippen waren mit Lichtbändern versehen und so bei Dunkelheit weithin sichtbar. Von der Gestaltung der Innenräume fühlt sich Moreck erinnert an die »feierliche Goldkulisse eines zwischen Boudoir und Kapelle gehaltenen Raumes«.[18]

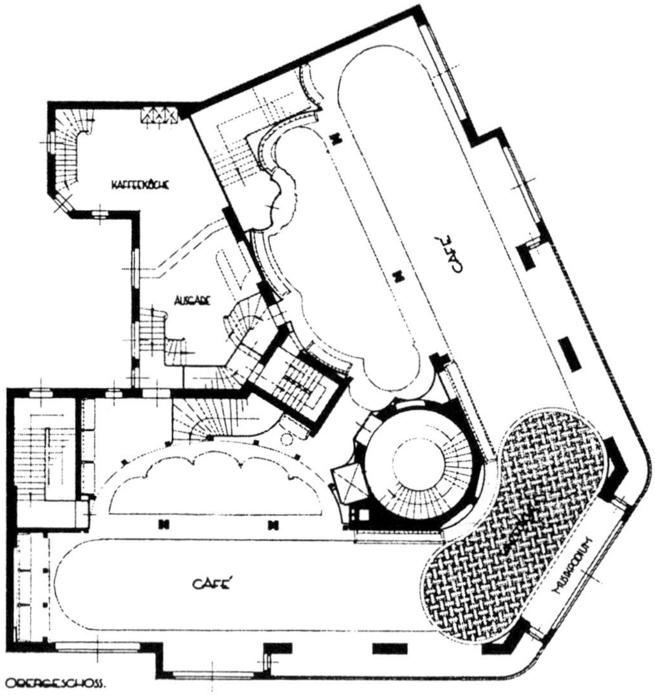

Obergeschoß des *Café Uhlandeck*, Grundriß (oben)

Lassen wir uns von dem Berichterstatter des *Berliner Herolds* die Räume des *Cafés Uhlandeck* beschreiben:
»An der Ecke der Uhlandstraße, dem Mittelpunkt des ganzen Hauses, ist eine Konditorei untergebracht – für Nichtraucher bestimmt und zugleich als Verkaufsraum dienend – der Raum ist ein Traum in Gold, unterbrochen von kleinen Nischen, die mit entzückenden figürlichen Keramiken geschmückt sind.
Und dann schreitet man durch einen eleganten Vorraum weiter durch Räume in Orange und Gold, mit Seidenvelourstoffen gespannt. Räume, die weit wirken und doch intime Plauderecken haben – die Musik tönt aus der Ferne des ersten Stockes ganz diskret und abgedämpft. Zwei bequeme Treppen führen vom Erdgeschoß in die erste Etage, die wesentlich breiter wirkt als die Parterreräume. Zwei Kapellen spielen hier auf – hier wird der tanzende Kurfürstendamm sich Rendezvous geben.«[19]
Die Einrichtung der im ersten Stock gelegenen Tanzdiele war – wie für das Café insgesamt – in »maßvollem Expressionismus« gehalten.[20] Dieser Eindruck war im wesentlichen bestimmt durch die auffällige Wandverkleidung, für die man eine farbige Stoffbespannung in lebhafter Musterung gewählt hatte.
Nach einem Besitzerwechsel im Jahre 1933 – Josef Buller übernimmt das *Uhlandeck* von seinem Vorgänger Heinrich Goldstaub – etabliert sich im ersten Stock des *Uhlandecks* unter der Leitung des Conférenciers Elow[21] eine Kleinkunstbühne, die *Künsterspiele Uhlandeck*. Zu diesem Schritt hatte sich der Künstler in, wie er später formulierte, »mir heute unverständlichem Optimismus«[22] entschlossen, nachdem deutlich geworden war, daß es für ihn als Juden im nationalsozialistischen Deutschland keine Engagements mehr geben würde. Unter massiver Einflußnahme von seiten des *Kampfbundes für deutsche Kultur* spielte die Kleinkunstbühne unter Elows Leitung bis September 1934, als sie von Paul Schneider-Duncker übernommen wurde. Elow emigrierte 1939 über Holland in die USA.
In der Sommerpause 1934 wurde im *Uhlandeck* umge-

Die Tanzdiele im Obergeschoß des *Café Uhlandeck*. Entwurf: Max Ackermann, um 1930

baut; im ersten Stock entstand eine Bar. Im September 1934, dem Eröffnungsmonat der neuen Bar, spielten in der ersten Etage des *Uhlandecks* zwei Kapellen: Dr. Franz von Köblös und die Weintraub Symphoniker. Ob dabei irgendein Zusammenhang zu den legendären Weintraub-Syncopators besteht, erscheint äußerst zweifelhaft. Diese Gruppe hatte sich ja 1933 während eines Gastspiels in Holland entschlossen, nicht mehr nach Deutschland zurückzukehren. Möglicherweise hatten andere Musiker den Namen für sich in Beschlag genommen, um so von der Prominenz ihrer Namenspatrone zu profitieren. Nicht ausgeschlossen ist, daß es sich dabei um die Kapelle Paul Weinappel (»Paul Weinappel und seine 5 Berliner Jazz-Symphoniker«)[23] gehandelt hat, die bereits häufiger im *Uhlandeck* gespielt hatte. Wie auch immer; von den musikalischen Leistungen dieser Gruppe zeigt sich der *Berliner Herold* durchaus angetan:

»Dort sind neuerdings oben in der Diele die tüchtigen Weintraub-Symphoniker zu finden. Fünf wackere Jungen, die ihre Sache verstehen und so flott und schneidig musizieren, daß die Tanzbeine nicht zur Ruhe kommen. Die Weintraubs schöpfen scheinbar aus endlosem Repertoire, sind von verblüffender Vielseitigkeit, meistern verschiedenartigste Instrumente und haben – was die Hauptsache ist – stets blendende Laune.«[24]

Werfen wir noch einen Blick auf das – nun »rein-arische« – Kleinkunstprogramm der *Künstlerspiele Uhlandeck* vom Januar 1935. Schon seit drei Monaten ist hier Fred Endrikat als Conférencier und Vortragskünstler verpflichtet. Außerdem gastiert dort, begleitet von Günther Neumann und Werner Oehlschläger an zwei Flügeln, Loni Heuser, von der es heißt: »Was sie bringt, hat Schneid, Temperament und Rasse. Eine fabelhafte Frau – das Publikum ist begeistert.«[25] Außerdem: Kurt Fuß (»Strahlender Humor, famoseste Laune, prägnanter Vortrag und zwei bewundernswert gelenkige Tanzbeine ...«), Irmgard Borchardt (»wackeres Brettltalent«), Gerti Pohl (»gefällt in lustigen Tänzen«).

1935 wechselt das *Café Uhlandeck* noch einmal seinen Besitzer. Hans Bohnacker, »ein aus Westfalen nach Berlin

Tanzdiele im *Uhlandeck*, um 1940

zugezogener Industrieller«, wie es im *Berliner Herold* heißt, übernimmt das Café von seinem Vorgänger Josef Buller. Bis dahin war das Café in jüdischem Besitz gewesen. Daher und vielleicht auch aufgrund seiner Vergangenheit als »jüdisches« Kleinkunsttheater erklärt sich möglicherweise, warum das *Café Uhlandeck* auch später noch, lange nach der Arisierung, als ausgesprochen »jüdisches« Lokal galt. Im Zusammenhang damit steht ein Ereignis, über das der Musiker und spätere Orchesterleiter Günter Pätzold berichtet: »1938, zum Zeitpunkt der Kristallnacht, spielte ich im *Uhlandeck*. Und da waren an diesem Abend SA-Leute, die hatten an die Fensterscheiben ›Jude‹ geschmiert. Da kam der Besitzer runter und zeigte denen sein Parteibuch – bitte, das ist kein jüdisches Lokal, ich bin Nazi!«[26]

Daß sich das *Uhlandeck* – vor allem in den Kriegsjahren – zu einem Treffpunkt der Berliner Swing-Szene entwickelte, ist wohl vor allem der Band des aus Bulgarien stammenden Lubo D'Orio zu verdanken, die hier – im Wechsel mit dem *Café Melodie* – seit 1940 regelmäßig spielte. Mit einer

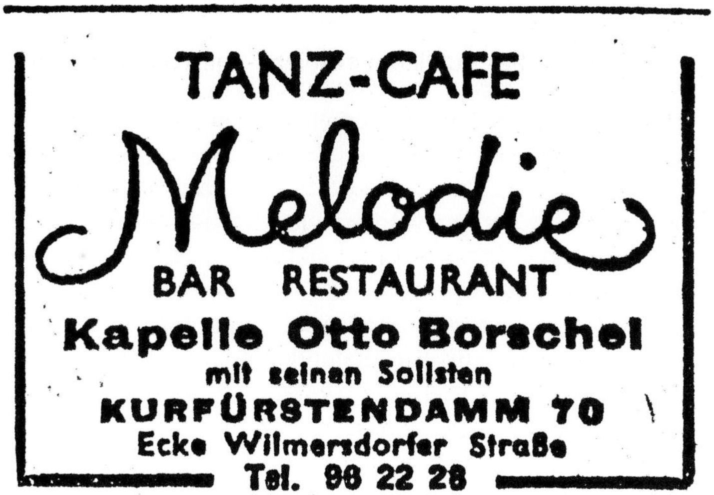

Band von sieben Mann, zu denen auch der junge Helmuth Zacharias gehörte, wurde dort ausgesprochen »hot« gespielt, was, wie sich Lubos langjähriger Pianist Fred Schröter erinnert, sogar zu einer ernsthaften Verwarnung durch die Gestapo oder eine andere NS-Dienststelle führ-

Das Haus Kurfürstendamm Nr. 70 mit dem *Café Kurfürstendamm* (später: *Melodie*), um 1911

te.[27] Trotzdem blieb das *Uhlandeck* bis zu seinem Ende ein Treffpunkt der swingbegeisterten Jugend.
Ebenso wie das *Uhlandeck* war auch das *Café Melodie* am unteren Kurfürstendamm für einige Zeit Ziel und Treffpunkt der jugendlichen Swing-Szene. Den Namen *Café Melodie* trug das Lokal seit 1939, nachdem es von Josef Stadler übernommen worden war. Vorher hatte es als *Café Kurfürstendamm* seit 1911 mehr als 25 Jahre unter der Leitung des Cafetiers Meyerhof gestanden.
Das Café erstreckte sich über zwei Etagen: Man betrat das Lokal über eine zum Kurfürstendamm hin gelegene Terrasse durch eine breite Schwingtür. Hatte man diese durchschritten, so fiel der Blick unmittelbar auf die Tanzfläche und das dahinter liegende Podium für die Musiker, beide in der Mitte des Raumes gelegen und auf drei Seiten umrahmt von Tischen und Stühlen. Im Hintergrund führten zwei Treppen in die oberen Etagen, dahinter lag das Büffet und die Küche. Über die beiden Treppen erreichte man zunächst ein Zwischengeschoß, den sogenannten »Logengang«, von dem man – wie von einem rundumlaufenden Balkon – auf das Geschehen im Erdgeschoß herabblicken konnte. Über eine weitere Treppe erreichte man schließlich das eigentliche 1. Obergeschoß, das durch einen in der Mitte des Raumes gelegenen ovalen Durchblick mit den anderen Etagen verbunden war. Dieses Stockwerk war als etwas intimere Bar eingerichtet, mit einer eigenen kleinen Tanzfläche.
Hauptsächlich durch die Band des Bulgaren Lubo D'Orio wurde das *Café Melodie* zu einem populären Treffpunkt der Jugend. Das Haus steht heute nicht mehr. Nach starken Kriegszerstörungen wurde die Ruine 1955 gesprengt.

Café Kurfürstendamm, um 1911 (unten). – Oben: Text der Postkarte: »31. 5. 42 – Mein lieber Rolf! Eigentlich wollten wir noch ins Kino gehen, haben aber keine Karten mehr bekommen. Bei kalter Ente und Lubo Dorio ist es auch ganz nett. Möchtest Du dabei sein? Herzlichst Dein Spatz.«

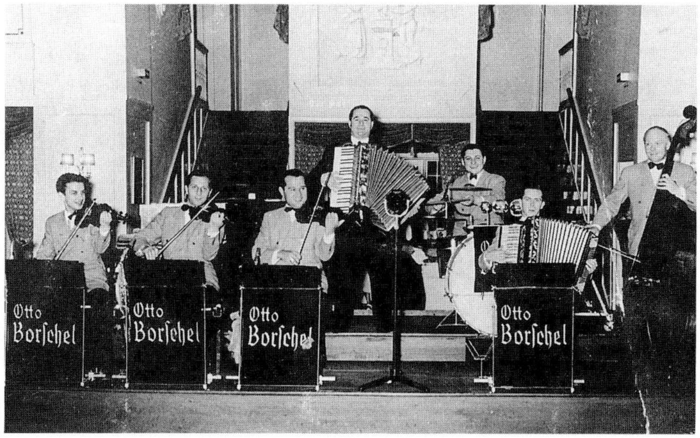

Im *Café Melodie:* die Kapellen von Lubo D'Orio (um 1942) und – in Tangobesetzung – Otto Borschel (1938)

Seit der Neugestaltung der Kreuzung Wilmersdorfer und Brandenburgische Straße befindet sich heute an der Stelle, wo früher das *Café Melodie* stand, die neu entstandene Lewishamstraße und ein Eingang zur U-Bahn-Station Adenauerplatz.
Ein weiteres Zentrum der Swingmusik und ihrer Anhänger war während des Krieges das *Café Leon* am Lehniner Platz.
In den Jahren 1927/28 war es im Zusammenhang mit dem benachbarten Komplex des *Universum-Kinos* (der heutigen *Schaubühne* am Lehniner Platz) von dem Architekten Erich Mendelsohn errichtet worden. Unmittelbar neben dem Café befand sich die Kleinkunstbühne *Kabarett der Komiker*, 1924 von Kurt Robitschek und Paul Morgan gegründet, seit 1928 in dem eigenen Haus am Lehniner Platz. Seit 1938 wurde das *Kadeko* – nach der Emigration seiner Begründer – von Willi Schaeffers geleitet und zog, nachdem es am 15. Februar 1944 ausgebombt war, in das *Café Leon.*
Das *Café Leon* hatte eine bewegte Geschichte, bevor es schließlich zum Swing-Mekka wurde. Ende der zwanziger Jahre verkehrte hier regelmäßig Erich Kästner, der nicht weit davon, im Gartenhaus Roscherstraße 16, wohnte.

Nach 1933 gehörte das *Café Leon* zu den wenigen Veranstaltungsräumen, in denen jüdische Künstler nach ihrer Verdrängung aus dem öffentlichen Kulturleben noch auftreten durften, und diente von Oktober 1935 bis 1937 dem *Jüdischen Kulturbund* als Kleinkunstbühne, deren künstlerische Leitung Max Ehrlich hatte.[28] Auch als Tanzlokal scheint das *Café Leon* in dieser Zeit ausschließlich für jüdische Besucher bestimmt gewesen zu sein. Franz Thon, nach dem Kriege Big-Band-Leader in Hamburg beim Norddeutschen Rundfunk, hat dort ungefähr im Jahre 1937 mit einer »rein arischen« kleinen Besetzung, u. a. mit

dem Sänger Peter Rebhuhn, für ein ausschließlich jüdisches Publikum gespielt – »geschlossene Vorstellung« also auch in dieser Hinsicht. Doch auch damit war es bald vorbei.
Endgültig verboten war das Tanzen seit dem Januar 1942, kurz nach dem Kriegseintritt der USA. Doch zum Anhören wurde Tanzmusik noch immer geboten, selbst im »totalen Krieg« noch, den Goebbels im Februar 1943 im Sportpalast verkündet hatte. 1944, zu einer Zeit, als die meisten Tanzlokale schon längst geschlossen waren, ging es im *Café Leon* noch hoch her. Bevor auch die letzten Lokale, ebenso wie die Theater, Kinos und Varietés, zum 1. September ihren Betrieb endgültig einstellen mußten, gab hier die Kapelle Hans Werner Kleve ihren Abschiedsabend. Von März bis August 1944 hatte das Orchester hier mit seiner Musik allabendlich ein überwiegend junges Publikum in Scharen angezogen.
Hans Werner Kleve war 1936 als junger Musiker aus Hannover nach Berlin gekommen und hatte hier in der Lichterfelder *Rosendiele*, einem schon damals unter Eingeweihten bekannten Treffpunkt Jazzbegeisterter, sein erstes Berliner Engagement bekommen. Gleichzeitig war er von dem Pianisten der kleinen 4-Mann-Band in die Geheim-

Café Leon; oben: Hans Werner Kleve mit seinem Orchester (1944)

nisse des Swing, die Kunst des Chorusspielens und Improvisierens eingewiesen worden. Überhaupt erwies sich der Pianist – sein Name war Eric Sowa – als überaus nützliches Mitglied der kleinen Formation; er hatte nämlich zuvor in den USA gearbeitet und von dort u. a. einiges an Notenmaterial mitgebracht. Ein Chorusheft aus dieser Zeit ist noch heute im Besitz von Hans Werner Kleve. Es enthält ausschließlich amerikanische Titel wie: »Oh Lady Be Good« (deutscher Titel laut Chorusbuch: »Was will denn bloß der Otto von mir«), »Lullaby In Rhythm« oder »Music Maestro Please!« So war das Quartett in der Lage, dem Tanzpublikum der *Rosendiele* die damals aktuellen Tanzschlager aus Amerika zu bieten. Aber eigentlich, sagt Hans Werner Kleve, war das nichts Besonderes: Seit 1935/36 hatten fast alle Kapellen, jedenfalls in Berlin, amerikanische Titel im Repertoire. Sie wurden vom Publikum verlangt, sie wurden gespielt, und niemand störte sich daran.

1939, bei Kriegsausbruch, war es Kleve gelungen, eine Beschäftigung in dem Terminbüro eines großen Berliner Industrieunternehmens zu finden, wo er Arbeitsabläufe zu planen und deren Einhaltung zu überprüfen hatte. Eine Zeitlang entging er so der Einberufung als Soldat. Neben dem Dienst konnte er allabendlich weiter mit seiner Kapelle zum Tanz spielen, meist in der Steglitzer *Rosendiele.* Dieses »Doppelleben« funktionierte, obwohl kräftezehrend, bis ihn eines Tages im Frühjahr 1942 doch noch die Einberufung ereilte. Doch blieb diese Zeit für Kleve nur ein Intermezzo von 11/2 Jahren; 1943 konnte er wieder in seinen alten Betrieb zurückkehren und zugleich sein altes Doppelleben fortsetzen: tagsüber im Büro, abends als Leiter seiner Tanzkapelle. In dieser Zeit, von 1943 bis 1944, gehörte Hans Werner Kleve mit seiner Kapelle zu den wenigen, die in Berlin zwar nicht zum Tanz, aber doch in Tanzlokalen spielten; und immer noch hatte man, obwohl nun längst verboten, die aktuellen Titel aus den USA im Repertoire. Aus den frühen vierziger Jahren stammt ein weiterer Satz Chorushefte aus dem Besitz von Hans Werner Kleve. Er enthält neben den gängigen Film- und Tagesschlagern deutscher Produktion wie z. B. »Haben Sie

Um 1937 im *Café Leon:* Tanzkapelle mit Franz Thon (links, mit Klarinette) und dem Sänger Peter Rebhuhn (3. von links)

Café Leon, August 1944: Bully Buhlan am Piano

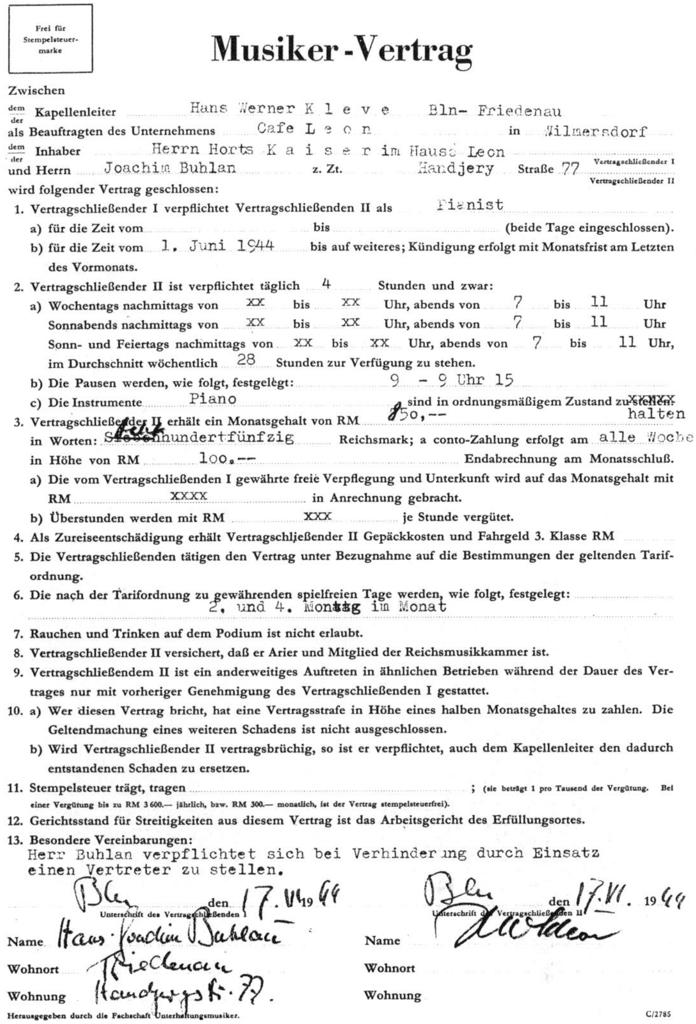

Frei für Stempelsteuer-marke

Musiker-Vertrag

Zwischen
dem/der Kapellenleiter Hans Werner K l e v e Bln- Friedenau
als Beauftragten des Unternehmens Cafe L e o n in Wilmersdorf
dem/der Inhaber Herrn Horts K a i s e r im Hause Leon — Vertragschließender I
und Herrn Joachim Buhlan z. Zt. Handjery Straße 77 — Vertragschließender II
wird folgender Vertrag geschlossen:

1. Vertragschließender I verpflichtet Vertragschließenden II als Pianist
   a) für die Zeit vom ... bis ... (beide Tage eingeschlossen).
   b) für die Zeit vom 1. Juni 1944 bis auf weiteres; Kündigung erfolgt mit Monatsfrist am Letzten des Vormonats.
2. Vertragschließender II ist verpflichtet täglich 4 Stunden und zwar:
   a) Wochentags nachmittags von XX bis XX Uhr, abends von 7 bis 11 Uhr
   Sonnabends nachmittags von XX bis XX Uhr, abends von 7 bis 11 Uhr
   Sonn- und Feiertags nachmittags von XX bis XX Uhr, abends von 7 bis 11 Uhr,
   im Durchschnitt wöchentlich 28 Stunden zur Verfügung zu stehen.
   b) Die Pausen werden, wie folgt, festgelegt: 9 – 9 Uhr 15
   c) Die Instrumente Piano sind in ordnungsmäßigem Zustand zu ~~stellen.~~ halten
3. Vertragschließender II erhält ein Monatsgehalt von RM 850,--
   in Worten: ...hundertfünfzig Reichsmark; a conto-Zahlung erfolgt am alle Woche
   in Höhe von RM 100.-- Endabrechnung am Monatsschluß.
   a) Die vom Vertragschließenden I gewährte freie Verpflegung und Unterkunft wird auf das Monatsgehalt mit RM XXXX in Anrechnung gebracht.
   b) Überstunden werden mit RM XXX je Stunde vergütet.
4. Als Zureiseentschädigung erhält Vertragschließender II Gepäckkosten und Fahrgeld 3. Klasse RM
5. Die Vertragschließenden tätigen den Vertrag unter Bezugnahme auf die Bestimmungen der geltenden Tarifordnung.
6. Die nach der Tarifordnung zu gewährenden spielfreien Tage werden, wie folgt, festgelegt: 2. und 4. Montag im Monat
7. Rauchen und Trinken auf dem Podium ist nicht erlaubt.
8. Vertragschließender II versichert, daß er Arier und Mitglied der Reichsmusikkammer ist.
9. Vertragschließendem II ist ein anderweitiges Auftreten in ähnlichen Betrieben während der Dauer des Vertrages nur mit vorheriger Genehmigung des Vertragschließenden I gestattet.
10. a) Wer diesen Vertrag bricht, hat eine Vertragsstrafe in Höhe eines halben Monatsgehaltes zu zahlen. Die Geltendmachung eines weiteren Schadens ist nicht ausgeschlossen.
    b) Wird Vertragschließender II vertragsbrüchig, so ist er verpflichtet, auch dem Kapellenleiter den dadurch entstandenen Schaden zu ersetzen.
11. Stempelsteuer trägt, tragen ...; (sie beträgt 1 pro Tausend der Vergütung. Bei einer Vergütung bis zu RM 3 600.— jährlich, bzw. RM 300.— monatlich, ist der Vertrag stempelsteuerfrei).
12. Gerichtsstand für Streitigkeiten aus diesem Vertrag ist das Arbeitsgericht des Erfüllungsortes.
13. Besondere Vereinbarungen:
    Herr Buhlan verpflichtet sich bei Verhinderung durch Einsatz einen Vertreter zu stellen.

Bln den 17. VI. 1944 — Unterschrift des Vertragschließenden I
Bln den 17. VI. 1944 — Unterschrift des Vertragschließenden II

Name — Name
Wohnort — Wohnort
Wohnung — Wohnung

Herausgegeben durch die Fachschaft Unterhaltungsmusiker. C/2785

schon mal im Dunkeln geküßt?« oder: »Wir machen Musik«, beide von 1942, eine ganze Reihe von US-Titeln, die dann erst nach 1945 richtig populär wurden in Deutschland, darunter auch die Glenn-Miller-Hits »In The Mood« und »Sun Valley Serenade«. Diese Noten lagen z. B. 1943 in der *Rosita-Bar* auf den Pulten. Wenig später, im November des Jahres, wurde das Lokal am Bayerischen Platz bei einem schweren Bombenangriff zerstört.

1944, im *Café Leon*, gehörte der junge Bully Buhlan[29] zur ständigen Besetzung der Kleve-Band, und zwar – wie der Vertrag belegt – als Pianist; dabei war außerdem der hochbegabte Klarinettist und Arrangeur »Fritze« Ringeisen.[30] Über ihn sagt Hans Werner Kleve: Es gab die »Beamten« und die Vollblutmusiker, die Genies unter den Musikern. Beide waren für eine Kapelle lebenswichtig. Zu den letzteren gehörte Fritze.

Spät abends wurde die Band dann oft noch ergänzt durch Musiker, die vom benachbarten *Kadeko* oder von der *Scala* herüberkamen.[31] So »hottete« denn an dieser Stätte zu später Stunde vor einem enthusiastischen Publikum neben verschiedenen ausländischen Musikern, v. a. Holländern und Tschechen, auch Berlins spätere Musiker-Nachkriegsprominenz: Joe Glaser und Ilja Glusgal am Schlagzeug, Bully Buhlan am Piano, der Klarinettist Baldo

Bully Buhlan und Jo Glaser, August 1944

Frei für Stempelsteuermarke

Musiker-Vertrag

Zwischen
dem/der Kapellenleiter Hans Werner K l e v e Bln. Friedenau
als Beauftragten des Unternehmens Cafe L e o n in Wilmersdorf
dem/der Inhaber Herrn Horst Kaiser im Hause L e o n Vertragschließender I
und Herrn Joachim Glaser z. Zt. Suarez Straße Vertragschließender II
wird folgender Vertrag geschlossen:

1. Vertragschließender I verpflichtet Vertragschließenden II als Schlagzeuger
   a) für die Zeit vom ... bis ... (beide Tage eingeschlossen).
   b) für die Zeit vom 1. Juni 1944 bis auf weiteres; Kündigung erfolgt mit Monatsfrist am Letzten des Vormonats.
2. Vertragschließender II ist verpflichtet täglich 4 Stunden und zwar:
   a) Wochentags nachmittags von XX bis XX Uhr, abends von 7 bis 11 Uhr
   Sonnabends nachmittags von XX bis XX Uhr, abends von 7 bis 11 Uhr
   Sonn- und Feiertags nachmittags von XX bis XX Uhr, abends von 7 bis 11 Uhr,
   im Durchschnitt wöchentlich 28 Stunden zur Verfügung zu stehen.
   b) Die Pausen werden, wie folgt, festgelegt: 9 – 9 Uhr 15
   c) Die Instrumente Schlagzeug u. Zubehör sind in ordnungsmäßigem Zustand zu stellen.
3. Vertragschließender II erhält ein Monatsgehalt von RM 750.--
   in Worten: Siebenhundertfünfzig Reichsmark; a conto-Zahlung erfolgt am alle Woche in Höhe von RM 100,-- Endabrechnung am Monatsschluß.
   a) Die vom Vertragschließenden I gewährte freie Verpflegung und Unterkunft wird auf das Monatsgehalt mit RM XXXXX in Anrechnung gebracht.
   b) Überstunden werden mit RM XXXX je Stunde vergütet.
4. Als Zureiseentschädigung erhält Vertragschließender II Gepäckkosten und Fahrgeld 3. Klasse RM ...
5. Die Vertragschließenden tätigen den Vertrag unter Bezugnahme auf die Bestimmungen der geltenden Tarifordnung.
6. Die nach der Tarifordnung zu gewährenden spielfreien Tage werden, wie folgt, festgelegt:
   2. und 4. Montag im Monat
7. Rauchen und Trinken auf dem Podium ist nicht erlaubt.
8. Vertragschließender II versichert, daß er Arier und Mitglied der Reichsmusikkammer ist.
9. Vertragschließendem II ist ein anderweitiges Auftreten in ähnlichen Betrieben während der Dauer des Vertrages nur mit vorheriger Genehmigung des Vertragschließenden I gestattet.
10. a) Wer diesen Vertrag bricht, hat eine Vertragsstrafe in Höhe eines halben Monatsgehaltes zu zahlen. Die Geltendmachung eines weiteren Schadens ist nicht ausgeschlossen.
    b) Wird Vertragschließender II vertragsbrüchig, so ist er verpflichtet, auch dem Kapellenleiter den dadurch entstandenen Schaden zu ersetzen.
11. Stempelsteuer trägt, tragen ...; (sie beträgt 1 pro Tausend der Vergütung. Bei einer Vergütung bis zu RM 3600.— jährlich, bzw. RM 300.— monatlich, ist der Vertrag stempelsteuerfrei).
12. Gerichtsstand für Streitigkeiten aus diesem Vertrag ist das Arbeitsgericht des Erfüllungsortes.
13. Besondere Vereinbarungen:
    Herr Glaser verpflichtet sich bei Verhinderung durch Arbeitseinsatz einen Vertreter zu stellen

den ... 19 ...
Unterschrift des Vertragschließenden I

Berlin den 15.6.1944
Unterschrift des Vertragschließenden II

Name
Wohnort
Wohnung

Name
Wohnort
Wohnung

Maestri, der Trompeter Macky Kasper und der Gitarrist Eddie Rothé.

Abgesehen von den immer häufiger und massiver werdenden Luftangriffen auf Berlin: So ganz ungestört, wie es vielleicht scheint, waren die jungen Leute im und um das *Café Leon* offenbar doch nicht! Irgend jemand, der anonym bleiben wollte und sich lateinisch »custos«, also »Wächter« nannte, fühlte sich veranlaßt, in denunziatorischer Absicht eine Art polemischen Bericht zu Papier zu bringen über das Treiben im und um das *Café Leon.* Es geht um den Abschiedsabend der Kapelle Hans Werner Kleve. Der Leser erfährt:

»Inzwischen gehts oben hoch her. Der vergötterte Kleve mit seiner leider recht kriegsmässig reduzierten Band von nur ›16‹ Mann, der Meister der Synkopen, der all die begehrten Swing-Hots and Jazz-Rhythmen, die man leider nur noch von BBC zu hören bekommt, kongenial (?) zu bringen weiss, kommt heute letztmalig auf die Bühne.«

Wie dankbar müssen wir diesem Anonymus trotz seiner zweifelhaften Absicht heute sein! Sein Schreckensbericht, gerichtet an den Hausherrn Willi Schaeffers, außerdem an den Reichspropagandaminister und die Reichskulturkammer, ist erhalten und vermittelt – als eine Art Ausschnittsvergrößerung – ein selten anschauliches und lebendiges

WAS SAGEN SIE ZU DIESEN HERREN ?

Man schreibt den 31. August 1944 in Berlin. Eine lange Kette von Menschen staut sich vor dem Cafe Leon am Kurfürstendamm, ist doch heute der letzte Abend, an dem die Kapelle Hans Werner K l e v e hier spielt. man kennt diese Menschen, die sich hier allabendlich ein Stelldichein geben, es scheinen immer dieselben zu sein. Es ist die sogenannte Creme der Gesellschaft des Berliner Westens. Jedenfalls tut man so und wahrt den Anschein, arrogant und blasiert, selbst wenn man den Weg von Wedding nach hier nicht gescheut hat. Es sind die kleinen Komparsen der Ufa, Tobis und Berlin Film, die Leute mit d e n Beziehungen und mit den Informationen. Die dandyhaft gekleideten Snobs mit ihrem ausgesprochenen femininen Äusseren, dieselben Jitterbogs und Sazous die man in Paris und Brüssel oder sonstwo trifft.

Dazu gehört natürlich die stilechte "Entenkopffrisur" la coiffeur swing, das lange Roche Jakett, die lächerlichen kurzen Röhrenhosen mit den ehe mals weissen Socken. Sahen Sie schon die unentbehrlichen Nabock-Schuhe mit der 6 cm dicken Sohle? Letztere, so wird mit wichtiger Miene erklärt, kosten zwischen 900 bis 1400 RM. Man raucht natürlich Chesterfield-Cigarettes,das Stck zu 3.—, ist doch die Quelle garnicht mal so dunkel, da diese Cigarettes aus engl.Kriegsgefangenen Lagern stammen. Vor allem aber sind es doch "compliments of the british red cross" Grüsse aus der anderen Welt. Apropos andere Welt. Gelegentlich wird natürlich auch die hohe Politik diskutiert, wobei nicht mit Gerüchten gespart wird. Mein Gott, wenn die Alliierten noch weiter vorwärts kommen, werden die Preise im Schwarzhandel sinken. Das wäre das Ende ! Schwarzhandel bei vielen der einzige Lebensunterhalt, wurde hier erstaunlich schnell organisiert getreu nach dem Vorbild der Hauptstädte des Westens.

Im übrigen bekommt man ja keine Karten, weil man sich nach dem letzten Bombardement einfach nicht mehr gemeldet hat und auf diese Weise weder zum Arbeitseinsatz noch zum Wehrdienst herangezogen werden kann.— Wussten Sie wirklich nicht, das Cafe Leon, die Schwarzhändlerzentrale des Westens genannt wird ?

Inzwischen gehts oben hoch her. Der vergötterte Kleve mit seiner leider recht kriegsmässig reduzierten Band von nur "16" Mann, der Meister der Synkopen, der all die begehrten Swing-Hots and Jazz-Rythmen, die man leider nur noch vom BBC zu hören bekommt, kongenial zu bringen weiss, kommt heute letztmalig auf die Bühne.

Unten ist der Bucklige Portier,Warschauer Unterweltsfigur am Wirken. Ob verwundete Soldaten oder Frauen, alles wird von ihm zur Seite geboxt und angebrüllt. Man scheint es in der Ordnung zu finden, denn wer wagte es diesem Kretin mal kurz zur Besinnung zu bringen. Man schmeichelt sich seiner Freundschaft, die er unter 5 Zigaretten allerdings nicht verschenkt. Dafpr weissman dann aber, dass heute der Einlass nur über die Haupttreppe stattfindetbund nicht dort um die Ecke, wohin seine Hoheit der Portier den grossen Haufen schickte, der nun schon seit 20 Minuten geduldig dort wartet und der nach weiteren 30 Minuten feststellen wird, dass der Einlass da stattfindet, wo man v vorher schon mal 15 Minuten gestanden hat. Was interessiert diesen Kobold in seiner Stallmeisteruniform, verwundete Soldaten, die von einem Portal zum andern humpeln müssen. Im Sall tobt nun der Kampf um die Plätze, deren erstaunlich viel für Stammgäste reserviert sind, und die später von Schauspielern und Künstlern 2. und 3. Güte eingenommen werden Diese Halbwelt erfreut sich anscheinend der besonderen Gunst des Geschäfts, sind sie es doch, denen von den befrackten Kellenern diskret Champagner und Wrzbg.-Boxbeutel eingeschenkt wird.

Ein Meer von Blumen für die unvergleichliche Band wird auf der Bühne zusammengetragen, esgilt Abschied zu nehmen auf Kriegsdauer, ein abschied, "wie ihn sich vielleicht keiner von Ihnen träumen lässt" wie Kleve mit tränenerstickter Stimme orakelt. Seine letzten Worte gehen in einen ohrenbetäubenden Lärm unter, und die Kapelle nun anhebt um bis zum Diskant zu kommen, die zerfetzten Nerven des illustren Publikums letztmalig aufzupeitschen. Man wähnt sich in einem Tollhaus.

Unter konvulsivischen Zuckungen sitzt die dankbare Zuhörerschaft, stampfen mit den Füssen und klatschen wie besessen mit den Händen den Takt. Namen wie Count Basy, Nat Gonalla, oder Louis Armstrong, die grossen Vorbilder der schwarzen Rasse werden zum Vergleich herangezogen es scheint das Höchste Prädikat zu sein was man vergeben kann. Man gurgelt unartikulierte Laute wenn der Chansonnier mit müdem Lächeln und wackelndem Kopf seine Refrains bringt. Wie apart er singt. Es gelingt ihm meisterhaft den Akzent des BBC- Singers zu kopieren. Verzückt starrren die Kleine Ladenmädchen unter ihren schwer getuschten Augenlidern auf die boys dortoben und wähnen sich im siebenten Himmel.

dem Urberliner

Als in the mood gespielt wird, kennt die Raserei keine Grenzen mehr. IN the MOOD es scheint ein Begattungstanz der Sundainsulaner zu sein Halblaute Rufe wie: der macht einen fertig mit seiner Musik, lassen psychoanalytische Rückschlüsse in dieser Richtung ohne weiteres zu.

P

Sexuell aus den Gleisen geworfene Jünglinge mit Lackierten Fingernägeln und abrasierten Augenbrauen, poussieren mit ihren älteren Freunden in den Ecken, dass einem physisch übel werden kann. Eine fundgrub für Psychiater. Ist es wahr dass dieser Auswurf der Menschheit, diese degenerierte Unterwelt endlich für die Rüstung und Wehrmacht frei geworden ist, die entscheidenden Kräfte zum Endsieg ?? Können wir nicht stolz sein auf unseren Nachwuchs ? Nun was, sagen sie zu diesen Herren ?

custos

Cabarett der Komiker Herrn W. Schaeffers	1
Reichsminister für V. und Prop. Reichskulturkammer	1
Entwurf	1
	3

Anonymer Spitzelbericht, 1944

Bild vom Alltagsleben im totalen Krieg. Was sind das für Leute, die der anonyme »custos« dort vor dem *Café Leon* beobachtet hat:

»Man kennt diese Menschen, die sich hier allabendlich ein Stelldichein geben, es scheinen immer dieselben zu sein. Es ist die sogenannte Creme der Gesellschaft des Berliner Westens. Jedenfalls tut man so und wahrt den Anschein, arrogant und blasiert, selbst wenn man den Weg vom Wedding nach hier nicht gescheut hat. Es sind die kleinen Komparsen der *Ufa, Tobis* und *Berlin Film*, die Leute mit *den* Beziehungen und mit den Informationen. Die dandyhaft gekleideten Snobs mit ihrem ausgesprochenen femininen Äusseren, dieselben Jitterbogs und Sazous[32] die man in Paris und Brüssel oder sonstwo trifft.«[33]

Über das Outfit der betreffenden Personen ist zu lesen: »Dazu gehört natürlich die stilechte ›Entenkopffrisur‹ la coiffeur swing, das lange Roche (?) Jakett, die lächerlichen kurzen Röhrenhosen mit den ehe mals weissen Socken. Sahen Sie schon die unentbehrlichen Nabock-Schuhe[34] mit der 6 cm dicken Sohle? Letztere, so wird mit wichtiger Miene erklärt, kosten zwischen 900 bis 1400 RM. Man raucht natürlich Chesterfield-Cigarettes, das Stck zu 3.–, ist doch die Quelle garnicht mal so dunkel, da diese Cigarettes aus engl. Kriegsgefangenen Lagern stammen.[35] Vor allem aber sind es doch ›compliments of the british red cross‹ Grüsse aus der anderen Welt.«

Diese Leute entsprechen natürlich in keiner Weise den nationalsozialistischen Idealvorstellungen. Daß rund um das *Café Leon* angeblich auch noch Schwarzhandel betrieben wird, erwähnt der Urheber dieses Schreibens nur am Rande. Die Beschreibung dessen, was sich drinnen im Café abspielt, gerät dann aber vollends zu einem »erschreckenden« Sittenbild:

»Ein Meer von Blumen für die unvergleichliche Band wird auf der Bühne zusammengetragen, es gilt Abschied zu nehmen auf Kriegsdauer, ein Abschied, ›wie ihn sich vielleicht keiner von Ihnen träumen lässt‹ wie Kleve mit tränenerstickter Stimme orakelt. Seine letzten Worte gehen in einem ohrenbetäubenden Lärm unter, und die Kapelle nun anhebt um bis zum Diskant zu kommen, die Zerfetzten Nerven des illustren Publikums letztmalig aufzupeitschen. Man wähnt sich in einem Tollhaus. Unter konvulsivischen Zuckungen sitzt die dankbare Zuhörerschaft, stampfen mit den Füßen und klatschen wie besessen mit den Händen den Takt. Namen wie Count Basie, Nat Gonalla, oder Louis Armstrong, die großen Vorbilder der schwarzen Rasse werden zum Vergleich herangezogen es scheint das Höchste Prädikat zu sein was man vergeben kann. Man gurgelt unartikulierte Laute wenn der Chansonnier mit müdem Lächeln und wackelndem Kopf seine Refrains bringt. Wie apart er singt. Es gelingt ihm (dem Urberliner) meisterhaft den Akzent des BBC-Singers zu kopieren.[36] Verzückt starren die Kleine Ladenmädchen unter ihren schwer getuschten Augenlidern auf die boys dort oben und wähnen sich im siebenten Himmel. Als in the mood gespielt wird, kennt die Raserei keine Grenzen mehr. IN the MOOD es scheint ein Begattungstanz der Sundainsulaner zu sein. Halblaute Rufe wie: der macht einen fertig mit seiner Musik, lassen psychoanalytische Rückschlüsse in dieser Richtung ohne weiteres zu. Sexuell aus den Gleisen geworfene Jünglinge mit Lackierten Fingernägeln und abrasierten Augenbrauen, poussieren mit ihren älteren Freunden in den Ecken, dass einem physisch übel werden kann. Eine fundgrube für Psychiater. Ist es wahr dass dieser Auswurf der Menschheit, diese degenerierte Unterwelt endlich für die Rüstung und Wehrmacht frei geworden ist, die entscheidenden Kräfte zum Endsieg?? – Können wir nicht stolz sein auf unseren Nachwuchs? Nun was sagen sie zu diesen Herren?«

Damit endet dieses vielleicht einzigartige Pamphlet, und nicht einmal mehr dessen Verfasser scheint – der Ironie in seinen letzten Sätzen nach – von einem »Endsieg« sonderlich überzeugt gewesen zu sein. Am 8. Mai 1945 wurde in Berlin-Karlshorst die Kapitulationsurkunde unterzeichnet. Damit war der Krieg beendet.

Daß hier tatsächlich, wie mitunter zu lesen ist, noch bis Kriegsende – hinter verpappten Fenstern – Swingmusik gespielt wurde, erscheint schwer vorstellbar.[37] Lokale dieser Art mußten spätestens Ende August 1944 geschlossen werden. Andererseits gibt es aber durchaus glaubwürdige Quellen, die darauf hindeuten, daß bestimmte Lokale eben doch noch geöffnet waren; so melden etwa die Berichte über den »Sondereinsatz Berlin« noch im Januar 1945, in den Lokalen *Melodie* und *Leon* u. a. komme es »immer wieder« zu Fällen von Prostitution und Tauschhandel.[38] Eine Erklärung fällt schwer; nahm man es möglicherweise mit derlei Verboten angesichts des absehbaren Kriegsendes nicht mehr so sonderlich genau?

Nach Kriegsende konnte bald wieder musiziert und getanzt werden, und amerikanische Musik war nun endlich auch offiziell erlaubt. Doch die große Zeit der Tanzpaläste war vorbei. Die meisten von ihnen waren ohnehin zerstört; ein wirkliches Comeback gab es – mit Ausnahme des *Resi* – für keinen der früheren Tanzpaläste. Ihre Zeit war vorüber.

August 1944, *Café Leon:* Abschiedsabend des Orchesters Hans Werner Kleve

Berliner Kapellenleiter (1935), darunter Paul von Béky (1), Billy Bartholomew (2), Heinz Wehner (3), Oscar Joost (4), Max Rumpf (5), Georg Nettelmann (6), Hans Busch (7), Egon Kaiser (8), Adalbert Lutter (9), Juan Llossas (10) und Otto Stenzel (11)

Von »Abraham« bis »Wooding« Lexikon Berliner Tanzkapellen der dreißiger und vierziger Jahre

Dieses Lexikon verzeichnet über 100 Tanz- und Unterhaltungskapellen, die in Berlin entweder aufgetreten sind oder hier Schallplatten aufgenommen haben oder beides. Gegenüber der ersten Auflage dieses Buches wurde der Umfang damit erheblich erweitert. Trotzdem dokumentiert auch dieses Lexikon nur einen Ausschnitt aus der Vielzahl der Kapellen, die Berlin in den dreißiger und vierziger Jahren zu bieten hatte. Die hier getroffene Auswahl richtet sich vor allem nach dem Bekanntheitsgrad der Kapellen; weniger bekannte sind dann verzeichnet, wenn sie in diesem Buch erwähnt worden sind. Bedingt durch die Form des Lexikons, wird vieles nur kurz angerissen; wer Näheres wissen will, sei auf die im Literaturverzeichnis genannten Werke verwiesen. Unterschiede hinsichtlich der Länge bzw. Ausführlichkeit der Beiträge sind nicht als Ausdruck subjektiver oder gar »objektiver« Wertmaßstäbe zu verstehen; der Umfang der einzelnen Artikel entspricht v. a. dem Maß an verfügbaren Informationen. Für die Neuauflage wurden alle Angaben sorgfältig überprüft und, wenn nötig, nach bestem Wissen korrigiert. – Maßgeblichen Anteil am Zustandekommen dieses Lexikons hatten Horst Bergmeier und Rainer E. Lotz, denen dafür mein ausdrücklicher Dank gilt.

Abraham, Kurt, geb.: 4.11.1921/Berlin, gest.: 28.12.1988/Zürich. Hauptinstrumente: Tenorsaxophon, Klarinette. – A., Sohn eines Klarinettisten und einer Cellistin, studierte an der Berliner Hochschule für Musik (Violine, Klarinette, Klavier, Dirigieren). Nach einem ersten Engagement als Musiker im Kurhaus Warnemünde (Sommer 1938, zusammen mit Helmut Zacharias) begann A. seine professionelle Laufbahn im Orchester Günter Herzog im Berliner *Delphi-Palast.* Neben weiteren Engagements, u. a. bei Heinz Wehner, Horst Winter, Kurt Widmann u. a., machte er während des Krieges auch mit einem eigenen Quintett Aufnahmen für Rundfunk und Schallplatte. Nach Kriegsdienst und Gefangenschaft spielte A. 1948 in Berlin im Orchester von Kurt Widmann und von 1949 bis 1952 im RBT-Orchester. Daneben leitete er eine eigene Band, die auch Schallplattenaufnahmen machte. 1958 ging A. nach Luzern, wo er die Big Band von Bob Huber übernahm. Er blieb in der Schweiz und spielte dort später mit eigenen kleineren Besetzungen.

Abriani, John (Giovanni), geb.: 15.5.1898/S. Girolamo di Lusiano (Provinz Vicenza, Italien), gest.: August 1960/Mailand. Hauptinstrumente: Violine, Altsaxophon. – Der in St. Gallen (Schweiz) aufgewachsene A. erhielt schon als Kind Geigenunterricht und trat ab 1916 zusammen mit seinem Bruder Felice A. in örtlichen Cafés auf. Ab 1923/24 ging A. mit seiner eigenen Kapelle in Italien und der Schweiz auf Tournee. In Deutschland gastierte die Kapelle seit 1925, in Berlin zwischen 1927 und 1939 regelmäßig (*Pavillon Mascotte, Femina, Europahaus, Moka Efti Tiergarten, Café Berolina* u. a.), unterbrochen von ausgesprochen reger Gastspieltätigkeit, die bis nach Indien führte (1932–34). Bei Kriegsbeginn kehrte A. nach Italien zurück. Zwischen 1927 und 1939 auch zahlreiche Schallplattenaufnahmen in Berlin.

Bartholomew, Billy (William John), geb.: 1.10.1901/London, gest.: 19.1.1972/London. Hauptinstrument: Altsaxophon. – B. kam nach Engagements in England, Schottland und Frankreich 1924 nach Deutschland, wo er zunächst u. a. bei Eric Borchard (Hamburg, Berlin), später bei Julian Fuhs (1925, *Eden-Hotel,* Berlin) arbeitete. Im Oktober 1927 gründete er seine erste eigene Band (»Eden Five«). B. spielte 1928 mit seinen »Delphians« zur Eröffnung des *Delphi-Palastes* und war auch später noch häufig hier wie an vielen anderen Lokalen (*Moka Efti City, Atlantis* u. a.) engagiert; daneben Schallplattenaufnahmen. 1939 kehrte er nach England zurück. B. arbeitete dort nach dem Kriege als Musik-Clown und Entertainer.

Baskini, Sam (eigentlich: Samuel Baskind), geb.: 10.8.1890/Borissoff (Weißrußland), gest.: 24.11.1980/Vence (Département Alpes Maritimes, Frankreich). Hauptinstrumente: Violine, Altsaxophon. – Nach dem Besuch des Gymnasiums und des Konservatoriums in St. Petersburg kam B., der schon während des 1. Weltkrieges als Kriegsgefangener in Deutschland gewesen war, 1918 nach Berlin. Hier gründete er ein Trio, mit dem er regelmäßig im Restaurant Förster auftrat, das hauptsächlich von russischen Emigranten besucht wurde. Seit Ende der zwanziger Jahre leitete B. ein Tanz- und Unterhaltungsorchester, das, dem Stil der Zeit entsprechend, als »Jazz-Symphoniker« bezeichnet wurde. Mit diesem Orchester gastierte B. u. a. im *Europa-Pavillon,* im *Café Berlin* und bei *Karstadt* am Hermannplatz, außerdem u. a. in den Seebädern Heringsdorf und Zoppot. Das Orchester spielte außerdem auf Bällen und wirkte bei Rundfunk- und Filmaufnahmen mit. Zwischen 1929 und 1932 Schallplattenaufnahmen für die Marken Kalliope und Ultraphon/Telefunken. B. war daneben auch als Komponist und Arrangeur tätig. Nach dem Verlust der Arbeitserlaubnis mußte B., der jüdischer Abstammung war, 1935 emigrieren und ging nach Frankreich, wo er zunächst in Paris, später (illegal) in Limoges lebte. Nach dem Kriege wurde B. französischer Staatsbürger und lebte als Herausgeber einer technischen Zeitschrift bis zu seinem Tode hauptsächlich in Nizza.

Bätjer, Heinz, geb.: 16.1.1907/Hamburg, gest.: 20.1.1983/Hamburg. Hauptinstrument: Piano. – B. war seit Anfang der dreißiger Jahre mit eigener Kapelle v. a. in Berlin tätig (*Pompeji, Bajadere, Quartier Latin, Femina, Sommerlatte, Dorett*/Kantstraße); nach dem Kriege in Hamburg als Barpianist und Alleinunterhalter.

Bauschke, Erhard, geb.: 27.9.1912/Breslau, gest.: 7.10.1945/Frankfurt am Main-Praunheim. Hauptinstrument: Klarinette. – B. kam nach ersten Engagements in und um Breslau Anfang der dreißiger Jahre nach Berlin. Er spielte hier bis 1935 im Orchester von James Kok. Nach der Auflösung dieses Orchesters gründete er, zusammen mit einigen ehemaligen Mitgliedern, seine eigene Band, mit der er v. a. im *Moka Efti Stadtmitte* spielte. Wegen der Kriegsverpflichtung der Musiker mußte das Orchester Anfang 1940 aufgelöst werden bzw. existierte nur noch als Studioorchester für Schallplattenaufnahmen. Nach dem Kriege spielte B. mit kleiner Besetzung in Frankfurt/Main, wo er nach einem Auftritt tödlich verunglückte. – In den Jahren 1936–42 zahlreiche Schallplattenaufnahmen.

Béla, Dajos (eigentlich: Leon Golzmann), geb.: 19.12.1897/Kiew, gest.: 5.12.1978/La Falda (Argentinien). Hauptinstrument: Violine. – In den zwanziger und frühen dreißiger Jahren eine der »klassischen« Hotelkapellen *(Adlon, Excelsior)* mit Allround-Repertoire, vom Jazz über Schlager bis hin zu »leichter Klassik«; 1931 wurde B. Sieger im Wettbewerb um das »Goldene Saxophon«; zahllose Schallplattenaufnahmen. B. emigrierte 1933 über Paris nach Argentinien.

Berger, Arno, geb.: 26.4.1901/Berlin, gest.: 15.11.1988/Berlin. Hauptinstrument: Violine. – Nach Ausbildung an der Stadtpfeife Brandenburg und Tätigkeit in Stummfilm-Kinos war B. seit 1930 mit eigener Kapelle in Berlin tätig (*Moka Efti Tiergarten, Wilhelmshallen, Palais de Danse, Resi* u.a.); B. spielte nach dem Kriege bis 1981 in Berlin mit eigener Kapelle.

Berking, Willy, geb.: 22.6.1910/Düsseldorf, gest.: 21.5.1979/Frankfurt am Main. – Nach dem Studium am Düsseldorfer Konservatorium (Klavier, Kompositions- und Harmonielehre) arbeitete B. in den dreißiger Jahren v.a. als Posaunist in verschiedenen Berliner Tanzkapellen, darunter seit 1934 bei Heinz Wehner, Hans Rehmstedt, Goldene Sieben (seit 1936) u.a., deren Sound er zugleich als Arrangeur maßgeblich beeinflußte. Seit 1938 nahm er für die neugegründete Schallplattenmarke Imperial auch unter eigenem Namen Schallplatten auf, darunter die sogenannte »Spitzenserie« mit instrumentalen Eigenkompositionen (»Staccato«, »Fermate«, »Melodie« u.a.). Nach dem Kriege leitete B. das Tanz- und Unterhaltungsorchester des Hessischen Rundfunks. Zahlreiche Kompositionen, darunter Schlager wie »Zum Tanzen gebor'n« (1942) und »Barbara, Barbara, komm mit mir nach Afrika« (1949)

Berlin, Ben (eigentlich: Hermann Bick), geb.: 23.9.1896/Tallinn (Estland), gest.: 10.8.1944/wahrscheinlich London. – B. studierte in Petrograd (St. Petersburg) Klavier und Komposition. Er war seit Beginn der zwanziger Jahre als Konzertpianist in Europa unterwegs und ließ sich um 1925/26 in Berlin nieder, wo er zunächst bei der Deutschen Vox AG, ab 1928 bei der Deutschen Grammophon Gesellschaft als Pianist, Arrangeur und musikalischer Leiter tätig war. Als Orchesterleiter nahm er unter dem Namen Ben Berlin zahlreiche Schallplatten auf, war aber mit seinem Orchester vereinzelt auch in Berliner Lokalen (u.a. *Delphi* und *Karstadt*-Dachgarten) zu erleben. 1933 emigrierte B. zunächst nach Holland, wo sein Orchester in Rotterdam, Amsterdam und Den Haag spielte. Nach Aufenthalten in der Schweiz und in Österreich flüchtete B. (wahrscheinlich 1937) nach Großbritannien. Unter dem Namen Herman Biek veröffentlichte er hier eine Reihe von Kompositionen.

Berliner Tanz-Sinfoniker. – Dieses Orchester wurde 1933 nach der Emigration Paul Godwins von ehemaligen Musikern des Godwin-Orchesters gegründet. Es gab einen demokratisch gewählten Orchestervorstand (Hans Rossmann, Altsaxophon); bei Auftritten wurde das Ensemble von dem Stehgeiger geleitet (zunächst Alexander Manz, später Willy Giebel). Die B.T.S. spielten zwischen 1933 und 1935 mehrmals im *Delphi;* Schallplattenaufnahmen.

Bird, Fred (eigentlich: Felix Lehmann), geb.: 17.12.1882, gest.: 28.12.1975/Berlin. Hauptinstrument: Piano. – Hauptsächlich Studio-Orchester (Schallplattenaufnahmen). B. spielte u.a. 1933 zur Wiedereröffnung des *Moka Efti Stadtmitte.*

Bonen, Pat (eigentlich: Otto Bohnenkamp), geb.: 27.10.1904/Dortmund. Hauptinstrument: Schlagzeug. – B. gründete 1928 seine erste eigene Kapelle, mit der er überall in Deutschland gastierte, zunächst (in Trio- oder Quartettbesetzung) hauptsächlich im rheinisch-westfälischen Raum, seit Mitte der dreißiger Jahre mit größerer Besetzung häufig in Hamburg *(Café Siegler, Café Liliput, Café Heinze, Boccaccio, Faun-Casino)* und einigen Ostseebädern. Seit 1938 gastierte er mehrmals auch in Berlin *(Frasquita, Delphi, Berolina),* zumeist zusammen mit der Sängerin und Tänzerin Geraldine Sylva, Schwester des Orchesterleiters Gerd Gerald. In dieser Zeit entstanden auch einige Schallplattenaufnahmen. Nach dem Kriege war er mit seiner Kapelle wieder viel auf Reisen, u.a. in Westfalen, Berlin (*Orangerie,* 1951) und Hamburg, wo er später auch ein Lokal betrieben haben soll. Über sein weiteres Schicksal ist nichts bekannt.

Borchard, Eric (eigentlich: Erich Borchardt), geb.: 7.2.1886/Berlin, gest.: 30.7.1934/Amsterdam. Hauptinstrumente: Klarinette, Altsaxophon. – B. hielt sich unmittelbar nach dem 1. Weltkrieg in den USA auf, wo er auch als Musiker arbeitete; er spielte seit 1920 mit eigener Kapelle in unzähligen Berliner Tanzlokalen und machte seitdem auch Schallplatten- und Filmaufnahmen; skandalumwittert und als Musiker höchst umstritten: einerseits als »der erste echte deutsche Jazzpionier« (Horst H. Lange) gewürdigt, wird von anderer Seite kritisiert, er habe vom Jazz lediglich die »Clownerie« begriffen, durchgesetzt habe sich der Jazz in Deutschland »trotz« Eric Borchard (Berliner Herold, 1931).

Börschel, Erich, geb.: 8.8.1907/Kamp am Rhein, gest.: 17.7.1988/Plön. Hauptinstrument: Piano. – Schon als Kind erhielt B., dessen Vater Militärmusiker war, Klavierunterricht. Nach dem Studium 1921–27 an der Musikhochschule Mainz (Violine, Klavier, Komposition, Dirigieren) war B. 1927–31 als Korrepetitor und Kapellmeister am Staatstheater Mainz tätig, bevor er 1931–35 Pianist und Korrepetitor am Reichssender Königsberg wurde. 1933 gründete B. ein eigenes Orchester, das v.a. für den Sender Königsberg arbeitete und von 1935 bis 1937 für Telefunken Schallplatten aufnahm. Daneben spielte das Orchester auch häufig auf Bällen und unternahm Tourneen durch die ostpreußischen Seebäder. Im September 1939 mußte B. das Orchester auflösen, gründete aber 1940 ein neues, das z.T. mit kriegsgefangenen Musikern aus Frankreich und Belgien besetzt war. Im Mai 1945 siedelte sich B. nach der Flucht aus dem eingeschlossenen Königsberg in Flensburg an und gründete dort ein neues Orchester, das für englische Besatzungssoldaten spielte. Von 1946 bis 1962 leitete B. das Unterhaltungsorchester von Radio Frankfurt und war seitdem bis zu seinem Ruhestand als freier Mitarbeiter für den Hessischen Rundfunk tätig. Zahlreiche Kompositionen (u.a. »Spatzenkonzert«, 1938).

Borschel, Otto, geb.: 12.12.1907, gest.: 23.2.1989/Berlin. – Berliner Tanzkapelle, die v.a. im *Café Melodie* spielte.

Boulanger, Georges, geb.: 18.4.1893/Tulcea (Rumänien), gest.: 3.6.1958/Buenos Aires (Argentinien). – Seit seinem fünften Lebensjahr erhielt B. Violinunterricht, zunächst bei seinem Vater, später am Konservatorium in Bukarest. Seine Studien setzte er 1908–10 in Dresden bei Leopold Auer fort. Nach ersten Erfolgen in St. Petersburg und seiner Heimat Rumänien kam B. 1923 nach Deutschland und spielte hier in dem überwiegend von russischen Emigranten besuchten Restaurant Förster. Später wurde er als Violinvirtuose berühmt und spielte in zahlreichen Lokalen, machte sich aber auch als Komponist (»Da Capo«, »Avant de mourir« u.v.a.) einen Namen. 1948 verließ B. Deutschland und lebte zunächst in Brasilien, wo ihm noch einmal eine Karriere gelang, zuletzt in Argentinien.

Bund, Hans, geb.: 15.8.1898/Neunkirchen (Saarland), gest.: 1.2.1982/Rottach-Egern. Hauptinstrument: Piano. – Als Kind erhielt B.

Klavierunterricht von seinem Vater, der in Saarbrücken Musiklehrer war. Später studierte er in Köln bei der Pianistin Elly Ney sowie in Frankfurt am Hoch'schen Konservatorium und bei Ernst von Dohnanyi an der Hochschule für Musik in Berlin (Klavier, Orgel, Kontrapunkt, Komposition, Dirigieren), wo er 1919 das Examen mit Auszeichnung bestand. Bevor er zu Beginn der dreißiger Jahre als Orchesterleiter bekannt wurde, arbeitete er als Pianist, u. a. in dem Berliner Kabarett »Schall und Rauch«. Die von B. geleiteten Orchester waren reine Studio-Orchester, die ausschließlich für Schallplatte und Rundfunk arbeiteten. 1942 übernahm er das Orchester von Otto Dobrindt. Nach 1945 baute B. beim NWDR in Köln ein neues Orchester auf und gründete 1947 das spätere Kleine WDR-Unterhaltungsorchester des WDR, das er bis 1962 leitete. Seinen Lebensabend verbrachte B. im bayrischen Rottach-Egern. – Zahlreiche Kompositionen, meist Werke der »gehobenen« Unterhaltungsmusik (»Erinnerung an ein Ballerlebnis«, 1938, u. v. a.).

Bund, Joe (Joachim), geb.: 18. 1. 1911/Berlin, gest.: 16. 9. 1971/Berlin. Hauptinstrument: Violine. – Beliebte Tanzkapelle v. a. der dreißiger Jahre; spielte u. a. in: Hotel *Adlon, Haus Vaterland, Kakadu-Bar;* daneben auch Schallplattenaufnahmen.

Burzynski, Heinz (Heinrich), geb.: 17. 6. 1910/Berlin, gest.: 26. 4. 1945/Berlin. Hauptinstrument: Klavier; Komponist (»Nun soll kein Tag mehr ohne Liebe sein«). – B. arbeitete zunächst als Pianist in verschiedenen Kapellen. Als Orchesterleiter trat er v. a. während des Krieges in Erscheinung: Das Orchester spielte häufig im *Kabarett der Komiker,* u. a. 1941 als Begleitorchester in der Revue »Liebe auf den ersten Blick«, außerdem in der *Pompeji-Bar,* im *Zelt 2* im Tiergarten und im *Delphi.* Daneben war B., der schwer lungenkrank war, auch in der Truppenbetreuung eingesetzt und spielte mit seinem Orchester regelmäßig im Berliner Europa- und im Kurzwellensender; Schallplattenaufnahmen.

Busch, Hans, geb.: 4. 4. 1909/Gelsenkirchen, gest.: 15. 2. 1996/Stockholm. Hauptinstrument: Violine. – B.s Vater war Bandoneonspieler und Leiter einer im Ruhrgebiet populären Wiener Schrammelkapelle. Am Konservatorium der Stadt Recklinghausen, in der er aufwuchs, erhielt B. als Kind Geigenunterricht, später in Essen und Köln. Nach der Schulentlassung trat B. mit 15 Jahren die Stelle eines Konzertmeisters am Stadttheater in Herne an, die er jedoch nach einem Jahr wieder aufgab, um eine Ausbildung als Musiklehrer zu beginnen. In Münster studierte er Harmonielehre, Kontrapunkt, Musikgeschichte, Formenlehre und Violine, mußte diese Ausbildung aber wegen eines schweren familiären Unglücksfalles nach zwei Jahren aufgeben. Um Geld zu verdienen, arbeitete er anschließend in verschiedenen Nachtlokalen. 1931 gründete B. in Hamburg eine eigene Kapelle. Nach ersten Erfolgen, u. a. in Hamburg *(Alsterpavillon, Trocadero)* und in München *(Regina-Hotel),* erhielt B. durch Vermittlung des als »Jazz-Paule« bekannten Musiker- und Kapellenvermittlers Paul Hirson sein erstes Berliner Engagement (*Königin-Bar,* anschließend: *Café am Zoo*). Seit 1934 spielte B. mit seiner Kapelle, die normalerweise mit Streichern, Klarinetten und Rhythmusgruppe besetzt war, auch im Rundfunk, seit 1937 machte er Schallplattenaufnahmen. Nach dem Kriege arbeitete B. zunächst für den RIAS, wurde dann aber wegen des Vorwurfs, er sei NSDAP-Mitglied bzw. Nutznießer des Nationalsozialismus gewesen, nicht mehr beschäftigt. In den folgenden Jahren arbeitete er als Kapellenleiter in der damaligen Ostzone, anschließend u. a. in Düsseldorf, Stuttgart, Hamburg und 1951 als Kurkapellmeister auf Borkum, bis er 1952 ein Engagement nach Stockholm *(Berns Salonger)* erhielt. Seitdem lebte B. in Schweden, wo er eine Zeitlang Geiger im schwedischen Radio-Symphonie-Orchester war und einen Musikverlag betrieb. – Zahlreiche Kompositionen (u. a. »Dideldideldum«, 1939; »Babys Geburtstag«, 1940).

Candrix, Fud (Alphonse), geb.: 17. 7. 1908/Tongeren (Belgien); gest.: 11. 4. 1974/Brüssel. Hauptinstrument: Tenor-Saxophon. – C. begann seine Karriere als Musiker Mitte der zwanziger Jahre, arbeitete in zahlreichen Orchestern, u. a. 1931 auch bei Bernhard Etté. Mitte der dreißiger Jahre gründete C. sein eigenes Orchester, das sich bald zu einer der führenden europäischen Swingbands entwickelte. Im Mai/Juni 1942 gab das Orchester ein sensationelles Gastspiel im Berliner *Delphi-Palast.*

Charlie and his Orchestra. – Unter diesem Namen produzierte in den Jahren 1940–45 ein Orchester unter der Leitung von Lutz Templin mit dem Sänger Karl Schwedler Swing- und Tanzmusikaufnahmen für den Deutschen Kurzwellensender sowie (auf Schallplatte in kleinen Auflagen) für das Programm deutscher Radiosender in den besetzten Gebieten. Diese Aufnahmen waren ausschließlich für das Ausland bestimmt. Dabei handelte es sich zumeist um englische und amerikanische Swingtitel, denen in der Regel englischsprachige Propagandatexte mit antienglischer, antisemitischer, antisowjetischer oder antiamerikanischer Tendenz unterlegt waren. Dem Orchester gehörten neben bekannten deutschen auch Musiker aus verbündeten bzw. besetzten Ländern an, v. a. aus Italien, Belgien, Holland. 1943 wurde das Orchester wegen der zunehmenden Bombardierung von Berlin nach Stuttgart verlegt, wo die Livesendungen über den Kurzwellensender bis Kriegsende fortgesetzt wurden.

Clages, Bernhard, geb.: 15. 1. 1908/Hannover, gest.: 31. 12. 1967/Berlin. – Auftritte häufig in der *Femina* (Casino), zusammen mit seiner Ehefrau, der Sängerin Evi Marlen; nach dem Kriege war C. als Geschäftsmann tätig, betrieb in Berlin u. a. eine Mitfahrer-Zentrale.

D'Orio, Lubo, geb.: 17. 2. 1904/Sofia, gest.: 11. 7. 1983/Berlin. Hauptinstrumente: Klarinette, Altsaxophon. – D. lebte seit 1931 in Berlin, arbeitete als Musiker in unzähligen Kapellen (Bernhard Etté, Juan Llossas, Georges Boulanger, Gustav Gottschalk, Fritz Weber, Günter Herzog, Pat Bonen u. v. m.). Seit 1940 spielte er mit eigener Band v. a. im *Uhlandeck* und *Café Melodie,* u. a. mit Helmut Zacharias (Violine). D. war nach dem Krieg bis 1975 mit eigenen Bands in Berlin tätig; zwischen 1947 und 1956 zahlreiche Schallplattenaufnahmen. Er war der Bruder des Cellisten und Komponisten Vesco D'Orio (1899–1984).

Dauber, Dol oder Dolfi (Adolf), geb.: 27. 7. 1894/Wiznitz bei Czernowitz (Bukowina), gest.: Oktober 1950/Prag. Hauptinstrument: Violine. – D., der einer alten Musikerfamilie entstammt, erhielt schon als Vierjähriger Violinunterricht. Das Konservatorium besuchte er zunächst in Czernowitz, später studierte er in Bukarest bei Carl Flesch und in Prag bei Otakar Sevcik. Seine erste Kapelle leitete er im Alter von 15 Jahren in Czernowitz. 1918 wurde er von dem Fürsten zu Detmold-Lippe mit dem Titel eines Kammervirtuosen ausgezeichnet. In den zwanziger Jahren kam er nach Wien, wo er sich der Tanz- und Unterhaltungsmusik zuwandte. Sein Ruhm als »Wiener Jazz-König« bzw. »Wiener Whiteman«, wie er in Anlehnung an den amerikanischen Jazz-Sinfoniker Paul Whiteman von der österreichischen Presse genannt wurde, brachte ihn Ende der zwanziger Jahre auch nach Berlin, wo er mit seinem Orchester Schallplatten aufnahm und u. a. im September 1929 zur Wiedereröffnung des *Delphi* spielte. In den dreißiger Jahren übersiedelte D. nach

Prag, wo er sich vor antisemitischen Diskriminierungen zunächst sicher fühlte. Hier war D. weiterhin als Kapellmeister tätig, überwiegend für Film und Schallplatte. Die Verfolgung in der Zeit der deutschen Besetzung nach 1939 überlebte D., während der Sohn Robert, ebenfalls Musiker, in Auschwitz ermordet wurde.

Deutsches Tanz- und Unterhaltungsorchester (DTUO). – 1941 erhielt der Komponist Franz Grothe (1908–1982) vom Reichspropagandaministerium den Auftrag zur Gründung des Orchesters. Träger war die Reichsrundfunkgesellschaft. Im April 1942 wurde mit den Proben begonnen, und im Sommer des Jahres wurden im Berliner »Haus des Rundfunks« die ersten Schallplatten aufgenommen. Das DTUO stand zunächst unter der Leitung von Franz Grothe und Georg Haentzschel (1907–1992); der Probenkapellmeister war Horst Kudritzki (1911–1970). 1943 wurde das Orchester von Berlin nach Prag verlegt, die Leitung wurde Anfang 1944 Willi Stech und Barnabas von Géczy übertragen. Das DTUO produzierte überwiegend für Rundfunk und Schallplatte, gab aber auch einige öffentliche Konzerte.

Dobrindt, Otto, geb.: 24.8.1886/Henkendorf (Westpreußen), gest.: 13.9.1963/Berlin. Hauptinstrument: Piano. – Nach dem Studium am Berliner Konservatorium Klindworth-Scharwenka wandte sich D. der Tanz- und Unterhaltungsmusik zu. Als Chef-Aufnahmeleiter bei der Schallplattenfirma Lindström (Beka, Odeon, Parlophon) machte er (unter verschiedenen Namen wie Dobbri, Eric Harden u.a.) zwischen 1925 und 1939 unzählige Schallplattenaufnahmen der unterschiedlichsten Stilrichtungen, vom Jazz bis hin zur leichten Klassik. Außerdem leitete D. seit Mitte der dreißiger Jahre das Unterhaltungsorchester des Deutschlandsenders. Nach dem Kriege war D. in Ost-Berlin bis zum Bau der Mauer 1961 Leiter des Unterhaltungsorchesters des Berliner Rundfunks.

Dobschinski, Walter, geb.: 29.10.1908/Berlin, gest.: 16.2.1996/Berlin. Hauptinstrument: Posaune. – D. arbeitete zunächst als Pianist, bevor er zur Posaune kam. 1930 wurde er in Berlin von Teddy Stauffer für seine Original Teddies verpflichtet. Diesem Orchester gehörte er bis 1939 als Musiker und Arrangeur an. Wichtig für D.s musikalische Entwicklung wurden Kontakte mit amerikanischen Musikern, die sich bei einem vierwöchigen New-York-Aufenthalt im Jahre 1935, vor Antritt einer Reise der Teddies als Bordkapelle auf der »Reliance«, ergaben. Während des Krieges war D. zunächst Mitglied des Orchesters Kurt Hohenberger, später im Deutschen Tanz- und Unterhaltungsorchester. Nach dem Krieg gründete D. 1947 die »Swingband« (später »Tanzkapelle«) des Berliner Rundfunks. Zahlreiche Schallplattenaufnahmen; Kompositionen (»Dob's Boogie«, 1947; »Die Zeiger der Uhr«, deutscher Grand-Prix-Beitrag 1966).

Drabek, Kurt, geb.: 25.3.1912/Berlin, gest.: 22.3.1995/Bad Oeynhausen. Hauptinstrumente: Akkordeon, Saxophon. – Seit seinem 6. Lebensjahr erhielt D. Musikunterricht (Violine, Klavier, später weitere Instrumente). Schon als Gymnasiast leitete er gelegentlich Schul- und Jugendorchester und dirigierte als Primaner 1930 die Uraufführung der Schuloper »Der Jasager« von Brecht/Weill. Die Absicht, nach dem Abitur (1931) die Studienratslaufbahn einzuschlagen, mußte D. aus wirtschaftlichen Gründen aufgeben. Von 1931 bis 1933 war er als Tenorsaxophonist, Geiger, Akkordeonist und Arrangeur in verschiedenen Kapellen tätig, von 1933 bis 1939 im Orchester Adalbert Lutter. Während des Krieges gehörte D. dem Musikkorps des Wachbataillons Berlin an. Nach dem Kriege spielte er mit eigener kleiner Besetzung ab Sommer 1945 in US-Clubs, bald auch auf öffentlichen Veranstaltungen und im Rundfunk (Berliner Rundfunk, RIAS, AFN). Seit 1946 zahlreiche Schallplattenaufnahmen, z.T. auch als Musetteorchester unter dem Namen Pierre Blanchard. Zahlreiche Bearbeitungen und Kompositionen, u.a. »Ich hör so gern Musik« (1940), daneben auch Auftragswerke, u.a. die Titelmelodie für das ARD-»Sandmännchen« 1962–1989 (»Kommt ein Wölkchen angeflogen ...«).

Dumont, René, Lebensdaten nicht zu ermitteln. Hauptinstrumente: Altsaxophon, Klarinette, Flöte. – D. soll aus dem Elsaß, evtl. aus Straßburg stammen. In Berlin spielte er mit seinem Orchester zwischen 1927 und 1933 v.a. in der *Villa d'Este,* im *Delphi* und im *Café König* Unter den Linden und gastierte in vielen anderen Städten. In dieser Zeit entstanden in Berlin auch etliche Schallplattenaufnahmen. Nach 1933 spielte D. nur noch im Ausland, überwiegend in der Schweiz. Nach dem Kriege soll er nach Argentinien ausgewandert sein und in Buenos Aires gelebt haben. D. soll in den fünfziger Jahren in Italien, wo er sich im Urlaub befand, bei einem Autounfall ums Leben gekommen sein.

Eichwald, Håkan von, geb.: 2.4.1908/Åbo (Turku, Finnland), gest.: 1.5.1964/Malmö (Schweden). Hauptinstrument: Piano. – Nach der Ausbildung in Helsinki, Deutschland (Würzburg: Hermann Zilcher) und Österreich (Wien, 1925–26) arbeitete E. zunächst in Hjalmar Meissners Theaterorchester am Stockholmer Vasatheater, bevor er selbst 1927–1930 Leiter dieses Orchesters wurde. Seine eigene Band gründete er 1930 und spielte in den großen Stockholmer Tanzrestaurants, v.a. im berühmten *Kaos,* dem späteren *Fenix-Kronprinsen.* Seit 1933 trat er mit seinem Orchester auch regelmäßig während des Sommers in den schwedischen Folkparks auf. In Deutschland feierte die Presse E. als den »schwedischen Jazzkönig«, seitdem er 1932 das erste Mal mit seinem Orchester in Berlin gastiert hatte. Weitere Gastspiele folgten 1939 *(Femina)* und 1940. Nach dem Kriege war E. von 1946 bis 1959 als Dirigent des Helsingborg Sinfonie-Orchesters und von 1962 bis zu seinem Tode im Jahre 1964 am Staatstheater Malmö tätig. Zahlreiche Schallplattenaufnahmen in Stockholm und Berlin (1932 und 1939).

Etté, Bernhard, geb.: 13.9.1898/Kassel, gest.: 26.9.1973/Mühldorf am Inn. Hauptinstrument: Violine. – Seit den zwanziger Jahren eine der bekanntesten Hotel-Bands in Berlin (v.a. im Hotel *Esplanade*), daneben und v.a. später auch in nahezu allen größeren Tanzlokalen; unzählige Schallplattenaufnahmen.

Faconi, Norbert (Norbert Cohn), geb.: 12.10.1904/Ingweiler (Elsaß), gest.: 2.9.1989/Fort Lauderdale (Florida, USA). Hauptinstrument: Violine. – Seit Mitte der zwanziger Jahre spielte F. mit seinem Orchester regelmäßig in Berlin, hauptsächlich im *Palais am Zoo.* In dieser Zeit auch Schallplattenaufnahmen. Ab 1931 war das Orchester überwiegend in Hamburg (Hotel *Reichshof,* Hotel *Atlantic*) tätig. 1933 mußte F. sein Orchester auflösen und bemühte sich um Engagements im Ausland (u.a. Wien, Prag, Paris), hatte damit aber nur wenig Erfolg, da er außerhalb Deutschlands kaum bekannt war. Er emigrierte schließlich im Sommer 1939 in die USA und wurde später amerikanischer Staatsbürger. Nach dem Krieg ging F. als Musiker nach Australien, kehrte aber 1949 wieder in die USA zurück, wo er v.a. in New Yorker Clubs als Geiger arbeitete. Um 1980 setzte sich F. zur Ruhe.

Formiggini, Gabriel, Lebensdaten nicht zu ermitteln. – F., der wahrscheinlich Italiener war, lebte seit ca. 1913 als Kapellmeister in Berlin, wo er später auch nacheinander verschiedene Lokale betrieb. Zwischen 1924 und 1929 machte er in Berlin zahlreiche Schallplattenaufnahmen. F. dürfte um 1936 in Berlin gestorben sein.

Fuhs, Julian, geb.: 20. 11. 1891/Berlin, gest.: 4. 2. 1975/Miami Beach (Florida, USA). Hauptinstrument: Piano. – F., der in Berlin aufgewachsen ist und hier das Sternsche Konservatorium besuchte, wanderte 1910 in die USA aus und nahm 1916 die amerikanische Staatsbürgerschaft an. 1924 kam er zurück nach Berlin und stellte hier ein Jazzorchester zusammen (»Julian Fuhs Follies Band«), mit dem er in verschiedenen Berliner Tanzlokalen spielte (*Mercedes-Palast, Eden-Hotel, Palais am Zoo, Femina* usw.), auf Bällen, daneben auch als Begleitband in Kabarett und Revue. Im September 1931 eröffnete er in der Nürnberger Str. ein eigenes Lokal (»Bei Julian Fuhs«). 1933 verließ er Berlin, nachdem auf ihn als Juden und sein Lokal mehrere Überfälle verübt worden waren, und kehrte nach Zwischenstationen in Österreich und der Tschechoslowakei 1936 in die USA zurück. Es gelang ihm aber nicht, sich dort als Musiker noch einmal zu etablieren. – In Berlin 1925 bis 1930 zahlreiche Schallplattenaufnahmen.

Géczy, Barnabas von, geb.: 4. 3. 1897/Budapest, gest.: 2. 7. 1971/München. Hauptinstrument: Violine. – Eine der bekanntesten Hotelkapellen der dreißiger Jahre; volkstümliche Bezeichnung: »BvG-Orchester« (in ironischer Anlehnung an die Abkürzung »BVG« der Berliner Verkehrsbetriebe). – G., Sohn eines hohen Offiziers, wurde nach dem 1. Weltkrieg mit 22 Jahren Konzertmeister an der Budapester Oper. 1924 kam er nach Berlin, wo er zunächst im Weinhaus *Traube* (Leipziger Str.) spielte. Seit 1925 leitete er bis 1937 die Hauskapelle des Hotels *Esplanade;* in dieser Zeit unternahm G. zahlreiche Tourneen und machte Rundfunk- und Schallplattenaufnahmen. 1932 wurde er Sieger in dem vom »8-Uhr-Abendblatt« veranstalteten Wettstreit um die »Blaue Geige«. 1944 wurde ihm (zusammen mit Willi Stech) die Leitung des Deutschen Tanz- und Unterhaltungsorchesters übertragen. Nach dem Krieg lebte G. in der Nähe von München und gründete dort 1952 ein neues Orchester.

Geiger, Ernö, geb.: 21. 9. 1885/Budapest, gest.: unbekannt. Hauptinstrument: Violine. – G. trat bereits vor dem 1. Weltkrieg zusammen mit seinen zwei Brüdern, den Pianisten Gyula, geb.: 20. 12. 86/Budapest, gest.: 5. 6. 1967/Paris, und Oskar, geb.: 17. 3. 1889/Budapest, gest.: 15. 5. 1966/Wien, unter dem Namen »Wiener Geiger-Buben« auf. Später gründete G. ein Tanzorchester, mit dem er seit Mitte der zwanziger Jahre in Berlin (*Palais de Danse,* Hotel *Bristol, Karstadt*-Dachgarten u. a.) spielte; neben Julian Fuhs und Juan Llossas drittes Orchester bei der Eröffnung der *Femina* im Oktober 1929. Schallplattenaufnahmen. 1933 mußten die Brüder Geiger aufgrund ihrer jüdischen Abstammung emigrieren. Über Zwischenstationen in Wien, Zürich bzw. der Tschechoslowakei gelangten sie nach Frankreich. Von dort aus gelang Oskar die Flucht nach Argentinien, Gyula überlebte als Illegaler in Paris, Ernö wurde von Südfrankreich aus deportiert und ist vermutlich in Auschwitz umgekommen.

Gerald, Gerd (eigentlich: Gerhard Grabowski), geb.: 19. 10. 1909/Berlin, gest.: 3. 3. 1976/Langenfeld. Hauptinstrument: Geige. – G. spielte seit Mitte der dreißiger Jahre mit seiner Kapelle in Berlin und nahm in dieser Zeit auch einige Schallplatten auf. Nach dem Kriege war er teils als Kapellenleiter, teils als Musiker tätig (Düsseldorf, Hotel *Breidenbacher Hof;* Ost-Berlin, *Café Budapest*).

Ginsburg, Adolf, biographische Daten nicht zu ermitteln. Hauptinstrument: Violine. – G. spielte mit seiner Tanzkapelle vor 1933 mehrmals in Berlin, zumeist im *Café Berlin;* Emigration 1933.

Glahé, Will (eigentlich: Willy Glahe), geb.: 12. 2. 1902/Elberfeld, gest.: 21. 11. 1989/Rheinbreitbach bei Bad Honnef. Hauptinstrumente: Akkordeon, Piano. – Während des Besuchs des Kölner Konservatoriums war G. als Pianist in Cafés und Stummfilmkinos tätig, seit 1929 als Pianist im Orchester Dajos Béla. Sein eigenes Orchester bestand seit 1932 und war u. a. im *Delphi* und *Haus Vaterland* engagiert. Daneben entstanden zahlreiche Schallplattenaufnahmen. Bekannt geworden ist G. vor allem als Akkordeonist. Nach dem 2. Weltkrieg hatte er weltweit Erfolg als Interpret von Stimmungsmusik; er erhielt 17 »Goldene Schallplatten«. G. war auch als Komponist erfolgreich (»Huckepack«, »Im Gänsemarsch« u. v. m.).

Gluskin, Lud (Ludwig Elias), geb.: 16. 12. 1898/New York, gest.: 13. 10. 1989/Palm Springs (Kalifornien, USA). – Russischstämmiger jüdischer Musiker, übte mit seinem Chicago-Jazzstil großen Einfluß auf die europäischen Musiker aus. G. lebte von 1924 bis 1933 in Europa, in Berlin 1928–31, wo er u. a. in der *Barberina/Ambassadeurs,* im *Haus Gourmenia (Café Berlin, Dachgarten)* spielte.

Godwin, Paul (eigentlich: Pinchas Goldfein), geb.: 28. 3. 1902/Sosnowitz (Sosnowiec, Polen), gest.: 9. 12. 1982/Driebergen (Holland). Hauptinstrument: Violine. – G. wuchs in Wien auf und studierte in Budapest und Berlin. G. leitete in Berlin seit Mitte der zwanziger Jahre ein erfolgreiches Tanzorchester. Er spielte u. a. bei der Wiedereröffnung des *Delphi* (1930), in der *Femina* u. a. Seit 1924 zahlreiche Schallplattenaufnahmen. G. emigrierte 1933 nach Holland, wo er zusammen mit seinem Pianisten und Arrangeur Ben Silbermann ein neues Orchester aufbaute. Nach der deutschen Besetzung Hollands im Mai 1940 wurde das jüdische Kulturleben in einem Dachverband, ähnlich dem Jüdischen Kulturbund in Deutschland, konzentriert. G. gehörte dort als Geiger und z.T. Konzertmeister verschiedenen Orchestern an. Als 1942 die Massendeportation der in Holland lebenden Juden begann, gelang es G. unterzutauchen. Nach dem Kriege blieb G. in Holland und erhielt 1952 die holländische Staatsangehörigkeit. Er widmete sich fast ausschließlich der klassischen Musik, war u. a. Mitglied der Kammermusikvereinigung Alma Musica, Bratschist des Holländischen Streichquartetts, später Leiter des Stradivari-Ensembles des holländischen Rundfunks.

Goldene Sieben. Die G. S. war im wesentlichen eine Studioband, d. h., das Orchester spielte, von wenigen Ausnahmen abgesehen, ausschließlich für Rundfunk, Schallplatte und Film. – 1934 wurde die G. S. auf Initiative von Harold M. Kirchstein und Willi Stech als Rundfunk-Tanzorchester des Deutschlandsenders gegründet. Die Gründungsmitglieder waren: Kurt Hohenberger (Trompete), Harold M. Kirchstein (1906–1993; Gitarre, Arrangeur), Erhard Krause (1910–1989; Posaune), Adalbert (»Alli«) Luczkowski (1900–1971; Violine), Waldemar (»Waldi«) Luczkowski (1904–1952; Schlagzeug), Willi Stech (1905–1979; Piano, Arrangeur) und Franz Thon (geb. 1910; Klarinette, Saxophon). 1935 wurde die Trennung der G. S. vom Deutschlandsender vollzogen; seitdem ersetzte Georg Haentzschel (1907–1992), der vorher schon einen Teil der Spezialarrangements geschrieben hatte, Stech als Pianist. Für einen Teil der Aufnahmen wurde das Orchester durch weitere Musiker verstärkt (»Die G. S. und ihr Orchester«). 1939 wurde das Orchester kurz vor Kriegsbeginn aufgelöst. – Zahlreiche Schallplattenaufnahmen.

Gottschalk, Gustav, geb.: 11. 11. 1872/Berlin, gest.: 26. 1. 1950/Berlin. Hauptinstrument: Violine. – Typische Berliner Allround-Kapelle; G. spielte in den zwanziger Jahren häufig bei den Sechstagerennen im Sportpalast und soll dort 1923 – auf Anregung des Berliner Originals »Krücke« – den Walzer »Wiener Praterleben« von Siegfried Translateur als »Sportpalast-Walzer« kreiert haben.

Hall, Henry, geb.: 2. 5. 1898/Peckham, London, gest.: 28. 10. 1989/ Eastbourne (Großbritannien). Im Februar 1939 gastierte in der Berliner *Scala* – als Nachfolger von Jack Hylton – das englische Orchester Henry Hall. – H. erlernte zunächst Trompete und spielte bei der Heilsarmee, studierte dann am Trinity College of Music, bevor er als Soldat am 1. Weltkrieg teilnahm. Nach dem Kriege arbeitete er zunächst als Stummfilmpianist, anschließend in verschiedenen englischen Hotelbands. 1924 machte er als Dirigent einer Hotelband in Pertshire seine erste Rundfunkaufnahme. Es folgten die ersten Schallplattenaufnahmen und eine Tätigkeit als musikalischer Leiter einer Hotelkette, wobei er 32 Bands zu beaufsichtigen hatte. 1932 baute er für die BBC ein Rundfunktanzorchester auf, das als BBC Dance Orchestra bis 1937 bestand. Um mehr Abwechslung in das Programm zu bringen, verzichtete die BBC von da an auf ein eigenes festes Orchester. Mit seiner eigenen Band spielte H. nur noch gelegentlich für die BBC und unternahm zahlreiche Tourneen. H.s Orchester bestand bis 1945. Anschließend war H. als Theateragent tätig und brachte eine Reihe von Musicals auf die Bühne. In den fünfziger Jahren hatte H. noch einmal ein Comeback mit einer eigenen Fernsehshow (»Face the Music«), bevor er sich 1964 endgültig von der Tätigkeit bei Radio und Fernsehen zurückzog.

Herzog, Günter, geb.: 22. 7. 1910/Breslau, gest.: 1. 12. 1942/Sytschewka (UdSSR). Hauptinstrument: Trompete. – H. arbeitete Mitte der dreißiger Jahre als Trompeter u. a. im Orchester Erhard Bauschke und bei den Teddies. Er war seit 1938 mit eigener Kapelle in verschiedenen Berliner Lokalen tätig (*Delphi, Café Dorett*/Turmstraße, *Rosita-Bar, Tanzbar Bajadere*); Schallplattenaufnahmen. Im Krieg war er als Gefreiter an der Ostfront eingesetzt. Dort starb er im Feldlazarett Sytschewka an den Folgen einer Verwundung.

Hoff, Ernst van 't (eigentlich: Johan Ernst van 't Hof), geb.: 13. 7. 1908/ Zandvoort (Niederlande), gest.: 16. 5. 1955/Brüssel. Hauptinstrument: Piano. – Holländische Swingband von europäischem Ruf, die zweimal, im Frühjahr 1941 und im Sommer 1942, im *Delphi* gastierte.

Hohenberger, Kurt, geb.: 28. 4. 1908/Stuttgart, gest.: 15. 7. 1979/Kernen-Stetten. Hauptinstrument: Trompete. – H. arbeitete seit den frühen dreißiger Jahren als Trompeter in zahlreichen Orchestern (Marek Weber, Dajos Béla, George Nettelmann); ab 1933 im Orch. von Oscar Joost. Er galt bald als führender Jazztrompeter Deutschlands; 1936 blies er (zusammen mit seinem Bruder Carl H., Karl Kutzer und Erich Puchert) die Olympiafanfare. Seit 1937 spielte er mit eigener Kapelle im *Quartier Latin;* typischer »verhaltener« Stil: »swingig, jazzig und gut tanzbar« (Horst H. Lange); Auslandsreisen, Auftritte im *Wintergarten,* zahlreiche Schallplattenaufnahmen. Nach dem Kriege war er mit eigener Kapelle zunächst wieder in Berlin, später vor allem in Westdeutschland tätig.

Huber, Bob E. (Emil Oskar Robert), geb.: 27. 4. 1911/Schönenwerd (Kanton Solothurn, Schweiz), gest.: 4. 8. 1992/Genf (Schweiz). Hauptinstrumente: Klarinette, Trompete. – H. gelangte Anfang der dreißiger Jahre mit den Teddies, denen er mit einer $1^1/_2$jährigen Unterbrechung von 1931 bis 1938 angehörte, nach Berlin. Zuvor hatte er, nach einer Berufsausbildung als Zeichner und Tätigkeit in einem Architekturbüro, seit 1930 als Musiker u. a. bei Norbert Faconi gearbeitet. Nach der Trennung von den Teddies war H. mit eigener kleiner Besetzung u. a. in der *Insel* und im Varieté *Plaza* engagiert; daneben Schallplattenaufnahmen und zahlreiche Kompositionen (»Ich pfeif' heut' nacht vor deinem Fenster«, mit Heinz Weiß, »Oh! Aha!«, mit Jack Trommer, u. v. a.). 1940 kehrte H. in die Schweiz zurück und war dort seit den vierziger Jahren als Orchesterleiter und Komponist tätig.

Hülphers, Arne, geb.: 4. 4. 1904/Trollhättan (Schweden), gest.: 24. 7. 1978/Stockholm. Hauptinstrument: Piano. – H. (Slogan: »With Swedish Swing – All Ballrooms Ring«) gastierte mit seinem Orchester und der Sängerin Greta Wassberg 1936 zum ersten Mal in Berlin *(Europahaus),* weitere Gastspiele folgten 1937 *(Europa-Palmengarten),* 1938 *(Delphi)* und 1939 *(Delphi* und *Europahaus)* und wohl auch noch während des Krieges 1941/42. Daneben gastierte er auch in anderen deutschen Städten. H. studierte 1924–31 an der Stockholmer Musikhochschule und spielte anschließend in den Orchestern von Frank Vernon, Dick de Pauw und Håkan von Eichwald, bis er 1934 sein eigenes Orchester gründete. Zahlreiche Schallplattenaufnahmen seit 1935 in Stockholm, Kopenhagen und Berlin. Nach dem Kriege begleitete er zunächst seine Ehefrau, die Sängerin Greta Wassberg, auf gemeinsamen Tourneen und schrieb Filmmusik. Von 1948 bis 1949 war H. als Dirigent in dem Restaurant *Valand* in Göteborg tätig, außerdem als musikalischer Leiter bei Revuen und in den Sommermonaten mit seinem Orchester in den schwedischen Folkparks. Von 1956 bis zu seinem Tode im Jahr 1978 begleitete er Zarah Leander, seine zweite Ehefrau (seit 1956), auf Tourneen.

Huppertz, Heinz, geb.: 28. 3. 1902/Krefeld, gest.: 17. 8. 1972/Berlin. Hauptinstrument: Violine. – H. spielte nach der Ausbildung an Konservatorien in Krefeld und Köln (Violine, Klavier) seit Ende der zwanziger Jahre mit eigener Kapelle in Berlin (*Café Schön*/Unter den Linden, *Hahnen*/Nollendorfplatz u. a.); seit ca. 1932 Hauskapelle der *Rio Rita-Bar;* zahlreiche Schallplattenaufnahmen. Nach dem Kriege spielte H. mit seiner Kapelle hauptsächlich auf Bällen und Tanzturnieren.

Hylton, Jack (Jackson), geb.: 2. 7. 1892/Great Lever (Lancashire, Großbritannien), gest.: 29. 1. 1965/London. – Zwischen 1928 und 1938 gastierte das Orchester von Jack Hylton mehrmals in Berlin und anderen deutschen Städten. Es galt in dieser Zeit als das wohl populärste europäische Tanzorchester. 1913 begann H. seine Karriere in London als Stummfilmkino-Organist. Nach dem 1. Weltkrieg war er zunächst Pianist im Orchester der Londoner *Queens's Hall.* 1921 übernahm er die Leitung dieses Orchesters und machte seine ersten Schallplattenaufnahmen. Mitte der zwanziger Jahre baute er sein Orchester nach dem Muster des amerikanischen »King of Jazz« Paul Whiteman zu einem Show- und Tourneeorchester um. Zwischen 1927 und 1938 unternahm er 16 Europatourneen, die ihn 1928 auch zum ersten Mal nach Berlin führten, wo er im Januar des Jahres in der *Scala* gastierte. Hyltons Ruf als »Englands Botschafter des Jazz« reichte sogar bis in die USA. 1931 war H.s Band die erste, deren Programm für den Rundfunk in die USA übertragen wurde, und 1935/36 gastierte H. in den Staaten, wegen der strengen Arbeitsbeschränkungen allerdings mit amerikanischen Musikern. In den dreißiger Jahren war seine Musik so gefragt, daß H. gleich mehrere Orchester betrieb, eines davon geleitet von seiner Frau Ennis. Im Februar 1938 gastierte H. mit seiner Band zum letzten Mal in der

Berliner *Scala*. Ende 1940 mußte er wegen des Krieges das Orchester auflösen und begann eine zweite Karriere als Manager und Produzent von Musicals.

Joost, Oscar, geb.: 9. 6. 1898/Weissenburg (Elsaß), gest.: 29. 5. 1941/ Berlin. Hauptinstrumente: Violine, Tenor-Saxophon. – J. entstammt einer traditionsreichen Musikerfamilie. Er diente als Freiwilliger im 1. Weltkrieg, wurde danach erst Landwirtschaftseleve, später Bankbeamter, wandte sich dann der Musik zu. Gemeinsam mit seinem Bruder Albert (»Ali«) J. hatte er 1924 in Coswig a. d. Elbe sein erstes Engagement. Seit 1930 spielte J. mit seinem Orchester auf dem Dachgarten des Berliner *Eden-Hotels*. Später war er häufig an die *Femina* engagiert; hier spielte er u. a. bei der Wiedereröffnung im Oktober 1935. Sein musikalischer Grundsatz: »Zuerst kommt bei mir das Melodische und dann der Rhythmus, die allzu starken Synkopen, wie man sie in Amerika liebt, sind nichts für deutsche Ohren.« (O. J., 1935). An dem Versuch der Reichsmusikkammer, eine in diesem Sinne »deutsche Tanzmusik« als allgemein verbindlich durchzusetzen, war J., seit 1933 Mitglied der NSDAP, aktiv beteiligt (O. J., Denkschrift zur Kultivierung der Tanzmusik in Deutschland. Berlin, 16. 11. 1936. – Vgl.: Michael Kater, Forbidden Fruit? Jazz in the Third Reich). Film- und zahlreiche Schallplattenaufnahmen.

Kaiser, Egon, geb.: 25. 8. 1901/Berlin, gest.: 11. 7. 1982/Berlin. Hauptinstrument: Violine. – K. entstammt einer Musikerfamilie (Vater: Musikdirektor, Mutter: Geigerin). Nach dem Musikstudium war K. von 1923–25 Mitglied der Berliner Staatsoper, 1925–26 Kapellmeister am Metropol-Theater, 1926–29 Mitglied der Berliner Philharmoniker. 1929 gründete er im Auftrag der Reichsrundfunk-Gesellschaft ein Unterhaltungs- und Tanzorchester. Etwa seit dieser Zeit war K. mit seinem Orchester auch in verschiedenen Berliner Tanzlokalen (*Delphi, Resi, Palais de Danse, Moka Efti Tiergarten* u. a.) verpflichtet; zahllose Film- und Schallplattenaufnahmen. Nach dem Kriege bis in die achtziger Jahre war K. mit seinem Orchester v. a. im Bereich der Unterhaltungsmusik für Rundfunk, Film und Schallplatte und bei öffentlichen Veranstaltungen tätig.

Kermbach, Otto, geb.: 29. 3. 1882/Berlin, gest.: 17. 6. 1960/Berlin. Hauptinstrument: Violine. – Mehr als 50 Jahre lang leitete der als »Otto-Otto« ausgesprochen populäre K. sein Orchester. Nach der dreijährigen Ausbildung an der Stadtpfeife in Penkun bei Stettin (Geige, Trompete) war K. von 1901–08 als Militärmusiker bei dem berittenen Regiments-Musikkorps des 3. Gardefeldartillerie-Regiments. Anschließend arbeitete er als Bankbeamter, daneben auch mit eigener Kapelle; erstes Engagement 1909, Moabiter »Schützenhaus«. 1913 schied er als Bankbeamter aus und widmete sich ausschließlich der Musik. Mit einer 12-M.-Kapelle spielte er Stummfilm-Begleitung. Im 1. Weltkrieg wurde K. wieder Militärmusiker (Gardefüsiliere, sog. »Maikäfer«). In den folgenden Jahrzehnten pflegte K. mit seinem Orchester v. a. die traditionellen Tänze wie Walzer, Rheinländer, Kreuzpolka usw. und wurde so zum Spezialisten für konsequent »altdeutschen« Stil. Er spielte u. a. im Zoo, bei *Kroll*, in den Zelten, bei *Karstadt* am Herrmannplatz und natürlich im *Sportpalast;* daneben Rundfunk-, Film- und Schallplattenaufnahmen.

Kleindin, Teddy (Franz), geb.: 20. 7. 1914/Berlin. Hauptinstrument: Klarinette, Altsaxophon. – K. lernte als Kind Cello, später Klarinette. Sein erstes Engagement hatte er 1934 im *Café Woerz* am Nollendorfplatz. Es folgten Engagements bei Ilja Livschakoff, den Teddies (daher der Beiname »Teddy« K.), bei Heinz Wehner, Kurt Hohenberger u. a. Während des Krieges spielte K. zeitweise im Orchester von Lutz Templin. In den Jahren 1941–44 entstand mit eigenem Ensemble eine Reihe von Schallplattenaufnahmen, z.T. im Benny-Goodman-Stil. Seit Kriegsende lebt K. in München, wo er bis zu seinem Ruhestand v. a. für den Bayerischen Rundfunk arbeitete.

Kleve, Hans Werner, geb.: 26. 7. 1907/Hannover. Hauptinstrumente: Saxophon, Akkordeon. – Nach der Ausbildung (u. a. Konservatorium Hannover) und ersten Engagements als Musiker spielte K. seit 1936 mit eigener Kapelle in Berlin (*Rosendiele, Olympia, Rosita-Bar, Café Melodie, Café Leon* u. v. m.). Nach dem Kriege war er bis Mitte der siebziger Jahre mit seiner Kapelle in Berlin tätig; Kompositionen; Schallplattenaufnahmen.

Kok, James (Arthur), geb.: 26. 1. 1902/Czernowitz (Bukowina), gest.: 18. 10. 1976/Berlin. Hauptinstrument: Violine. – Nach der Ausbildung (Konservatorium Prag) lebte K. seit 1923 in Deutschland. In Berlin begann er mit kleiner Besetzung (5–6 M.) und vergrößerte seine Kapelle im Lauf der Zeit auf Big-Band-Stärke (15 M.). Seit Herbst 1933 spielte K. mit seinem Orchester ständig im *Moka Efti Stadtmitte;* zahlreiche Schallplattenaufnahmen. 1935 war er aus »rassischen Gründen« gezwungen, Deutschland zu verlassen, und kehrte nach Rumänien zurück. K. lebte nach dem Kriege in der Schweiz, später in den USA, seit 1969 wieder in Berlin.

Kramer, Gorni (eigentlich: Kramer Gorni), geb.: 22. 7. 1913/Rivarolo Mantovano (Italien), gest.: 26. 10. 1995/Mailand (Italien). Hauptinstrument: Akkordeon. – K., Sohn eines Kapellenleiters, begann seine Tätigkeit als Musiker 1930 zunächst als Bassist, bevor er zum Akkordeon wechselte. Seine eigene Kapelle gründete er 1933 für ein Engagement am Mailänder *Embassy-Club*. Im Juni 1941 gastierte er mit seinem Orchester in der Berliner *Scala* und unternahm anschließend eine Tournee durch Deutschland und das besetzte Frankreich. Nach dem Kriege machte er sich in den fünfziger bis siebziger Jahren vor allem als Komponist und Orchesterleiter im italienischen Fernsehen einen Namen. Zahlreiche Schallplattenaufnahmen.

Krolop, Ulrich Franz, geb.: 10. 11. 1894/Berlin, gest.: 17. 12. 1950/Berlin. Hauptinstrument: Violine. – Berliner Tanzkapelle; einige Schallplattenaufnahmen.

Krüger, Wilfried, geb.: 26. 1. 1903/Neustettin (Pommern), gest.: 18. 1. 1970/Berlin. Hauptinstrumente: Violine, Klavier. – Im Alter von einem Jahr siedelte K. mit seinen Eltern (Beruf des Vaters: Schneider) nach Berlin um, wo er als Kind Geigenunterricht erhielt und bereits mit 14 Jahren gelegentlich auf Hochzeiten und anderen Veranstaltungen, später auch in Stummfilmkinos spielte. Seit 1920 gehörte K. zum Orchester von Marek Weber, bis er sich 1923 bei *Aschinger* in der Hasenheide mit einem Trio selbständig machte. 1928 gastierte er mit seiner Kapelle für sechs Monate am Londoner *Savoy-Hotel*. Nach seiner Rückkehr spielte K. zunächst im *Café Schön* (Unter den Linden), bevor er 1930 an das Restaurant *Traube* im *Haus Gourmenia* verpflichtet wurde. Hier blieb er bis zur Kriegszerstörung des Hauses 1943. Nach dem Kriege war K. v. a. für den Rundfunk tätig; mit seiner Kapelle, der zu dieser Zeit auch der Akkordeonvirtuose und Komponist Joe Alex (1895–1972) angehörte, wirkte K. u. a. in Sendereihen wie der »RIAS-Kaffeetafel« und »Mach mit!« regelmäßig mit. Daneben betrieb er in der Neuköllner Flughafenstraße das Lokal »Stadtwappen«. – Seit 1930 Rundfunk- und Schallplattenaufnahmen.

Lanigiro Hot Players. – Schweizer Tanzorchester, das sich dem »Hot Jazz« verschrieben hatte und unter verschiedenen Leitern von 1924 bis 1961 bestand. – Das Orchester ging 1924 aus einer Baseler Schülerkapelle hervor und nannte sich anfangs »The Lanigiro Syncopating Melody Kings«, wobei die Bezeichnung »Lanigiro« die Umkehrung des Wortes »Original« darstellt. Seit 1929 lautete der offizielle Name »Lanigiro Hot Players«. Nach der Entwicklung zum Profi-Orchester (1933) gelang den L.H.P. der Durchbruch zu einer international bekannten Spitzenband. 1937 gastierten die L.H.P. in Deutschland, u. a. im Hamburger *Café Heinze* (März/April) und im Berliner *Delphi* (September/Oktober). Für das Berliner Engagement war das Orchester (hier unter der Bezeichnung »René Schmassmanns Lanigiros«) durch deutsche Musiker, darunter u. a. Willy Berking, auf 14 Mann verstärkt worden. Das Orchester existierte in der Schweiz, mit z.T. erheblichen personellen Veränderungen, bis 1961. – Zahlreiche Schallplattenaufnahmen, u. a. auch in Berlin (1937).

Leschetizky, Walter, geb.: 15. 12. 1909/Biglie b. Görz (Istrien), gest.: 26. 4. 1989/Salzburg. Hauptinstrument: Violine. – Nach Musikstudium in Wien und Konzerttätigkeit wandte sich L. Mitte der dreißiger Jahre der Unterhaltungs- und Tanzmusik zu. Seit 1938 spielte er mit eigener Kapelle in Berlin (*Jockey*- und *Femina*-Bar u. a.). Daneben war er als Komponist und Arrangeur tätig, u. a. für die Orchester von Heinz Wehner und Hermann Rohrbeck; Rundfunk- und Schallplattenaufnahmen unter eigenem Namen sowie mit anderen Kapellen (Deutsches Tanz- und Unterhaltungs-Orchester, Freddie Brocksieper). Nach dem Kriege arbeitete er in München als Musiker und Arrangeur für den dortigen Rundfunksender, später vor allem für SWF und ORF. 1962–75 war L. Mitglied des Mozarteum-Orchesters in Salzburg.

Livschakoff, Ilja, geb.: 15. 11. 1903/Jekaterinodar (Rußland), gest.: 10. 6. 1990/Buenos Aires (Argentinien). Hauptinstrument: Violine. – In den frühen dreißiger Jahren eines der führenden Berliner Tanzorchester, das häufig im *Delphi* engagiert war; zahlreiche Schallplattenaufnahmen. L. soll trotz jüdischer Abstammung noch bis in die späten dreißiger Jahre in Deutschland gearbeitet haben und ist 1938 nach Südamerika emigriert.

Llossas, Juan, geb.: 27. 7. 1900/Barcelona, gest.: 21. 5. 1957/Salzburg. Hauptinstrument: Piano. – Der als »deutscher Tangokönig« bezeichnete L. kam nach Schule, Musiker-Ausbildung und Aufenthalten in Mittel- und Südamerika 1923 nach Berlin. Hier studierte er an der Musikhochschule und arbeitete daneben als Musiker. Mit eigener Kapelle spielte er 1925 erstmals im Dachgarten des *Eden-Hotels;* spätere Engagements an allen größeren Tanzlokalen Berlins (*Casanova, Delphi, Femina, Europa-Spiegelsaal, Berolina* u. a.). Nach dem Kriege war L. überwiegend in Hamburg tätig, wo er mit seinem Orchester u. a. für den englischen Soldatensender BFN arbeitete; zahlreiche Schallplattenaufnahmen und Kompositionen (»Tango Bolero«, »O Fräulein Grete«).

Lutter, Adalbert, geb.: 20. 10. 1896/Osnabrück, gest.: 28. 7. 1970/Berlin. Hauptinstrument: Piano. – Nach der Ausbildung zum Kapellmeister begann L. seine Laufbahn mit eigener kleiner Besetzung in Hannover, gefolgt von einem Aufenthalt in Südamerika (1922–28). Seit 1932 spielte er mit seiner Kapelle in Berlin; Engagements v. a. in den *Wilhelmshallen,* im *Europa-Pavillon* und auf dem Dachgarten des *Café Berlin.* Mit seinem Orchester machte er unzählige Schallplattenaufnahmen, war aber außerdem auch als Aufnahmeleiter bei Telefunken tätig. – L. leitete nach dem Kriege u. a. das Große Unterhaltungsorchester des Deutschlandsenders in Ost-Berlin; nach dem Bau der Mauer mußte der in West-Berlin lebende L. 1961 – ebenso wie Otto Dobrindt (Leiter des Unterhaltungsorchesters vom Berliner Rundfunk) und Bruno Sänger (Chef des Tanzorchesters von Radio DDR) – seine Tätigkeit in Ost-Berlin aufgeben.

Meyer(-Gergs), Friedrich, geb.: 5. 3. 1915/Bremen, gest.: 20. 8. 1993/München. – M., der sich selbst als Autodidakt bezeichnet, war von 1934 bis 1937 Hauskomponist am Bremer Schauspielhaus, anschließend als Komponist und Arrangeur für Schallplattenfirmen tätig, für die er in den Jahren 1940/41 mit einem Studio-Orchester auch eine Reihe von Schallplattenaufnahmen machte. 1942 kam M. zum Soldatensender Belgrad, wo er ein Orchester gründete. Nach dem Kriege war M. beteiligt am Aufbau eines Tanz- und Unterhaltungsorchesters für Radio Bremen, in den folgenden Jahren in erster Linie als freischaffender Komponist, v. a. von Schlagern, Chansons und Filmmusik, u. a. für seine Frau, die Schauspielerin und Sängerin Margot Hielscher, tätig.

Minari, Carlo, geb.: 15. 5. 1901/San Remo, gest.: nicht bekannt, wahrscheinlich in San Remo. – M. arbeitete mit seiner Kapelle seit 1924 in Deutschland, seit 1925 in Berlin *(Palais de Danse, Europahaus, Eden-Hotel, Femina, Karstadt, Delphi, Moka Efti Tiergarten).* 1944 kehrte er endgültig nach Italien zurück.

Mobiglia, Tullio, geb.: 12. 4. 1911/Carezzano (Italien), gest.: 24. 7. 1991/Helsinki. Hauptinstrumente: Violine, Tenor-Saxophon. – Nach Ausbildung am Konservatorium in Genua und ersten Engagements reiste er zu Beginn der dreißiger Jahre als Musiker einer Bordkapelle mehrfach in die USA, wo er u. a. die Bekanntschaft des zu dieser Zeit führenden Tenorsaxophonisten Coleman Hawkins (1901–1969) machte. Im September 1940 kam M. zum ersten Mal nach Berlin; mit dem italienischen »Orchestra Mirador« gastierte er im Sept. ds. Js. in der *Scala.* Im Februar 1941 spielte er im Orchester Heinz Wehner und von April bis November mit seinem Sextett in der *Patria-Bar.* Im September und Oktober gastierte er außerdem auch in der Revue »Träum' von mir« im Kabarett der Komiker. 1942/43 spielte M. mit seiner Barkapelle in der *Rosita-Bar;* daneben Film- und Schallplattenaufnahmen. Nach dem Kriege arbeitete M. hauptsächlich in Italien, aber u. a. auch in Deutschland (Dortmund, Garmisch, Frankfurt). Seit 1967 bis in die achtziger Jahre war er als Geigenlehrer am Sibelius-Konservatorium in Helsinki tätig.

Munsonius, Heinz, geb.: 7. 9. 1910/Berlin, gest.: 23. 2. 1963/Berlin. Hauptinstrument: Akkordeon. – Gelernter Schriftsetzer; M. machte sich seit Anfang der dreißiger Jahre als Akkordeonvirtuose, später auch als Komponist (»Wer will heut mit mir zum Tanzen gehn«, »Etwas verrückt«) einen Namen. Er spielte seit Beginn der dreißiger Jahre mit eigenen kleinen Besetzungen in verschiedenen Berliner Bars; zahlreiche Schallplattenaufnahmen unter eigenem Namen und als Solist in anderen Orchestern, u. a. bei Michael Jary.

Nettelmann, George (Georg), geb.: 20. 1. 1902/Hannover, gest.: 17. 10. 1988/Hannover. Hauptinstrument: Piano. – Nach dem Studium am Konservatorium Brune-Evers in Hannover (Klavier, Geige) und ersten Engagements gründete N. 1924 seine Kapelle. 1929 spielte er erstmalig in Berlin *(Columbia-Tanzpalast).* In den folgenden Jahren war das Orchester in allen größeren Berliner Tanzlokalen (Dachgarten des *Café Berlin, Moka Efti Tiergarten, Femina, Delphi, Europa-Spiegelsaal*) als ausgesprochene Swingband erfolgreich; Schallplattenaufnahmen.

Nach dem Kriege war N. in Hannover als Pianist (Hotels, Bars usw.) tätig, vereinzelt bis in die achtziger Jahre.

Nikisch, Mitja, geb.: 21. 5. 1899/Leipzig gest.: 5. 8. 1936/Venedig. Hauptinstrument: Piano. – N., ein Sohn des Dirigenten Arthur Nikisch (1855–1922), studierte am Konservatorium Leipzig unter Pembaur und Teichmüller. Er war hauptsächlich als Konzertpianist tätig, wandte sich daneben aber 1927 (nach einer Konzerttournee durch die USA) dem »sinfonischen Jazz« zu. Von 1927 bis 1931 machte N. in Deutschland zahlreiche Schallplattenaufnahmen.

Omer, Jean, geb.: 7. 9. 1911/Nivelles (Belgien). Hauptinstrumente: Klarinette, Altsaxophon. – Als swingorientiertes Tanzorchester seit Ende der dreißiger Jahre in Belgien erfolgreich; O. gastierte zweimal, im Spätsommer 1941 und im Frühjahr 1942, im *Delphi*.

Ostermann, Corny (eigentlich: Cornelis Andreas Oostermann), geb.: 18. 9. 1911/Linden b. Hannover, gest.: unbekannt (vermißt; 1949 für tot erklärt). Hauptinstrument: Schlagzeug. – Seit Anfang der dreißiger Jahre war O. mit seiner Kapelle (zunächst 4 M., schließlich bis auf 10 M. erweitert) in und um Berlin tätig. Bis Anfang 1940, gelegentlich auch später noch, war das Orchester in vielen Berliner Tanzlokalen *(Café Braun* bzw. *Berolina, Atlantis, Femina, Prälat Schöneberg)* erfolgreich, in den folgenden Jahren (bis Ende 1943) nur noch als Studio-Orchester (nach Einberufung Ostermanns) unter der Leitung des Komponisten und Arrangeurs Helmut Gardens (geb.: 15. 5. 1914/Berlin, gest.: 22. 3. 1995/Berlin); zahlreiche Schallplattenaufnahmen.

Rambell, Johnny (eigentlich: Jean Rampelberg), geb.: 2. 6. 1917/Anderlecht (Belgien), gest.: 2. 6. 1986/Brüssel. Hauptinstrument: Klavier. – Im November 1943 spielte R. als letztes Tanzorchester im *Moka Efti Stadtmitte* vor dessen Kriegszerstörung am 23. 11. 43.

Rambur (Rambour), Emanuel, geb.: 20. 6. 1908/Berlin, gest.: 21. 6. 1980/Garmisch. Hauptinstrument: Violine. – R. erhielt als Kind Geigenunterricht und verdiente schon als Schüler Geld als Begleiter in Stummfilmkinos. Nach dem Musikstudium in Berlin arbeitete R. u. a. im Orchester Bernhard Etté, mit dem er 1930 zu einem Gastspiel in die USA reiste. Dort blieb er fast drei Jahre, u. a. als Konzertmeister bei Ernö Rapée. Nach der Rückkehr nach Berlin spielte er mit eigener Kapelle u. a. in der *Femina* und der *Villa d'Este*. Bekannt wurde das Orchester Emanuel Rambour als Hauskapelle des Hotels *Kaiserhof*, wo R. seit 1933 verpflichtet war. Daneben spielte die Kapelle auch auf großen Bällen, u. a. mehrmals beim Berliner Presseball, im Rundfunk und seit 1935 auch im Fernsehsender Paul Nipkow. Während des Krieges war R. im Rahmen der Truppenbetreuung tätig. Nach dem Kriege lebte er in Garmisch und war dort bis 1959 wieder mit eigener Kapelle tätig. Von 1961 bis 1977 betrieb R. in Garmisch ein Schallplattengeschäft. – Zahlreiche Schallplattenaufnahmen zwischen 1938 und 1941.

Rapée, Ernö. geb.: 4. 6. 1891/Budapest, gest.: 26. 6. 1945/New York. Pianist, Dirigent, Komponist. – Nach dem Musikstudium in Budapest arbeitete R. als Korrepetitor und Kapellmeister an Theatern in Dresden, Magdeburg und Kattowitz. Nach Tourneen durch Südamerika und Mexiko 1912 ließ er sich in New York nieder, wo er sich bald einen Namen machte als musikalischer Leiter des *Rivoli*- bzw. späteren *Rialto-Filmtheaters*. Dies war der erste Filmpalast in New York, in dem zur Stummfilmbegleitung ein Sinfonieorchester spielte. Ende 1925 kam R. nach Berlin, wo er im *Ufa-Palast am Zoo* ebenfalls ein großes Orchester von ca. 75 Mann leitete. Dies war jedoch ein geschäftlicher Mißerfolg für die Ufa, die sich daraufhin von R. trennte. Im Februar/März 1926 nahm R. (»Ernö Rapées Jazz-Symphoniker«) in Berlin auch einige Schallplatten auf und kehrte nach einer neun Monate dauernden Tournee durch Deutschland im September 1926 wieder in die USA zurück, wo er Dirigent der *Roxy-Filmtheater* und des NBC-Sinfonieorchesters wurde. Bis zu seinem Tode 1945 war er auch musikalischer Leiter der *Radio City Music Hall*. Bedeutung erlangte R. außerdem als Komponist zahlreicher Stummfilm-Musiken. 1924 erschien, herausgegeben von R., das Standardwerk für die musikalische Stummfilmbegleitung, eine Melodiensammlung für 52 Stimmungen und Situationen.

Rehmstedt, Hans, geb.: 17. 11. 1909/Wesermünde bei Bremen, gest.: 1. 2. 1956/Hannover. Hauptinstrument: Violine. – In Berlin studierte R. als Schüler u. a. von Carl Flesch an der Hochschule für Musik. Mit seiner eigenen Kapelle war er zunächst im *Café Uhlandeck* engagiert, bevor er 1938 im *Hotel Eden* die Nachfolge von Eugen Wolff antrat. Prägend für den Klang des Orchesters wurde v. a. die Mitwirkung von Willy Berking als Posaunist und Arrangeur. Seit 1938 zahlreiche Schallplattenaufnahmen. Nach dem Kriege versuchte R. bei Radio Bremen ein Comeback als Orchesterleiter. 1956 kam er bei einem Verkehrsunfall ums Leben.

Reuter, Theo (Theodor), geb.: 12. 9. 1905/München, gest.: 14. 10. 1975/Berlin. Hauptinstrument: Violine, Piano. – R. studierte in München Musik. In den dreißiger Jahren leitete R. ein Studio-Orchester, mit dem er für die Clangor-Schallplatte des Schallplatten-Volksverbandes eine Reihe von Plattenaufnahmen machte. Zuvor war er als Geiger, Pianist, Harmoniumspieler, Komponist und Arrangeur u. a. im Orchester von Frederik Hippmann tätig. Nach dem Kriege arbeitete R. u. a. als Notenkopist und betrieb in Berlin-Wilmersdorf zusammen mit seiner Frau einen Waschsalon.

Rischbeck, Rudi (Rudolf), geb.: 16. 3. 1903/München, gest.: 16. 6. 1988/München. Hauptinstrumente: Violine, Klarinette, Gesang. – R. arbeitete bereits während des Studiums an der Münchener Akademie der Tonkunst (Geige, Klavier, Gesang, Harmonielehre) als Musiker in verschiedenen Kapellen. Seit 1929 war er als Musiker überwiegend in Berlin tätig (Orchester James Kok, Julian Fuhs, Juan Llossas, Otto Dobrindt, Efim Schachmeister u. a.). Ab Mitte der dreißiger Jahre bis Anfang 1941 spielte er mit eigener kleiner Besetzung in verschiedenen Bars (*Atlantic, Königin, Palette, Quartier Latin* u. a.). Während des Krieges war R. ausschließlich als Studiomusiker (u. a. im Propaganda-Orchester »Charlie and his Orchestra«) und auf Wehrmachtstourneen zur Truppenbetreuung tätig. Nach dem Kriege arbeitete er hauptsächlich in München und Düsseldorf (Hotel *Breidenbacher Hof*) als Musiker und Kapellenleiter.

Rohrbeck, Hermann, geb.: 28. 2. 1899/Berlin, gest.: 22. 2. 1978/Berlin. Hauptinstrument: Violine. – R. übernahm nach der Ausbildung am Sternschen Konservatorium in Berlin die Kapelle seines im 1. Weltkrieg gefallenen Bruders Paul R.; Engagements in Berlin (*Resi, Delphi,* Hotel *Excelsior* u. a.) und anderen Großstädten; vor und nach dem Krieg langjährige Bordkapelle verschiedener Ocean-Liner; Schallplattenaufnahmen.

Rumpf, Max, geb.: 22. 6. 1906/Berlin, gest.: 12. 9. 1987/Darmstadt. Hauptinstrument: Schlagzeug. – R. war nach Abitur, abgebrochenem Medizin-Studium und abgeschlossener Ausbildung als Augenoptiker seit Mitte der zwanziger Jahre als Pianist in Stummfilmkinos tätig. Seit

Ende der zwanziger Jahre arbeitete er in verschiedenen Kapellen, meist als Schlagzeuger. Mit eigener Kapelle spielte R. seit 1934 unter dem Namen »Max Rommé und seine Rommées« u. a. im *Faun* und in der *Barberina.* Nach ernsthaftem Schlagzeug-Studium legte R. im Oktober 1936 vor der Reichsmusikkammer die Prüfung als Berufsmusiker ab. Im Juli 1937 spielte das auf 12 M. erweiterte Orchester zum ersten Mal im *Delphi-Palast;* weitere Engagements im *Delphi* folgten 1938 und 1939, außerdem trat das Orchester v. a. in der *Femina* und im *Café Berolina* auf. Nach 1945 kehrte R. wegen eines im Kriege erlittenen Gehörschadens wieder in seinem Beruf als Augenoptiker zurück und führte bis 1976 in Darmstadt mehrere eigene Geschäfte.

Rüth, Ludwig, geb.: 30.1.1889/Landau (Pfalz), gest.: 2.4.1941/Durban (Südafrika). R. veröffentlichte, zeitweise unter dem Namen Lewis Ruth, zwischen 1928 und 1938 ca. 400 Schallplattenaufnahmen; in der Werbung seiner Plattenfirma wurde er als »der jazzende Symphoniker« bezeichnet. – R. studierte zwischen 1909 und 1914 in München Philosophie, Musikwissenschaft und Medizin. Seit 1912 war er als Flötist, später als Dirigent verschiedener Orchester in Deutschland und Skandinavien tätig. In den zwanziger Jahren vollzog sich R.s Wechsel von der E- zur U-Musik, sein Hauptinstrument wurde das Saxophon. 1925 gründete R. in Berlin die erste eigene Kapelle. 1928 wurde die Kapelle, zu dieser Zeit unter dem Namen Lewis Ruth Band, für die Uraufführung der Dreigroschenoper an das Berliner Theater am Schiffbauerdamm verpflichtet; Dirigent dabei war Theo Mackeben (1897–1953). In den folgenden Jahren war das Orchester überwiegend für Theater, Film und Schallplatte tätig. 1937 verließ R. Deutschland, um seine jüdische Lebensgefährtin heiraten zu können, und wanderte nach Südwestafrika aus; seitdem wurde das Orchester von Hans Carste (1909–1971) geleitet. In Windhoek gründete R. eine kleine Tanz- und Unterhaltungskapelle, mit der er in Kaffeehäusern auftrat. In Durban (Südafrika) ist R. 1941 beim Baden ertrunken.

Schachmeister, Efim, geb.: 22.7.1894/Kiew, gest.: 6.10.1944/Buenos Aires (Argentinien). Hauptinstrument: Violine. – Eine der prominenten »klassischen« Hotelbands. Von 1910 bis 1913 studierte S. am Sternschen Konservatorium in Berlin. 1911 hatte er mit 17 Jahren seinen ersten Auftritt mit eigener Konzertkapelle im Berliner *Café Kronprinz.* Seit Mitte der zwanziger Jahre spielte S. mit seinem Orchester überwiegend im Hotel *Excelsior* und unternahm zahlreiche Gastspielreisen. 1933 mußte er emigrieren, ging zunächst nach Belgien, später nach Luxemburg; 1936 Auswanderung nach Südamerika; im »Lexikon der Juden in der Musik« von 1940 als »tonangebender Jazz-Kapellmeister der Systemzeit« bezeichnet. – Unzählige Schallplattenaufnahmen.

Schugalté, Michael (eigentlich: Moses Schuchhalter oder Schugalter), geb.: 20.2.1890/Odessa, gest.: 14.4.1954/Knokke (Belgien). Hauptinstrument: Violine. – Sch. leitete eine beliebte Konzertkapelle, die in Berlin v. a. in der Konditorei des *Café Berlin* spielte; 1932 Zweiter (hinter Barnabas von Géczy) im Wettstreit um die »Blaue Geige«. Nach dem Ausschluß Sch.s aus der Reichsmusikkammer 1935 wurde die Kapelle von dem Komponisten und Pianisten Jo Knümann (1895–1952) weitergeführt.

Schütz, Hans Georg, geb.: 2.3.1912/Stettin, gest.: 5.6.1976/Hemmoor bei Stade. Hauptinstrument: Akkordeon. – S. wuchs in Stettin auf und legte dort an der Bismarck-Oberrealschule das Abitur ab. Er studierte die Fächer Mathematik, Physik und Chemie und war nach dem Staatsexamen zunächst zweieinhalb Jahre als Lehrer tätig, bevor er sich 1938 als freischaffender Künstler niederließ. Er arbeitete als Komponist v. a. volkstümlicher Lieder und leitete ein eigenes Orchester. Von 1940 bis 1943 nahm er für die Deutsche Grammophon zahlreiche Schallplatten unterschiedlicher Stilrichtungen (volkstümliche und Tanzmusik) auf. Während des Krieges war S. auch am Soldatensender Belgrad tätig. Nach dem Kriege spielte er mit seinem Orchester bis in die sechziger Jahre in Berlin. Ende der sechziger Jahre setzte er sich in Hemmoor bei Stade zur Ruhe. Zu seinen Kompositionen zählt neben Filmmusik und erfolreichen Schlagern wie z. B. »Jeden Tag, da lieb' ich dich ein kleines bißchen mehr« auch der Propagandatitel »Der Glaube an Hitler soll sieghaft uns tragen« (1936; Text: Kurt Burgemeister).

Schwarz, Werner, geb.: 5.4.1911/Berlin-Treptow, gest.: 15.6.1975/Berlin-Neukölln. Hauptinstrument: Akkordeon. – S. leitete seit Anfang der dreißiger Jahre seine eigene Kapelle. Ursprünglich Pianist, entwickelte er sich jedoch bald zum ausgesprochenen »Hot-Akkordeonisten«. – S. war auch nach dem Krieg bis in die siebziger Jahre mit seiner Kapelle tätig (Berlin, *Orangerie;* später als Bordkapelle bei Kreuzfahrten); Komponist (»Ein Tag klingt aus«), Schallplattenaufnahmen.

Sid Kay's Fellows. Der Name dieser Kapelle geht zurück auf ihre Gründer Sigmund Petruschka (»Sid«; geb. 1903) und Kurt Kaiser (»Kay«; 1906–1972), der später Mitglied der Weintraubs Syncopators wurde. – Die S.K.F. entstanden 1926 zunächst als Amateur-Tanzkapelle, die aus Studenten der Berliner Technischen Hochschule bestand. Nach anfangs nur gelegentlichen Auftritten spezialisierten sich die S.K.F. bald als Ballkapelle, außerdem zahlreiche Engagements als Begleitkapelle bei Theaterinszenierungen. Nach ersten Gastspielreisen 1929 (Frankfurt/Main, Wien, Budapest) waren die S.K.F. 1930–32 als Hauskapelle im *Haus Vaterland* engagiert, wo sie zum Tanz und als Revue-Begleitung im Palmensaal spielten. 1930 begleiteten sie an dieser Stelle den Sopransaxophonisten Sidney Bechet (1897–1959) bei dessen Auftritten. Die S.K.F. bestanden nach 1933 nur noch als reines Schallplattenorchester, das in den Jahren 1934/35 unter der Leitung von Petruschka einige Titel auf der Marke Lukraphon, die sich auf die Veröffentlichung von Aufnahmen von und mit jüdischen Künstlern spezialisiert hatte, herausbrachte. Das Orchester bestand wahrscheinlich aus Mitgliedern des Tanzorchesters des 1933 gegründeten Jüdischen Kulturbundes. – Petruschka emigrierte 1938 nach Palästina, wo er den Namen Shabtai Petrushka annahm und eine bedeutende Rolle im Musikleben Palästinas bzw. Israels spielte, u. a. als musikalischer Leiter von Radio Israel.

Sinclair, Teddy (eigentlich: Ephraim Waxkirsch), geb.: 6.7.1899/London, gest.: 24.6.1938/London (anderen Quellen zufolge: Kopenhagen). Hauptinstrument: Klavier, Violine. – S. war von 1927 bis 1928 zweiter Leiter und Geschäftsführer der Londoner »Savoy Orpheans«, deren erster Leiter der Pianist Carroll Gibbons (1903–1954) war. 1928 wurde das Orchester aufgelöst. Mit einem Teil der Musiker stellte S. eine eigene Band zusammen, mit der er in Berlin sowie in der Tschechoslowakei, in Ungarn, Rumänien und Österreich gastierte, wobei er z.T. als »britischer Jazzkönig« angekündigt wurde.

Stanke, Willi, geb.: 5.11.1907/Posen, gest.: 28.3.1982/Marbella (Spanien). Hauptinstrument: Violine. – S. erhielt schon als Kind Geigen- und Klavierunterricht und studierte später in Berlin am Sternschen Konservatorium Violine (Prof. Petschnikoff) und Theorie (Prof. Klatte). Nach einem anschließenden Studium an der Kapellmeisterschule von Wilhelm Groß und der Mitwirkung im Berliner Sinfonie-Orchester gründete S. 1935 ein eigenes Unterhaltungsorchester. 1938 wandte er sich endgültig der Tanzmusik zu. Mit seiner Kapelle spielte er u. a. in den Hotels *Excelsior* und *Eden.* Seit 1942 nahm er für Columbia mit einer Studioband Schallplatten auf. Kompositionen (»Kommen Sie gut nach Hause«, 1951, u. a.).

Stauffer, Teddy (Ernest Henry), geb.: 2. 5. 1909/Murten (Kanton Freiburg, Schweiz), gest.: 27. 8. 1991/Acapulco (Mexiko). Hauptinstrumente: Violine, Tenorsaxophon. – Nach kaufmännischer Lehre und ersten Versuchen als Musiker mit einer Amateurgruppe in Bern kam S. mit eigener Gruppe (Quartett: »Teddy and his Band«) 1929 nach Berlin; 1930 war die Kapelle bereits auf zehn Musiker erweitert. Von wesentlicher Bedeutung für die musikalische Entwicklung der Band (»Teddy Stauffer mit seinen Original Teddies«) war 1935 ein mehrwöchiger Aufenthalt in New York. Die Zeit bis zur Abfahrt der »S.S. Reliance«, auf der die Teddies als Bordkapelle engagiert waren, nutzten die Musiker für Kontakte mit amerikanischen Kollegen, u. a. des Duke-Ellington-Orchesters und der Casa Loma Band. Mit dem Engagement am Berliner *Delphi-Palast* ab 1. 7. 1936 während der Olympiade gelang den Teddies der Durchbruch zur führenden Swingband Berlins. Seit 1937 wurde die *Femina* zum Stammsitz des Orchesters. Wegen des Kriegsbeginns wurde das Orchester am 1. Sept. 1939 aufgelöst, die Schweizer Musiker kehrten in ihre Heimat zurück, wo S. bald eine neue Formation gründete, die – zuletzt unter der Leitung von Eddie Brunner (1911–1960) – bis nach dem Kriege existierte. S. selbst ging 1941 zunächst in die USA und ließ sich später als Hotelier in Acapulco (Mexiko) nieder. – Der Stil des Orchesters wurde entscheidend geprägt durch seinen Posaunisten Walter Dobschinski, der den überwiegenden Teil der Spezial-Arrangements schrieb.

Stech, Willi, geb.: 29. 11. 1905/Krefeld, gest.: 28. 4. 1979/Ehrenstetten (Baden). – S. studierte an der Kölner Musikhochschule Klavier und Komposition. Seit 1928 unternahm er als Pianist Konzertreisen im In- und Ausland und ging im September 1933 nach Berlin, wo er als Referent, später als Abteilungsleiter am Deutschlandsender in der Abteilung Unterhaltung für den Bereich Musik zuständig war. Seit 1933 war S. auch Mitglied der NSDAP. 1934 war er, zusammen mit Harold M. Kirchstein, Gründer der Goldenen Sieben. Seit ungefähr 1939 produzierte S. mit Musikern der Reichsrundfunkgesellschaft Rundfunkaufnahmen mit einer Art konzertanter Tanzmusik, die z. T. auch auf Schallplatte erschienen ist, und gab mit diesem Orchester auch öffentliche Konzerte. Im Februar 1944 wurde er mit der Leitung des Deutschen Tanz- und Unterhaltungsorchesters (zusammen mit Barnabas von Géczy) beauftragt. In Prag geriet er bei Kriegsende in ein sowjetisches Arbeitslager, aus dem ihm die Flucht gelang. Nach dem Kriege leitete S. seit 1951 das Kleine Unterhaltungsorchester des Südwestfunks in Freiburg und gründete nach dessen Auflösung 1970 noch einmal ein eigenes Orchester. – Zahlreiche Kompositionen und Mitwirkung in Filmen.

Steimel, Adolf, geb.: 12. 10. 1907/Berlin, gest.: 12. 8. 1962/Berlin. – S. erhielt als Kind Klavierunterricht. Er erlernte zunächst den Beruf des Konfektionskaufmanns, wechselte aber später zur Musik. Nach Engagements in verschiedenen Berliner Tanzkapellen kam S. Mitte der dreißiger Jahre als Pianist und Arrangeur zu Billy Bartholomew, Ende der dreißiger Jahre ebenfalls als Pianist zu Kurt Widmann. 1939 gründete er für die Schallplattenmarke Odeon das »Organum-Tanzorchester«, ein reines Studio-Orchester, das durch Einbeziehung einer Orgel einen eigenen, aber etwas schwerfällig wirkenden Sound bekam. S. komponierte Filmmusik (u. a. »Wir machen Musik«, zusammen mit Peter Igelhoff) und Schlager (»Die Männer sind schon die Liebe wert«, »Junger Mann aus gutem Hause« u. a.) und schrieb Arrangements, u. a. für das Deutsche Tanz- und Unterhaltungsorchester, die als besonders anspruchsvoll und ausgefeilt galten.

Steinbacher, Erwin, geb.: 15. 7. 1903/Berlin, gest.: 12. 5. 1988/Schlangenbad. Hauptinstrument: Violine, Tenorsaxophon. – S. wechselte nach anfänglichem Jurastudium zur Musik und war in den zwanziger und frühen dreißiger Jahren Mitglied verschiedener Kapellen, u. a. bei Etté. Ende der dreißiger Jahre gründete er sein eigenes Orchester, mit dem er in vielen Berliner Tanzlokalen (u. a. *Berolina, Europahaus, Haus Vaterland*) und auf Wehrmachts-Tourneen spielte; daneben auch Schallplattenaufnahmen. Nach dem Kriege betrieb S. u. a. einen Musikverlag und gastierte zusammen mit seiner Ehefrau als Sängerin und seiner Kapelle in vielen westeuropäischen Ländern, v. a. in der Schweiz.

Stenzel, Otto, geb.: 12. 4. 1903/Berlin, gest.: 7. 3. 1989/Baden-Baden. – Nach Abitur (1920) und dem Studium an der Berliner Hochschule für Musik (1921–24; Violine, Fagott, Kompositionslehre) war S. zunächst als Geiger in großen Orchestern tätig, u. a. bei den Berliner Philharmonikern. 1925 wurde er 2. Kapellmeister am *Ufa-Palast am Zoo* bei Ernö Rapée. Später leitete er als 1. Kapellmeister das Orchester des *Ufa-Theaters am Kurfürstendamm.* Seit 1. April 1930 war S. musikalischer Leiter der Berliner *Scala.* S., der schon seit längerem als »politisch unzuverlässig« im Sinne des Nationalsozialismus galt, war 1939 nach Kriegsbeginn aufgrund einer Denunziation wegen regimekritischer Äußerungen vier Wochen im Konzentrationslager Sachsenhausen inhaftiert und erhielt anschließend für einige Zeit Berufsverbot. Er wurde später überwiegend für die Truppenbetreuung eingesetzt, blieb aber bis zur Kriegszerstörung des Hauses im November 1943 offizieller Leiter des *Scala*-Orchesters und ging danach mit einem Teil des Ensembles zu einem Gastspiel nach Spanien, wo er das Kriegsende erlebte. Nach dem Kriege arbeitete S. u. a. als musikalischer Leiter bei der Eisrevue »Holiday on Ice«. Als Komponist schrieb S. neben der Musik zu diversen Stummfilmen u. a. den täglichen Hausmarsch der *Scala* »Und abends in die Scala« (1937). Zahlreiche Schallplattenaufnahmen mit dem Orchester der *Scala.*

Templin, Lutz, geb.: 18. 6. 1901/Düsseldorf, gest.: 7. 3. 1973/Warder bei Neumünster. Hauptinstrument: Tenorsaxophon. – T. studierte Violine und Kompositionslehre. In den dreißiger Jahren war er als Saxophonist und Arrangeur in verschiedenen Kapellen tätig, u. a. bei Ilja Livschakoff und Adolf Steimel. Seit 1941 leitete T. ein Studio-Orchester, das für die Deutsche Grammophon unter eigenem Namen Aufnahmen machte sowie für den Kurzwellensender Berlin unter der Bezeichnung »Charlie and his Orchestra«. Nach dem Kriege war er eine Zeitlang Leiter des Tanzorchesters des Süddeutschen Rundfunks. Zahlreiche Kompositionen (»Rhythmus in Dosen« u. a.).

Thomsen, Aage Juhl, geb.: 22. 8. 1899/Raarup bei Juelsminde (Dänemark), gest.: 29. 4. 1979/Kopenhagen. Hauptinstrument: Violine. – T. war seit 1928 als Kapellmeister in Århus, seit 1933 in Kopenhagen tätig, u. a. mehrere Jahre in der *National-Scala,* wo er mit seinem Orchester im März 1935 Coleman Hawkins bei einem Gastspiel begleitete. Das in Dänemark populäre Tanzorchester, in dem häufig gute Jazzmusiker mitwirkten, gastierte im Mai 1936 in der *Femina* und nahm in Berlin auch Schallplatten auf.

Thon, Franz, geb.: 30.6.1910/Köln. Hauptinstrument: Klarinette. – T., dessen Vater Kapellmeister und Komponist war, wuchs in Berlin auf und studierte hier am Sternschen Konservatorium (Klavier, Harmonielehre, Klarinette, Saxophon). Nach 1930 spielte er u.a. in den Orchestern von Ben Berlin, Paul Godwin, bei den Berliner Tanz-Sinfonikern und bei der Goldenen Sieben sowie im *Scala*-Orchester von Otto Stenzel. 1939 nahm er unter eigenem Namen einige Schallplatten auf. Nach dem Kriege ließ sich T. in Hamburg nieder, wo er von 1948 bis 1980 das Tanzorchester des Norddeutschen Rundfunks leitete.

Vossen, Albert, geb.: 22.5.1910/Aachen, gest.: 10.8.1971/Köln. Hauptinstrument: Akkordeon. – V. studierte von 1925 bis 1930 an der Kölner Musikhochschule, um Konzertpianist zu werden, wechselte aber 1930 in Berlin als Akkordeonist zur Tanzmusik über. Seit 1932 leitete er die Kapelle der *Ciro-Bar.* Ab 1942 war V. Solist beim Deutschen Tanz- und Unterhaltungs-Orchester. Nach dem Kriege war er in Köln wieder als Musiker und Komponist tätig.

Weber, Fritz (Friedrich), geb.: 24.1.1909/Köln; gest.: 9.6.1984/Köln; Hauptinstrument: Violine; Gesang (»Der singende Geiger«). – Nach dem Studium an der Rheinischen Musikschule Köln und ersten Engagements spielte W. 1929 erstmals mit eigener 5-M.-Kapelle im *Rhein-Pavillon* in Rodenkirchen bei Köln. Nach verschiedenen Engagements, hauptsächlich im westdeutschen Raum, wurde W. 1934 nach Berlin verpflichtet *(Kakadu-Bar).* Weitere Engagements in Berlin folgten: *Europa-Spiegelsaal* (1935); 1936 war er mit seinem Orchester in der Finalrunde des vom Reichsrundfunk veranstalteten Wettbewerbs um die beste deutsche Tanzkapelle; 1937 und 1940 Engagements im *Delphi-Palast.* Nach dem Kriege war W. bis 1960 mit eigener Kapelle vorwiegend im westdt. Raum tätig; Schallplattenaufnahmen.

Weber, Marek, geb.: 25.10.1888/Lemberg (Galizien), gest.: 9.2.1964/Chikago (Illinois, USA). Hauptinstrument: Violine. In den Jahren vor 1933 leitete W. die neben Dajos Béla vielleicht bekannteste der »klassischen« Berliner Hotelbands. – 1906 kam W. im Alter von 17 Jahren nach Berlin und studierte hier von 1906 bis 1908 am Sternschen Konservatorium. Bereits mit 20 Jahren gründete er in Berlin seine eigene Kapelle, mit der er u.a. im *Café Schön,* dem *Englischen Café* am Kurfürstendamm, im *Eden-* und *Esplanade*-Hotel und, seit 1926, v.a. im Hotel *Adlon* spielte. Daneben gab er mit seinem Orchester auch Konzerte, u.a. im Großen Schauspielhaus, und wirkte in Filmen mit. 1933 emigrierte W. zunächst nach England, später in die Schweiz, von wo er Gastspielreisen in viele Länder Europas unternahm. 1937 wanderte er in die USA aus, wo er als »Waltz-King of Radio« noch einmal Karriere machte und Besitzer einer Farm wurde. – Unzählige Schallplattenaufnahmen.

Wehner, Gerhard, geb.: 30.12.1916/Berlin, gest.: 11.3.1994/Leinfelden-Echterdingen. Hauptinstrument: Klavier. – Gerhard W. erhielt seine musikalische Ausbildung in Berlin. In den dreißiger Jahren war er als Pianist u.a. in den Orchestern von Will Glahé, Hermann Rohrbeck und Carlo Minari tätig, bevor er 1936 gemeinsam mit seinem älteren Bruder Kurt (»Curry«, gefallen am 31.10.1944), der ebenfalls Pianist war, eine eigene Kapelle gründete, die 1941 auch einige Schallplattenaufnahmen, u.a. mit der Sängerin Gertie Schönfelder sowie mit Eugen Henkel (Tenorsaxophon), Walter Leschetizky (Violine) und Serge Matul (Gitarre), machte. Nach Wehrmacht und Gefangenschaft war Gerhard W. nach 1949 zunächst in Berlin mit eigener Kapelle tätig, seit 1951 als Pianist im Südfunk-Tanzorchester von Erwin Lehn. Seit 1963 spielte Gerhard W. mit seinem Ensemble im Stuttgarter Raum. Zahlreiche Kompositionen (»Schön, daß du wieder bei mir bist«, 1939 zusammen mit Kurt W., u.v.a.).

Wehner, Heinz (Heinrich), geb.: 21.5.1908/Einsal i. Westfalen, gest.: unbekannt (1958 für tot erklärt; Todesdatum festgestellt auf 31.12.1945). Hauptinstrument: Violine, Gesang. – W., Sohn eines Schlossers, wuchs im westfälischen Altena und in Hannover auf. Schon als Kind erhielt er Geigenunterricht und besuchte später das Konservatorium in Hannover. Zusammen mit Ewald Meyer, der Wehners Orchester bis 1940 als Schlagzeuger angehörte, gründete W. um 1925 in Hannover sein erstes Ensemble, ein Trio. Das Ensemble spielte überwiegend im westdeutschen Raum und erweiterte sich bis Anfang der dreißiger Jahre auf eine Stärke von 8 bis 9 Mann. 1934 gastierte W.s Orchester das erste Mal in Berlin *(Europa-Pavillon).* Durch die Verpflichtung erstklassiger Solisten (Herbert Müller, Helmuth Wernicke, Willy Berking; später: Teddy Kleindin, Kurt Abraham, Rudi Arndt, Otto Tittmann, Henk Bruyns, Tullio Mobiglia u.v.a.) und moderne Arrangements sowie v.a. durch seine starke Swingorientierung gelang dem Orchester schnell der Sprung in die Spitzengruppe der deutschen Tanzorchester; auf den Plattenlabels firmierte das Orchester zeitweise als »H.W. mit seinem Telefunken-Swing-Orchester«. Es war außerdem eines der wenigen Tanzorchester, die zu dieser Zeit im Ausland gastierten: 1936 und 1939 gastierte das Orchester im Stockholmer Tanzpalast *Fenix-Kronprinsen.* In Berlin spielte das Orchester außer im *Europahaus (Pavillon, Spiegel-* und *Palmensaal)* hauptsächlich im *Delphi* und der *Femina* sowie im *Café Berolina.* Von 1941 bis 1945 war W. zur Truppenbetreuung in Norwegen eingesetzt; von dort wurde er Anfang 1945 an die Ostfront versetzt, wo er vermutlich umkam. – Kommerzielle Schallplattenaufnahmen zwischen 1935 und 1942.

Weille, Benny de, geb.: 6.3.1915/Lübeck, gest.: 17.12.1977/Kampen (Sylt). – W., Sohn eines Kapellmeisters und einer Sängerin, spielte schon während des Musikstudiums (Klavier, Geige) Klarinette und Saxophon in einer Amateurkapelle. Nach einem Aufenthalt in Amsterdam, wo er bei Hans Helmke, dem Soloklarinettisten des Concertgebouw-Orchesters, Klarinettenunterricht erhielt, kam er 1938 nach Berlin und spielte dort bei zahlreichen Orchestern, u.a. bei den Teddies in der *Femina.* Mit eigenen Besetzungen machte W. ab 1940 zahlreiche Schallplattenaufnahmen. Nach dem Krieg war er zunächst bei Radio Frankfurt tätig, später beim NWDR in Hamburg, bevor er bei der Schallplattenfirma Polydor Produktionsleiter wurde. Zahlreiche Kompositionen (»Ich nenne alle Frauen Baby«, 1942; »Bravo, bravo, beinah wie Caruso«, 1953).

Weintraubs Syncopators. – Die W.S. galten in den späten zwanziger Jahren als Berlins führende Tanzkapelle und beste Jazzband. Der expressionistische Maler Max Oppenheimer verewigte sie in seinem Gemälde »Jazz Band«. Gegründet wurde das Orchester 1924 in Berlin von Stefan Weintraub (geb.: 14.8.1897/Breslau, gest.: 10.9.1981/Sydney, Australien) als Amateurkapelle. Nach 1927 arbeiteten die W.S. ständig zusammen mit dem Komponisten Friedrich Holländer (1896–1976), der sie v.a. als Begleitkapelle für seine Revuen in verschiedenen Berliner Theatern einsetzte. 1929 spielten die W.S. den Soundtrack zu dem Film »Der Blaue Engel«, in dem sie auch selbst auftraten. Wegen der nach 1928 zunehmenden Gastspieltätigkeit in ganz Deutschland und vielen Ländern Europas waren die W.S. in Berlin relativ selten zu erleben: Neben ihrer Mitwirkung bei den großen Ballveranstaltungen traten die W. S. im *Wintergarten* auf (Dezember 1929 und Februar 1933) und im Mai/Juni 1930 im *Karstadt*-Dachgarten. Die Besetzung des Orchesters wechselte gelegentlich, bestand aber überwiegend aus jüdischen Musikern. 1933 beschlossen die W.S. während eines Gastspiels in den Niederlanden, nicht mehr nach Deutschland zurückzukehren. Das Orchester bestand aber weiter und unternahm Tourneen durch Italien, die Tschechoslowakei, Rußland, Schweden, Norwegen, Ungarn, Rumänien. 1936 gastierte das Orchester neun Monate lang in Japan. Von 1937 bis zu seiner Auflösung 1940 arbeiteten die W. S. in Australien. Zu dieser Zeit waren von den Gründungsmitgliedern nur noch Stefan Weintraub und Horst Graff dabei. Nach dem Kriegseintritt Japans und der USA und der darauf folgenden Internierung der deutschen Mitglieder löste sich das Orchester auf. – Zahlreiche Schallplattenaufnahmen in Deutschland, Italien, Japan und der Sowjetunion.

Weißen Raben, Die. – Die W. R. wurden 1926 in Berlin auf Initiative von Rudi Fehr als Amateurorchester gegründet, das zunächst aus Oberschülern und Studenten bestand. In den späten zwanziger und frühen dreißiger Jahren entwickelten sich die W. R. bald zu einem beliebten Ballorchester (u. a. »Weiße-Raben-Bälle«). Einige der Orchestermitglieder, u. a. Rudi Fehr, gingen 1933 in die Emigration. Von 1933 bis 1943 wurde das Orchester von Milo Karacz geleitet und war überwiegend bei Bällen sowie für Rundfunk und Film, während des Krieges auch in der Truppenbetreuung tätig. Nach dem Kriege gründete Karacz in Hamburg eine kleine Formation unter der Bezeichnung »Die Weißen Raben«, die im Rahmen des britischen Soldatensenders BFN tätig war. Nach der Auflösung dieser Band im Jahre 1953 war Karacz bis zu seinem Tode 1975 in Hamburg als Arzt tätig. – Keine Schallplattenaufnahmen der W. R.

Whiteman, Paul, geb.: 28. 3. 1890/Denver (Colorado, USA), gest.: 29. 12. 1967/Doylestown (Pennsylvania, USA). – W. gilt als Urheber des »sinfonischen Jazz«, den er durch die enorme Verbreitung seiner Schallplatten und mehrere Gastspielreisen ab Mitte der zwanziger Jahre auch in Europa populär machte. Mit seinen aufsehenerregenden Konzerten im Berliner Großen Schauspielhaus (Juni 1926) übte er auf die Entwicklung von Jazz und Tanzmusik in Deutschland einen starken Einfluß aus.

Widmann, Kurt, geb.: 2. 3. 1906/Berlin, gest.: 27. 11. 1954/Berlin. Hauptinstrumente: Schlagzeug, Posaune, Akkordeon, Gesang. – Anfang der dreißiger Jahre gründete W., der als Musiker Autodidakt war und deswegen vor der Reichsmusikkammer eine Prüfung als Berufsmusiker ablegen mußte, seine erste Kapelle. Seit 1933 war er, zunächst mit einem Quartett, an die *Imperator-Diele* engagiert. Das *Imperator* wurde der »Stammsitz« des W.-Orchesters, das schließlich eine Stärke von 10 M. erreichte. Nach dem Kriege gründete W. bald ein neues Orchester, mit dem er zunächst v. a. in amerikanischen Clubs spielte, bald auch öffentliche Konzerte gab; zahlreiche Schallplattenaufnahmen.

Winter, Horst, geb.: 24. 9. 1914/Beuthen (Oberschlesien). Hauptinstrument: Klarinette, Sänger. – W., dessen Familie 1921 von Beuthen nach Berlin übersiedelte, studierte hier einige Zeit Musik (Violine, Klarinette, Klavier). Schon um 1930 leitete er als Geiger eine überwiegend aus Musikstudenten bestehende Tanzkapelle. Später spielte er u. a. in der Kapelle Paul Weinappel sowie 1935/36 mit eigener Kapelle in der *Ciro-Bar* und im *Quartier Latin.* 1937 wurde er als Soldat eingezogen und kam später zum Musikcorps des Panzerlehrregiments in Wünsdorf bei Berlin. Während des Krieges wurde W. für regelmäßige Engagements, u. a. in der *Carlton-Bar,* und für Rundfunk- und Schallplattenaufnahmen mit seinem Orchester und als Sänger vom Dienst beurlaubt, wirkte bei Wehrmachtstourneen mit und 1943 vorübergehend am Soldatensender Belgrad. Nach dem Kriege ließ sich W. in Wien nieder, wo er eine zweite Karriere als Leiter des Wiener Tanzorchesters und v. a. als Schlagersänger begann. 1976 wurde ihm vom österreichischen Bundespräsidenten der Professorentitel verliehen, und 1977 wurde W. Kapellmeister der Hoch- und Deutschmeister.

Wolff, Eugen »José«, geb.: 19. 2. 1901/Hamm (Westfalen), gest.: 7. 11. 1961/Berlin. Hauptinstrument: Violine. – W., der schon als Kind Geige lernte, wuchs in Antwerpen auf. Dort und in Bochum studierte er Musik. In den zwanziger Jahren gründete er eine eigene Kapelle, mit der er ganz Deutschland sowie Österreich, die Schweiz und die Niederlande bereiste. In Berlin spielte er mit seiner Kapelle seit 1935 zunächst im *Eden-Hotel,* seit 1937 im Hotel *Esplanade.* Seit 1935 zahlreiche Schallplattenaufnahmen und Filmsynchronisationen. Während des Krieges unternahm W. Konzerttourneen im Rahmen der Truppenbetreuung und geriet 1945 in sowjetische Kriegsgefangenschaft, wo er ein Lagerorchester leitete. 1950 gründete W. ein neues Orchester, mit dem er wieder für Rundfunk und Schallplatte arbeitete und, zusammen mit seiner Frau, der Sängerin Marlene Mathàn, Tourneen unternahm.

Wooding, Sam, geb.: 17. 6. 1895/Philadelphia (USA), gest.: 1. 8. 1985/New York. Hauptinstrument: Klavier. – W. begann als Pianist und Sänger mit Bands in Atlantic City, gründete nach dem 1. Weltkrieg in Atlantic City seine eigene Band, mit der er u. a. in Detroit und New York auftrat. Zunächst als Begleitband der Revue »Chocolate Kiddies«, gastierte W. mit seinem Orchester, das ausschließlich aus farbigen Musikern bestand, in den Jahren 1924 bis 1927 und 1928–1931 in Europa, dabei auch mehrmals in Berlin, erstmals im Mai 1925. Mit seinen Tourneen trug W. wesentlich dazu bei, den Jazz auch in Europa populär zu machen. W. studierte später, um Lehrer zu werden. In den sechziger und siebziger Jahren kehrte er nach Europa zurück, wo er wieder Tourneen unternahm, und ließ sich 1966 für einige Jahre in der Bundesrepublik nieder. In W.s Bands spielten bedeutende Jazzmusiker, u. a. auch Herb Flemming (1898–1976). – Zahlreiche Schallplattenaufnahmen, u. a. 1925/26 in Berlin.

Berlin – Tanzlokale der dreißiger und vierziger Jahre

A

Adlon, Hotel, Unter den Linden 1
Admirals-Café am Bhf. Friedrichstraße, Friedrichstraße 101
Admirals-Casino im Admiralspalast, Friedrichstraße 101
Aktuell Café/Tanzbar, Lutherstraße 25
Alexander-Casino, Alexanderstraße 1
Ali Bar, Motzstraße 8
Alkazar, Behrenstraße 53–54[1]
Allotria, Tanzbar, Kurfürstendamm 61
Alt Bayern, Friedrichstraße 94
Altes Ballhaus, Joachimstraße 20
Ambassadeurs, Hardenbergstraße 18
Arnds Bier Bar, Pariser Straße 28 a
Atlantic, Kurfürstendamm 14–15[2]
Atlantis, Behrenstraße 53–54[3]

B

Bajadere Tanzbar, Joachimstaler Straße 11
Bal Tabarin, Jägerstraße 58
Barberina, Hardenbergstraße 17–18
Behrens, Altdeutscher Ball, Elsässer Straße 10
Bei Henry Bender, Bleibtreustraße 33
Bei Julian Fuhs, Nürnberger Straße 16[4]
Berolina, Alexanderplatz 1[5]
Biens Festsäle, Kreuzbergstraße 48
Blaue Konditorei, Kaffee/Tanzdiele, Uhlandstraße 71
Blumengarten, Oberschöneweide, Ostendstraße 11–13
Bobby, Kurfürstendamm 214
Bohème Bar, Courbièrestraße 13
Bonbonniere, Tanzkabarett, Friedrichstraße 41–42
Bristol, Hotel, Unter den Linden 65
Broadway, Kantstraße 8[6]

C

Café am Zoo/Grill am Zoo/Palais am Zoo, Budapester Straße 9 a (heute: Nr. 42)
Café Braun, Alexanderplatz 1
Café City, Potsdamer Straße 11
Café Corso am Zoo, Hardenbergstraße 27a–28
Carlton Bar, Rankestraße 29
Casaleon, Hasenheide 69
Casanova, Lutherstraße 22[7]
Cascade, Rankestraße 30
Charlott Bar, Joachimstaler Straße 41
Chiquita, Kurfürstendamm 211
Ciro Bar, Rankestraße 31–32
Clärchens Ballhaus, Auguststraße 24
Clou, Berliner Konzerthaus, Mauerstraße 82
Columbia, Tanzpalast, Kurfürstendamm 217
Columbus Hafenschänke, Martin-Luther-Straße 13

D

Das Goldene Hufeisen, Kabarett/Varieté, Lutherstraße 31
Delphi-Palast, Kantstraße 12 a
Diana-Bar, Joachimstaler Straße 38[8]
Djamil-Bar, Fasanenstraße 74
Dorett Tanzcafé, Kantstraße 44
Dorett Tanzcafé, Turmstraße 25–26[9]
Dschungel Tanzbar, Joachimstaler Straße 35

E

Eden Hotel, Budapester Straße 18 (mit Eden-Pavillon und Dachgarten)
Eldorado, Lutherstraße 29
Eldorado, Motzstraße 15
Englischer Hof, Alexanderstraße 37
Erban, Tanzkaffee, Friedrichstraße 118
Esplanade Hotel, Bellevuestraße 16–18
Europahaus, Saarlandstraße 92 (mit »Café Europahaus«, »Europa-Spiegelsaal«, »Europa-Pavillon«, »Europa-Dachgarten« und »Europa-Palmengarten«/»Theater im Europahaus«)
Ewige Lampe, Rankestraße 9
Excelsior, Hotel, Saarland- bzw. Stresemannstraße 78

F

Fandango, Tanz-Café, Chausseestraße 4
Faun der Friedrichstadt, Friedrichstraße 180
Faun des Westens, Tauentzienstraße 19
Femina, Nürnberger Straße 50–52
Filmhof, Bülowstraße 1
Florida, Palais, Kurfürstendamm 237
Frasquita Weinrest./Bar in den Wilhelmshallen am Zoo, Hardenbergstraße 29a[10]

G

Gary, Berliner Straße 1
Gong Tanzbar, Nürnberger Platz 2
Greifi-Bar, Joachimstaler Straße 41
Groschenkeller, Kantstraße 126
Grunewald-Kasino, Hubertusbader Straße 7–9

H

Hahnen, Nollendorfplatz 1
Haus Germania/Gourmenia, Hardenbergstraße 29 a-e (mit Weinrestaurant »Traube«, »Café Berlin«, »Dachgarten Berlin«, Bierrestaurant »Stadt Pilsen«)
Haus Vaterland, Köthener Straße 1–5 (mit verschiedenen, jeweils einer Region gewidmeten Abteilungen, wie z. B.: Rheinterrasse, Wiener Grinzing, Löwenbräu, Wild-West-Bar usw.)
Hega-Diele in Hellmanns Gaststätten, Schönhauser Allee 130
Himmel und Hölle, Kurfürstendamm 237
Hollywood, Friedrichstraße 152

I
Imperator, Friedrichstraße 67
Jockey Bar u. Weinrestaurant, Keithstraße 17
Johnny's Night-Club, »Montparnasse in Berlin«, Kalckreuthstraße 4

K
Kaiserhof Hotel, Mohrenstraße 1–5
Kakadu Bar, Joachimstaler Straße 10
Kantorowicz Bar/Tanzdiele, Ansbacher Straße 15
Königin, Kurfürstendamm 235[11]
Krug zum grünen Kranze, »4000 mm unter der Erde«, Alexanderplatz 5–7

L
Leitmeyer Café, Frankfurter Allee 328 und Petersburger Straße 91
Leon, Café, Kurfürstendamm 156
Libelle, Tanz-Palast, Jägerstraße 63 a

M
Margrits Bar, Seydelstraße 30
Maxim, Häckers Kaffeehaus und Bar, Potsdamer Straße 72
Meine Schwester und ich, Night Club, Kurfürstendamm 211
Melodie, Tanzcafé/Rest./Bar, Kurfürstendamm 70[12]
Mexico-Bar, Prenzlauer Straße 32
Moka Efti Stadtmitte, Friedrichstraße 59–60
Moka Efti Tiergarten, Bellevuestraße 11 a[13]
Mundt's Festsäle, Köpenicker Straße 100

N
Neue Welt, Hasenheide 106–114

O
Oase Tanzbar/Kabarett, Potsdamer Straße 6
Odeon, Hasenheide 39
Ohio-Bar, Friedrichstraße 166
Olympia Tanzcafé, Wilmersdorf, Stenzelstraße 20[14]
Orangerie, Schöneberg, Hauptstraße 30
OT, Café/Hotel/Restaurant/Tanz, Friedrichstraße 112 a

P
Palais de Danse (mit Pavillon Mascotte), Behrenstraße 53–54[15]
Palast des Centrums (PdC), Das Ballhaus der City, Rosenthaler Straße 36
Patria Bar, Hohenstaufenstraße 20
Pompeji, Ansbacher Straße 46
Prälat Schöneberg, Hauptstraße 122–124

Q
Quartier Latin, Kurfürstenstraße 89

R
Regina, Tanzkaffee/Bar, Augsburger Straße 28
Regina-Palast, Kurfürstendamm 10[16]
Remde's St. Pauli, Rankestraße 20
Resi (eigentlich: »Residenz-Casino«), Blumenstraße 10
Riche, Tanz-Pavillon, Kurfürstendamm 12[17]
Rio Rita Bar, Tauentzienstraße 12
Roesch, Grill/Restaurant/Bar, Kurfürstendamm 210
Rokoko, Tanz-Bar, Friedrichstraße 80[18]
Rosendiele (Kaffeehaus Pavillon B. G.), Unter den Eichen 112 a
Rosita Bar, Bayerischer Platz 2
Roxy Tanzbar, Joachimstaler Straße 26

S
Savarin, Restaurant/Bar, Budapester Straße 33
Schönbrunn, Köpenicker Straße 96
Schwindt's Bar, Joachimstaler Straße 38[19]
Sherbini Club, Uhlandstraße 19
Sing Sing, Chausseestraße 11
Sommerlatte's Schanghai, Albrechtstraße 11
Sportbar, Dorotheenstraße 17[20]
Steinmeier Tanzpalast/Kabarett, Friedrichstraße 96
Steinmeier, Das Ballhaus, Kurfürstendamm 217[21]
Swing Rest./Kaffee/Bar, Augsburger Straße 28

T
Tabasco Künstler-Studio, Uhlandstraße 184
Trocadero Diele und Bar, Kabarett, Friedrichstraße 80[22]

U
Udo-Bar, Bayreuther Straße 44
Uhlandeck Café, Kurfürstendamm 31
Uhu Bar, Lutherstraße 19 a

V
Valencia, Kantstraße 8[23]
Victoria-Luise, Tanz-Café, Victoria-Luise-Platz 8
Villa d'Este, Hardenbergstraße 21–23[24]

W
Walterchens Ballhaus, Holzmarktstraße 72
Wien-Berlin, Jägerstraße 63 a[25]
Wien-Berlin, Potsdamer Straße 100
Wilhelmshallen, Hardenbergstraße 29 a

[1] vgl.: »Palais de Danse« und »Atlantis« [2] zeitweise unter dem Namen »Windsor« [3] vgl.: »Alkazar« bzw. »Palais de Danse« [4] vorher: Weinrestaurant »Champignon« [5] vgl.: Café Braun [6] zuvor: »Valencia« [7] ehemals »Scala-Casino«; später: »Haus Hungaria« [8] später Schwindt's Bar [9] ehemals »Café Vaterland« bzw. »Kaffee Ufa« [10] zuvor: »Fiammetta« [11] zeitweise auch unter dem Namen »Queen«-Bar [12] ehemals »Café Kurfürstendamm« [13] ursprünglich: »Café Schottenhaml« [14] zuvor: Café »Parkschloß«. – Die Stenzelstraße (vorher: Augustastr.) heißt heute Blissestraße. [15] vgl. »Atlantis« und »Alkazar« [16] später: Café »Trumpf« [17] vorher: »Charlott-Casino« [18] ursprünglich Gaststätte »Gambrinus«, später: »Trocadero« [19] vorher: »Diana-Bar« [20] Dorotheenstraße heute: Clara-Zetkin-Straße [21] vorher: Nelsons »Künstlerspiele«; Tanzpalast »Columbia« [22] vgl.: »Rokoko«-Tanzbar [23] später: »Broadway« [24] später: »Café Aquarium« [25] vgl.: »Libelle«

Literatur- und Quellenverzeichnis

Literatur:

Almanach Café Schottenhaml, Berlin (1927)

Bauwerke und Kunstdenkmäler von Berlin, Die – Stadt und Bezirk Charlottenburg. Berlin 1961

Bergmeier, H. J. P./Lotz, Rainer E., Billy Bartholomew. Bio-Discography, *Jazzfreund*-Publikation Nr. 27, Menden 1985

dies., Eric Borchard Story. Mit einem Vorwort von Horst H. Lange. *Jazzfreund*-Publikation Nr. 35, Menden 1988

Berlin und seine Bauten. Teil IX Industriebauten, Bürohäuser. Berlin. München, Düsseldorf 1971

Berlin und seine Bauten. Hg. Architekten-Verein zu Berlin. Berlin, 1877.

Berlin und seine Bauten. Bearb. u. hrsg. vom Architekten-Verein zu Berlin und der Vereinigung Berliner Architekten. Teil III (Privatbauten), Berlin 1896

Berlin und seine Bauten. Teil VIII Bauten für Handel und Gewerbe. Band B Gastgewerbe. Berlin 1980

Berliner Nächte. Berliner Bilder. Eine illustrierte Sammlung von Einzeldarstellungen aus allen Gebieten des Berliner Lebens. Berlin 1914

Conrad, Gerhard, Heinz Wehner. Eine Bio-Discographie. *Jazzfreund*-Publikation Nr. 39, 1989

Das Europa-Haus in Berlin. Ein neuzeitlicher Großbau. Seine Entstehungsgeschichte vom ersten Spatenstich bis zur Vollendung. Von Albert Heilmann, Architekt und Baumeister, Vorsitzender des Aufsichtsrats der Großbauten AG. Berlin (ca. 1931)

Eichstedt, Astrid/Polster, Bernd, Wie die Wilden. Tänze auf der Höhe ihrer Zeit. Berlin 1985

Eldorado. Homosexuelle Frauen und Männer in Berlin 1850–1950. Geschichte, Alltag und Kultur. Katalog der Ausstellung im Berlin-Museum. Berlin (1984)

Elow (eigentlich: Erich Lowinsky), Von der Jägerstraße zum Kurfürstendamm. Manuskript veröffentlicht in: Die Zehnte Muse. Kabarettisten erzählen. Hrsg. von Frauke Deißner-Jenssen, Berlin (DDR) 1986

Geschichtslandschaft Berlin. Orte und Ereignisse, Bd. 2, Tiergarten, Vom Brandenburger Tor zum Zoo. Berlin 1989

Geschichtslandschaft Berlin, Bd. 1, Teil 2: Charlottenburg, Der neue Westen. Berlin 1985

Haus Gurmenia – Die neueste Sehenswürdigkeit Berlins. Broschüre, Berlin (1929)

Hermann, Georg, Café am Tiergarten. In: Vossische Zeitung, 13. 1. 1927

ders., Für und wider Oskar Kaufmann, in: Almanach Café Schottenhaml am Tiergarten. Berlin (1927)

Jansen, Wolfgang, Das Varieté. Die glanzvolle Geschichte einer unterhaltenden Kunst, Berlin 1990

Jansen, Wolfgang/Pütz, Karl H., Varieté unterm Hakenkreuz. In: Und abends in die Scala. Fotografien von Josef Donderer. Berlin 1991

Käs, Rudolf, Hot and Sweet. Jazz im befreiten Land. In: Hermann Glaser/Lutz von Pufendorf/Michael Schöneich (Hrsg.), Soviel Anfang war nie. Deutsche Städte 1945–1949. Berlin 1989

Kästner, Erich, Fabian. Die Geschichte eines Moralisten. (1931) München 1989

Kater, Michael H., Forbidden Fruit? Jazz in the Third Reich. In: The American Historical Review, Vol. 94, Nr. 1, Febr. 1989

Kellersmann, Christian, Jazz in Deutschland 1933–1945. *Jazzfreund*-Publikation Nr. 40. Hamburg und Menden 1990

Keun, Irmgard, Das kunstseidene Mädchen. (1932) Düsseldorf 1979

Klönne, Arno, Jugend im Dritten Reich. Die Hitler-Jugend und ihre Gegner. München 1990

Kracauer, Siegfried, Das Ornament der Masse. Frankfurt a. Main 1963

ders., Die Angestellten. Frankfurt a. Main 1971

Kühn, Volker, »Zores haben wir genug ...« Gelächter am Abgrund. In: Geschlossene Vorstellung. Der Jüdische Kulturbund in Deutschland 1933–1941. Herausgegeben von der Akademie der Künste. Berlin 1992

Lange, Horst H., Jazz in Deutschland. Die deutsche Jazz-Chronik 1900–1960. Berlin 1966

Lotz, Rainer E., Heiße Tanzmusik in Deutschland. Ein Fotoalbum. Band 2: Die Zwanziger Jahre. *Jazzfreund*-Publikation Nr. 21 b, Bonn und Menden 1982

Metzger, Karl-Heinz/Dunker, Ulrich, Der Kurfürstendamm. Leben und Mythos des Boulevards in 100 Jahren deutscher Geschichte. Berlin 1986

Moderne Cafés, Restaurants und Vergnügungsstätten. Berlin 1928

Moka Efti Equitable an Berlins populärster Ecke. Broschüre, Berlin 1929

Moreck, Curt (eigentlich: Konrad Haemmerling), Führer durch das »lasterhafte« Berlin. Leipzig (1931). Faksimile der Erstausgabe, Berlin 1987

Mugay, Peter, Die Friedrichstraße. Berlin (DDR) 1987

Muth, Wolfgang, Eisenbahn-Nummern. Ein Element der deutschen Swingmusik vor 1945. In: *Fox auf 78,* Nr. 8/Frühjahr 1990

Ostwald, Hans, Berliner Tanzlokale. Berlin und Leipzig (1905)

ders., Das galante Berlin. (Berlin) 1928

Pabst, Kurt, Widmann und die »entartete« Kunst. In: *Melodie.* Illustrierte Zeitschrift für Musikfreunde. Nr. 1, Januar 1947

PEM (Paul Erich Marcus), Heimweh nach dem Kurfürstendamm. Aus Berlins glanzvollsten Tagen und Nächten. Berlin 1952

Peukert, Detlev, Die Edelweißpiraten. Protestbewegungen jugendlicher Arbeiter im Dritten Reich. Köln 1980

Polster, Bernd (Hrsg.), Swing Heil. Jazz im Nationalsozialismus. Berlin 1989

Prieberg, Fred K., Musik im NS-Staat. Frankfurt/M. 1982

Rachlis, Michael, Tanzlokale und Bars. Technisches und Dekoratives. In: *Bauwelt* 19/1931, S. 621

Rave, Rolf/Knöfel, Hans-Joachim, Bauen seit 1900 in Berlin. Berlin 1968

Schäfer, Hans Dieter, Berlin im Zweiten Weltkrieg. Der Untergang der Reichshauptstadt in Augenzeugenberichten. München 1985

ders., Das gespaltene Bewußtsein. Deutsche Kultur und Lebenswirklichkeit 1933–1945. Ffm., Berlin, Wien 1984

Speise-Lese-Karte. Ein Führer durch die Künstlerlokale im Neuen Berliner Westen. Berlin 1988

Statistisches Jahrbuch der Stadt Berlin. Herausgegeben vom Statistischen Amt der Reichshauptstadt Berlin. 13. Jahrg. 1937, Berlin 1938

Stauffer, Teddy, Es war und ist ein herrliches Leben. Frankfurt a. M. – Berlin 1968

Straubes Führer durch Berlin, Potsdam und Umgebung. Berlin 1925
Straubes Illustrierter Führer durch Berlin. Berlin 1905
Swing-Generation. Selbsterlebtes von Franz Heinrich. *Jazzfreund*-Publikation Nr. 34, Menden 1988
Szatmari, Eugen, Berlin. Was nicht im Baedeker steht. München 1927
Topographie des Terrors. Gestapo, SS und Reichssicherheitshauptamt auf dem »Prinz-Albrecht-Gelände«. Eine Dokumentation. Hrsg.: Reinhard Rürup. Berlin 1987
Uebel, Lothar, Viel Vergnügen. Die Geschichte der Vergnügungsstätten rund um den Kreuzberg und die Hasenheide. Berlin 1985
Winter, Horst, Dreh dich noch einmal um. Wien/München 1989
Wolffram, Knud, Ein Bulgare in Berlin. Die Geschichte des Lubo D'Orio. In: *Fox auf 78,* Nr. 8/Frühjahr 1990
Wulf, Joseph, Musik im Dritten Reich. Eine Dokumentation. Frankfurt/M., Berlin, Wien 1983
Zwerin, Mike, La Tristesse de Saint Louis: Swing unter den Nazis. Wien 1988
Darüber hinaus wurden Programmhefte folgender Lokale ausgewertet: Café Berolina; Europa-Haus; Faun; Femina; Frasquita; Wilhelmshallen.

Periodika:

8-Uhr-Abendblatt; Amtliche Mitteilungen der Reichsmusikkammer; Der Baumeister; Bauwelt; Berliner Herold – Die interessante deutsche Wochenzeitung. Politik, Gesellschaft, Theater, Film, Sport, Börse, Gastronomie; Berliner Lokal-Anzeiger; Berliner Morgenpost; Das Deutsche Podium – Fachblatt für Unterhaltungs-Musik und Musik-Gaststätten. Kampfblatt für deutsche Musik; Fox auf 78 – Ein Magazin rund um die gute alte Tanzmusik; National-Zeitung/8 Uhr-Morgenblatt; Neue Zeit; Radio-Revue; Die Reichshauptstadt – Offizielles Organ des Berliner Verkehrsvereins e.V.; Reichsgesetzblatt.

Archivalien:

Bauakten: Kantstraße 12 a (Bauaufsicht Charlottenburg); Kurfürstendamm 31 (LA, Rep. 207 Acc. 2307); Kurfürstendamm 70 (LA, Rep. 207 Acc. 2469); Kurfürstenstraße 89 (LA, Rep. 202 Acc. 2068); Lutherstraße 22–24 (LA, Rep. 211 Acc. 1674); Nürnberger Straße 50–56 (Bauaufsicht Schöneberg); Stresemannstraße 92–102 (LA, Rep. 206 Acc. 3329); Tauentzienstraße 12 (LA, Rep. 207 Acc. 2552).

Akten der Theater- bzw. Gewerbepolizei: Friedrichstraße 180/*Faun* (BLHA, Rep. 30 Berlin C Titel 74, Singsp. Th. 1309); Lutherstraße 22–24/*Casanova* (BLHA, Rep. 30 Berlin C Titel 74, Singsp. Th. 1380); Turmstraße 25–26/Kaffeehaus *Vaterland* (BLHA Rep. 30 Berlin C Titel 74, Singsp. Th. 1422); Statistik über neu erteilte Tanzerlaubnis und Lokale mit allgemeiner Tanzerlaubnis (BLHA, Rep. 30 Berlin C Nr. 1599).

Handelsregister-Akten: »Bremen-Berliner Caféhaus Betriebsgesellschaft Imperator mbH«/*Imperator* (92 HRB 43341, gel. 1939); »Elbcafé GmbH«/*Delphi* (92 HRB 6985 NZ, gel. 30. 12. 55); »Femina Gaststätten GmbH«/*Femina* (92 HRB 208 NZ, gel. 23. 1. 52); »Reform Caféhaus-Betriebs GmbH«/*Moka Efti* Friedrichstraße (92 HRB 6985 NZ, gel. 30. 12. 55).

Justizakten: Der Generalstaatsanwalt bei dem Landgericht in Berlin, AZ: 1 Bt.a. KM 19.1934 (LA Berlin, Rep. 58 Acc. 4005).

Sonstige Quellen:

Blum-Leschetizky, Gisela, Schreiben vom 12. 4. und 12. 5. 1991 an den Verfasser
Frömcke, Heinz; Interview des Verfassers, Berlin, 6. 11. 1991
Haas, Walter, Plattentext zu »Swingtanzen Verboten«, TELDEC Nr. 6.28360 (1976)
Heling, Jonny; Interview des Verfassers. Berlin, 12. 10. 1991
Hertwig, Robert (Bob), Schreiben vom April 1991 an den Verfasser
Huber, Bob; Interview des Verfassers. Genf, 30. 5. 1992
Kleve, Hans-Werner; Interview des Verfassers. Berlin, Zeitraum Februar bis April 1991.
König, Dr. Josef; Interview des Verfassers. Essen, 30. 11. 1991
Mielenz, Hans, Schreiben an den Verfasser. Aschau, März und 21. 5. 1992
Neumann, Werner; Interview des Verfassers. Bad Harzburg, 15. 4. 1992
Pätzold, Günter; Interview des Verfassers. Kandern, 25. 9. 1991
Schmidt-Joos, Siegfried, Showtime – Die Show von gestern. Hörfunk-Sendung, SFB I, 7. 10. 1990
Schulz-Reichel, Fritz; Interview, 1987 geführt von Kathrin Brigl; Hörfunk-Sendung (Wiederholung), SFB I, 20. 5. 1990
Schumann, Coco; Interview des Verfassers. Berlin, 22. 11. 1991
Schumann, Coco; Interview, geführt von Lutz Adam; »Swingstadt Berlin«, Hörfunk-Sendung, RIAS I, 18. 10. 1990
Thon, Franz; Interview des Verfassers. Hamburg, 21. 1. 1992
Tittmann, Otto; Interview des Verfassers. Hamburg, 19. 11. 1991
Wehner, Elfriede, Brief vom 4. 7. 1957 an Rechtsanwalt Heinrich Salbach, Berlin. (Kopie im Besitz des Verfassers)
Wrobel, Eugen; Interviews des Verfassers, Berlin, Zeitraum Dezember 1989 bis März 1990

Danksagung

Am Zustandekommen dieses Buches haben – neben den bereits im Quellenverzeichnis genannten Zeitzeugen – viel andere auf unterschiedliche Weise mitgewirkt. Für »Materialhilfe«, Beratung und Anregung, für Ermunterung und Zuspruch möchte ich mich besonders bedanken bei: Lutz Adam, Gerd Ahlers, Barbara Bätjer, Ingeborg und Heinz Bauert, Karl-Heinz Bruns, Heinz Dierbach, Kurt Drabek, Hildegard Gabriel, Bärbel Jung, Erich Kludas, Kurt Kock, Hedwig König, Rainer E. Lotz, Hanns »Mäcky« Mischka, Mirjam Mobiglia, Gerda Nettelmann, Gusti Nowotny, Hilde Rischbeck, Walter Ronsdorf, Gertie Schönfelder, Gisela Schulz-Reichel, Marion Steinbacher, Gerhard Wehner, Hildegard Weiß.
Mein Dank für ihre engagierte Unterstützung gilt auch den Mitarbeitern und Mitarbeiterinnen des Landesarchivs sowie der Senatsbibliothek Berlin; dem Landesverwaltungsamt und den Senatsverwaltungen für Kulturelle Angelegenheiten bzw. für Bau- und Wohnungswesen bin ich dankbar für die Möglichkeit, die Bauakten der *Femina* bzw. des *Delphi* einzusehen.

Anmerkungen

1. Vorwort

1 *Altdeutsches Ballhaus*, Ackerstr. 144; *Ballhaus Berlin*, Chausseestr. 102; *Clärchens Ballhaus*, Auguststr. 24–25

2. Pleiten, Prunk, Pläsierkasernen: Die Blütezeit der Berliner Tanzlokale

1 Berlin und seine Bauten, Hrsg. vom Architekten-Verein zu Berlin. Berlin 1877, S. 348
2 ebenda
3 a. a. O., S. 349
4 Straubes Illustrierter Führer durch Berlin. Berlin 1905, S. 35
5 Hans Ostwald, Berliner Tanzlokale. Berlin und Leipzig (1905), S. 3
6 a. a. O., S. 17
7 Erich Kästner, Fabian. Die Geschichte eines Moralisten. (1931) München 1989, S. 52
8 Almanach Café Schottenhaml, Berlin (1927), S. 46
9 a. a. O., S. 48
10 Vgl. dazu v. a.: Siegfried Kracauer, Das Ornament der Masse. Frankfurt a. Main 1963, und ders., Die Angestellten, Frankfurt a. Main 1971
11 Zur Bau- und Ereignisgeschichte ausführlich in: Geschichtslandschaft Berlin. Orte und Ereignisse, Bd. 2, Tiergarten, Vom Brandenburger Tor zum Zoo. Berlin 1989, S. 198 ff. Dort auch weitere Literaturhinweise.
12 Straubes Führer durch Berlin, Potsdam und Umgebung, Berlin 1925, S. 30
13 a. a. O., S. 31
14 Statistisches Jahrbuch der Stadt Berlin. Herausgegeben vom Statistischen Amt der Reichshauptstadt Berlin. 13. Jahrgang 1937. Berlin 1938
15 Curt Moreck (eigentlich: Konrad Haemmerling), Führer durch das »lasterhafte«Berlin. Leipzig (1931). Faksimile der Erstausgabe, Berlin 1987, S. 11
16 ebenda
17 Moreck, S. 12
18 *Berliner Herold* Nr. 52, 29. 12. 1931
19 Moreck, S. 36
20 Angegeben ist jeweils das Eröffnungsjahr.
21 Michael Rachlis, Tanzlokale und Bars. Technisches und Dekoratives. In: *Bauwelt* 19/1931, S. 621
22 Nach: Fred K. Prieberg, Musik im NS-Staat. Frankfurt/M. 1982, S. 263
23 *Parenna:* Abkürzung für *Paritätischer Engagements-Nachweis für Varieté, Zirkus und Kabarett GmbH*
24 *Berliner Herold* Nr. 43, 25. 10. 1931
25 ebenda
26 *Berliner Herold* Nr. 48, 1. 12. 1929
27 *National-Zeitung/8 Uhr-Morgenblatt*, 12. 2. 1933
28 *Berliner Herold* Nr. 36, 6. 9. 1931
29 *Berliner Herold* Nr. 47, 23. 11. 1930
30 *Berliner Herold* Nr. 5, 4. 2. 1934
31 »Polizeiverordnung über Tanzlustbarkeiten im Kriege« vom 17. 1. 42, in: Reichsgesetzblatt (RGBl) 1942/I, S. 30

3. Feenpaläste und Burgenromantik: *Moka Efti* Tiergarten, *Haus Gourmenia* und *Wilhelmshallen*

1 Geb.: 2. 2. 1873 in Neu St. Anna/Ungarn; gest.: 8. 9. 1956 in Budapest
2 *Berliner Herold* 2, 16. 1. 1927
3 Oscar Bie, Der Architekt Oskar Kaufmann. Berlin 1928, S. XI f. Zitiert nach: Berlin und seine Bauten. Teil VIII Bauten für Handel und Gewerbe. Band B Gastgewerbe. Berlin 1980 (BusB VIII B), S. 82
4 Georg Hermann (eigentlich: G. H. Borchardt), geb.: 7. 10. 1871/Berlin, gest.: 19. 11. 1943/KZ Auschwitz (Birkenau?), Schriftsteller (Romane: »Jettchen Gebert«, »Kubinke« u. a.; Essays)
5 Georg Hermann, Café am Tiergarten. In: Vossische Zeitung, 13. 1. 1927, und: ders., Für und wider Oskar Kaufmann, in: Almanach Café Schottenhaml am Tiergarten. Berlin (1927), S. 25
6 Max Osborn, *Innendekoration* 1927, S. 313, zit. nach: BusB VIII B, S. 82
7 Georg Hermann, Für und wider Oskar Kaufmann, a. a. O., S. 26
8 a. a. O., S. 26 f.
9 Curt Moreck, a. a. O., S. 72
10 Werbeanzeige in: *Berliner Herold* Nr. 11, 18. 3. 1934
11 BusB VIII B, S. 88
12 Geboren 1872 in Bielitz/Schlesien; weitere Angaben nicht zu ermitteln.
13 Häufig findet sich auch die Schreibweise »Gurmenia«.
14 *Bauwelt* Heft 23/1929
15 *Berliner Herold* Nr. 22, 2. 6. 1929
16 ebenda
17 Haus Gurmenia – Die neueste Sehenswürdigkeit Berlins. Broschüre, Berlin (1929), S. 16
18 a. a. O., S. 18
19 a. a. O., S. 42 f.
20 a. a. O., S. 46
21 a. a. O., S. 32
22 a. a. O., S. 23
23 a. a. O., S. 22
24 a. a. O., S. 13 f.
25 a. a. O., S. 23
26 Horst H. Lange, Jazz in Deutschland. Die deutsche Jazz-Chronik 1900–1960. Berlin 1966, S. 28
27 a. a. O., S. 43

28 geb.: 23. 12. 1907, gest.: 13. 4. 1992/Köln
29 *Berliner Herold* Nr. 42, 19. 10. 1930
30 Horst H. Lange, a. a. O., S. 24
31 *Berliner Herold* Nr. 45, 9. 11. 1930
32 Horst H. Lange, a. a. O., S. 61
33 *Berliner Herold* Nr. 16, 19. 4. 1931
34 ebenda
35 *Berliner Herold* Nr. 2, 12. 1. 1930
36 *Berliner Herold* Nr. 1, 5. 1. 1930
37 ebenda
38 *Berliner Herold* Nr. 48, 30. 11. 1930
39 *Berliner Herold* Nr. 50, 11. 12. 1932
40 *BZ am Mittag*, 1. 2. 1941, zit. nach.: Hans Dieter Schäfer, Berlin im Zweiten Weltkrieg. Der Untergang der Reichshauptstadt in Augenzeugenberichten. München 1985, S. 14
41 Bei Elow irrtümlich »Kempt«
42 Elow (eigentlich: Erich Lowinsky), Von der Jägerstraße zum Kurfürstendamm. Manuskript veröffentlicht in: Die Zehnte Muse. Kabarettisten erzählen. Hrsg. von Frauke Deißner-Jenssen. Berlin (DDR) 1986, S. 266
43 Alle Zitate aus: Wilhelmshallen am Zoo, Programm vom 1. bis 15. Januar 1940
44 Vgl. Kapitel 9
45 Vgl. dazu die ausführliche Beschreibung und Kritik in: BusB VIII B, S. 90 f. und S. 118

4. Variationen in Rokoko und Expressionismus: *Barberina/Ambassadeurs, Casanova* und *Palais am Zoo*

1 Zu Lud Gluskin: vgl. Kapitel 3
2 *Berliner Herold* Nr. 3, 18. 1. 1931
3 a. a. O., S. 117
4 Otto Stenzel, geb.: 12. 4. 1903/Berlin, gest.: 7. 3. 1989/Baden-Baden. – Stenzel war seit 1930 musikalischer Leiter der Scala.
5 *Berliner Herold* Nr. 43, 25. 10. 1931
6 Rainer E. Lotz, Heiße Tanzmusik in Deutschland. Ein Fotoalbum. Band 2: Die Zwanziger Jahre. Jazzfreund-Publikation Nr. 21 b, Bonn und Menden 1982, S. 89

5. Die Friedrichstadt – Swing und volkstümliches Vergnügen: *Moka Efti City, Palais de Danse/Atlantis, Imperator, Clou* und *Faun*

1 Beschreibung nach: Berlin und seine Bauten. Bearb. u. hrsg. vom Architekten-Verein zu Berlin und der Vereinigung Berliner Architekten. Teil III (Privatbauten), Berlin 1896, S. 69-73
2 Peter Mugay, Die Friedrichstraße. Berlin (DDR) 1987, S. 92 f.
3 Berliner Nächte. Berliner Bilder. Eine illustrierte Sammlung von Einzeldarstellungen aus allen Gebieten des Berliner Lebens. Berlin 1914, S. 52 f.
4 PEM (Paul Erich Marcus), Heimweh nach dem Kurfürstendamm. Aus Berlins glanzvollsten Tagen und Nächten. Berlin 1952, S. 223–225
5 *Berliner Herold* Nr. 16, 21. 4. 1929
6 Moka Efti Equitable an Berlins populärster Ecke. Broschüre, Berlin 1929, S. 3 f.
7 Siegfried Kracauer, Die Angestellten, S. 98
8 *Berliner Herold* Nr. 16, 21. 4. 1929
9 Siegfried Kracauer, Die Angestellten, S. 98
10 Moka Efti Equitable an Berlins populärster Ecke, S. 24
11 *Berliner Herold* Nr. 18, 5. 5. 1929
12 *Berliner Herold* Nr. 1, 5. 1. 1930
13 *Berliner Herold* Nr. 2, 12. 1. 1930
14 ebenda
15 *Berliner Herold* Nr. 41, 11. 10. 1931
16 Fritz Schulz-Reichel, Interview mit Kathrin Brigl von 1987, gesendet am 20. 5. 1990/SFB I
17 ebenda
18 Horst H. Lange, a. a. O., S. 66
19 Helmut Ehlers, ehemaliger »Bandboy« von James Kok, in einem Interview des SFB, 3. 9. 1987, zit. nach: Wolfgang Muth, Eisenbahn-Nummern. Ein Element der deutschen Swingmusik vor 1945. In: Fox auf 78, Nr. 8
20 Horst H. Lange, a. a. O., S. 68
21 ebenda
22 Schreiben vom 3. 8. 1944/Handelsregister AG Charlottenburg, 93 HRB 58003
23 Anzeige in: *8-Uhr-Abendblatt*, 5. 3. 1931
24 Curt Moreck, a. a. O., S. 97–104
25 *Berliner Herold* Nr. 39, 25. 9. 1932
26 *Berliner Herold* Nr. 45, 9. 11. 1930
27 ebenda
28 *Berliner Herold* Nr. 39, 25. 9. 1932. – Steinmeiers Privathaus befand sich in Geltow bei Potsdam; der »stille Havelsee« ist der Petzinsee.
29 ebenda
30 ebenda
31 PEM (Paul Erich Marcus), a. a. O., S. 225
32 *Bauwelt* Nr. 75, 1910
33 ebenda
34 *Berliner Herold* Nr. 32, 12. 8. 1934
35 *Berliner Herold* Nr. 52, 30. 12. 1927
36 Anzeige in: *Berliner Lokal Anzeiger* vom 1. 9. 1928
37 Anzeige In: *Berliner Herold* Nr. 41, 13. 10. 1929
38 *Berliner Herold* Nr. 32, 12. 8. 1934
39 *Berliner Herold* Nr. 38, 23. 9. 1934
40 Hinweise darauf, allerdings nur sehr vage, bei: Wolfgang Jansen/Karl H. Pütz, Varieté unterm Hakenkreuz. In: Und abends in die Scala. Fotografien von Josef Donderer. Berlin 1991, S. 106, sowie: Karl-Heinz Metzger/Ulrich Dunker, Der Kurfürstendamm. Leben und Mythos des Boulevards in 100 Jahren deutscher Geschichte. Berlin 1986, S. 159
41 Berliner Nächte, S. 53
42 BusB VIII B, S. 81. – Jean (eigentlich Johann Joseph) Krämer wurde am 11. 3. 1886 in Mainz-Kastell geboren; er starb am 17. 1. 1943 in Berlin.
43 BusB VIII B, S. 81
44 *Berliner Herold* Nr. 39, 29. 9. 1929

45 *Berliner Herold* Nr. 2, 12. 1. 1930
46 *National-Zeitung/8 Uhr-Morgenblatt*, 1. 10. 1933
47 *Das Deutsche Podium*, Fachblatt für Unterhaltungs-Musik und Musik-Gaststätten. Kampfblatt für deutsche Musik. Nr. 20, 19. Mai 1939
48 Adolf Steimel, geb.: 12. 10. 1907/Berlin, gest.: 12. 8. 1962/Berlin; Pianist, Orchesterleiter, Arrangeur, Komponist (»Die Männer sind schon die Liebe wert«, Filmmusik zu: »Wir machen Musik«, gemeinsam mit Peter Igelhoff)
49 Werner Neumann, Interview mit dem Verfasser. Bad Harzburg, 15. 4. 1992
50 *Radio-Revue* Nr. 36, 31. 8. 1952
51 Kurt Pabst, Widmann und die »entartete« Kunst. In: *Melodie*. Illustrierte Zeitschrift für Musikfreunde. Nr. 1, Januar 1947
52 *Berliner Morgenpost*, 23. 11. 1954
53 *Neue Zeit*, 10. 12. 1954
54 Nicht identifizierte Zeitung, evtl. *Neues Leben*, 30. 11. 1954
55 *Berliner Herold* Nr. 36, 23. 9. 1934
56 *Berliner Herold* Nr. 38, 23. 9. 1934

6. Licht und Schatten: Das *Europahaus* in der Nachbarschaft des Prinz-Albrecht-Geländes

1 Den Zustand des Parks unmittelbar vor Baubeginn beschreibt der Bauherr so: »Im Park mit seinem hundertjährigen Baumbestand lagen umfangreiche Gewächshäuser, die zur Zeit ihrer Erbauung das Neuzeitlichste gewesen sein mögen. An der Stelle, an welcher nun das Hochhaus steht, befanden sich eine im Büro Karl Friedrich Schinkels entworfene geräumige Reithalle, deren Überdachung kunstvoll wie ein Schiffsrumpf konstruiert war, und die luxuriösen prinzlichen Marstallgebäude. (...) Die Schinkelsche Reithalle wurde von der Bauleitung mit größer Vorsicht unter erheblichen Opfern abgetragen und den Behörden auf ihren Wunsch zum Wiederaufbau an anderer Stelle zur Verfügung gestellt; aber die Materialien verwittern heute noch ungenützt am Kreuzberg, da der guten Idee aus Geldmangel nicht die Tat folgen kann.«(Das Europa-Haus in Berlin. Ein neuzeitlicher Großbau. Seine Entstehungsgeschichte vom ersten Spatenstich bis zur Vollendung. Von Albert Heilmann, Architekt und Baumeister, Vorsitzender des Aufsichtsrats der Großbauten AG. Berlin, ca. 1931, S. 7)
2 a. a. O., S. 5
3 Die Straße wechselte mehrfach den Namen: Bis 1929 hieß sie Königgrätzer Straße, wurde dann, nach dem Tode des deutschen Außenministers, in Stresemannstraße umbenannt. 1935 erhielt sie den Namen Saarlandstraße. Heute heißt sie wieder Stresemannstraße.
4 Das Europa-Haus in Berlin, S. 9
5 ebenda
6 *Berliner Herold* Nr. 35, 1. 9. 1929
7 *National-Zeitung/8 Uhr-Morgenblatt*, 12. 4. 1933
8 Topographie des Terrors. Gestapo, SS und Reichssicherheitshauptamt auf dem »Prinz-Albrecht-Gelände«. Eine Dokumentation. Hrsg.: Reinhard Rürup. Berlin 1987, S. 7
9 a. a. O., S. 11
10 Vgl. dazu: Joseph Wulf, Musik im Dritten Reich, Ffm., Berlin, Wien 1983, S. 299
11 *Berliner Herold* Nr. 2, 13. 1. 1935

7. Technische Sensationen und Laubenpieper-Romantik: Das *Resi*

1 Curt Moreck, a. a. O., S. 191 f.
2 Irmgard Keun, Das kunstseidene Mädchen. (1932) Düsseldorf 1979, S. 90
3 *Berliner Herold* Nr. 36, 6. 9. 1931
4 ebenda
5 Siegfried Kracauer, Die Angestellten, S. 95
6 *Berliner Herold* Nr. 35, 1. 9. 1929
7 *Berliner Herold* Nr. 18, 1. 5. 1932
8 Anzeige in: *Die Reichshauptstadt*. Offizielles Organ des Berliner Verkehrsverein e. V. Nr. 1, Januar 1938
9 *Berliner Herold* Nr. 36, 6. 9. 1931
10 *Berliner Herold* Nr. 39, 29. 9. 1929
11 *Berliner Herold* Nr. 35, 1. 9. 1929
12 ebenda
13 ebenda
14 Nach: Lothar Uebel, Viel Vergnügen. Die Geschichte der Vergnügungsstätten rund um den Kreuzberg und die Hasenheide. Berlin 1985, S. 128–132

8. Das Swing-Mekka an der Kantstraße: Der *Delphi-Palast* und seine Geschichte

1 Zum Ausstellungsgebäude der Berliner Sezession in der Kantstraße 12a vergl.: Geschichtslandschaft Berlin, Bd. 1, Teil 2: Charlottenburg, Der neue Westen. Berlin 1985, S. 378 ff. und: Die Bauwerke und Kunstdenkmäler von Berlin – Stadt und Bezirk Charlottenburg. Berlin 1961, S. 269 f.
2 Curt Moreck, a. a. O., S. 120 f.
3 a. a. O., S. 122
4 »Schutzverband Inhaber Deutscher Vergnügungslokale«, Schreiben an die Baupolizei Charlottenburg vom 20. 4. 1928 (Akten der Bauaufsicht Charlottenburg).
5 *Der Artist* vom 8. 6. 1928, zitiert nach: H. J. P. Bergmeier/Rainer E. Lotz, Billy Bartholomew. Bio-Discography. *Jazzfreund*-Publikation Nr. 27, Menden 1985, S. 21 f.
6 Franz Grothe, geb.: 17. 9. 1908/Berlin, gest.: 12. 9. 1982/Köln; Pianist, Dirigent, Arrangeur, Komponist (Filmmusik für die Ufa, zahllose Schlager)
7 *Der Artist* vom 8. 6. 1928, a. a. O.
8 H. J. P. Bergmeier/Rainer E. Lotz, a. a. O., S. 19
9 *Berliner Herold* Nr. 18, 5. 5. 1929
10 So die Schlagzeile im *Berliner Herold* Nr. 19, 11. 5. 1929.
11 ebenda
12 *Berliner Herold* Nr. 20, 18. 5. 1929
13 *Berliner Herold* Nr. 37, 15. 9. 1929

14 Gesellschaftsvertrag vom 7. 4. 1930. (Nr. 48 des Notariats-Registers für 1930 des Notars Dr. Wilhelm Memelsdorff, Berlin)
15 Statistik über neu erteilte Tanzerlaubnis und Lokale mit allgemeiner Tanzerlaubnis (Akten der Gewerbepolizei Berlin, BLHA Rep. 30 Berlin C Nr. 1599)
16 Zusammenbruch der Aktienkurse an der New Yorker Börse, 25. 10. 1929
17 Curt Moreck, a. a. O., S. 22
18 Damit sind gemeint die »Berliner Tanz-Sinfoniker« unter Willy Giebel und das Orchester Will Glahé.
19 bechejnt, von (jidd.) »chejn«: »Anmut, Grazie«. – Mielenz erläutert, das Wort sei in der Musikersprache damals gängig gewesen; man habe darunter soviel verstanden wie: »virtuos, und noch darüber hinaus; 120prozentig; das Tüpfelchen auf dem »i"; mit besonderem Pfiff; perfekt, mit allen Schikanen, aber darüber hinaus zu Herzen gehend«. (Hans Mielenz, Telefongespräch mit dem Verfasser, 14. 5. 92)
20 Hans Mielenz, Schreiben an den Verfasser, März 1992
21 ders., Schreiben an den Verfasser, 21. 5. 1992
22 Mit dem »Gesetz zur Ordnung der nationalen Arbeit« vom 20. 1. 1934 waren aus Unternehmern »Betriebsführer« und aus Arbeitern und Angestellten die »Gefolgschaft« geworden. Damit fand das zunächst nur im politisch-militärischen Bereich gültige Führerprinzip und die Idee der Volksgemeinschaft auch für die betriebliche Ebene Anwendung.
23 Teddy Stauffer, Es war und ist ein herrliches Leben. Frankfurt a. M. – Berlin 1968, S. 118
24 Bob Huber, Interview mit dem Verfasser. Genf, 30. 5. 1992
25 *Der Artist* Nr. 2558/28. 12. 1934, zitiert nach: Gerhard Conrad, Heinz Wehner. Eine Bio-Discographie. Verlag *Der Jazzfreund* 1989, S. 15 f.
26 Vgl.: Gerhard Conrad, a. a. O., S. 77
27 So mitgeteilt bei: Gerhard Conrad, a. a. O., S. 77
28 So mitgeteilt von Dr. Josef König, Enkelsohn von Elfriede Scheibel, nach der Erzählung seiner Großmutter. (Interview d. Verf. mit Dr. Josef König. – Essen, 30. 11. 91)
29 Horst H. Lange, a. a. O., S. 114
30 Swing-Generation. Selbsterlebtes von Franz Heinrich. Verlag *Der Jazzfreund*, Menden 1988, S. 42 f.
31 a. a. O., S. 44
32 Horst H. Lange, a. a. O., S. 116
33 ebenda
34 Elfriede Wehner, Brief vom 4. 7. 1957 an Rechtsanwalt Heinrich Salbach, Berlin. (Kopie im Besitz des Verfassers)
35 Horst H. Lange, a. a. O., S. 153
36 Aus: »Berlin erlebt Rex Stewart«. Hans Blüthner, 19. Juli 1948. – Zitiert nach: Rudolf Käs, Hot and Sweet. Jazz im befreiten Land. In: Hermann Glaser/Lutz von Pufendorf/Michael Schöneich (Hrsg.), Soviel Anfang war nie. Deutsche Städte 1945–1949. Berlin 1989, S. 251

9. Spekulationsobjekt und Swingpalast: Die *Femina*

1 Berlin und seine Bauten (BusB) IX; Industriebauten, Bürohäuser. Berlin, München, Düsseldorf 1971, S. 197 f. und Rolf Rave/Hans-Joachim Knöfel, Bauen seit 1900 in Berlin. Berlin 1968, Nr. 9
2 *Berliner Herold* Nr. 52, 30. 12. 1929
3 *Berliner Herold* Nr. 40, 6. 10. 1929
4 *Femina*, Programmheft vom 1. 5. 1939
5 ebenda
6 Horst H. Lange, a. a. O., S. 29
7 a. a. O., S. 21
8 a. a. O., S. 31
9 *Berliner Herold* Nr. 40, 6. 10. 1929
10 *Berliner Herold* Nr. 5, 3. 2. 1935
11 ebenda
12 ebenda
13 *Berliner Herold* Nr. 3, 18. 1. 1931
14 Schreiben der *Femina-Palast* A.G. an die Baupolizei Charlottenburg, 30. 11. 1931 (Bauakten des Bezirks Schöneberg)
15 *National-Zeitung/8 Uhr-Morgenblatt*, 13. 4. 1933
16 Der Generalstaatsanwalt bei dem Landgericht in Berlin, AZ: 1 Bt.a.67.1934 (Amtsgericht Charlottenburg, 92 HRB 208 NZ)
17 Der Generalstaatsanwalt bei dem Landgericht in Berlin, AZ: 1 Bt.a. KM 19.1934 (LA Berlin, Rep. 58 Acc. 4005). – In dem entsprechenden Paragraphen heißt es: »Anhängige Verfahren wegen Zuwiderhandlungen, die vor dem 2. August 1934 begangen sind, werden eingestellt, wenn keine höhere Strafe oder Gesamtstrafe als Geldstrafe bis zu 1000 Reichsmark oder Freiheitsstrafe bis zu sechs Monaten, allein oder nebeneinander, zu erwarten ist, sofern der Täter bei der Begehung der Tat nicht oder nur mit Geldstrafen oder Freiheitsstrafen von insgesamt höchstens drei Monaten vorbestraft war.« (§ 2[1] des Gesetzes »über die Gewährung von Straffreiheit« vom 7. 8. 1934)
18 *Berliner Herold* Nr. 49, 9. 12. 1934
19 *Berliner Lokal-Anzeiger*, 2. 10. 1935
20 *Femina*, Programmheft vom 1. 4. 1939
21 *Femina*, Programmheft vom 1. 1. 1939

10. Weltstädtische Refugien: Berliner Bars

1 Hans Ostwald, Das galante Berlin. (Berlin) 1928, S. 301
2 *Berliner Herold* Nr. 19, 10. 5. 1931
3 Nach: *National-Zeitung/8 Uhr-Morgenblatt*, 6. 3. 1933. – Zum Umbau 1929: *Der Baumeister* 27/1929, S. 358
4 Bauakten Joachimstaler Str. 10 (LA, Rep. 207, Acc. 1039, Nr. 246–250)
5 Schreiben vom 6. 12. 1927/Bauakten
6 Schreiben vom 24. 11. 1927/Bauakten
7 Vgl.: BusB VIII B, S. 84
8 *Berliner Herold* Nr. 42, 19. 10. 1930
9 Schreiben vom 5. 12. 1932/Bauakten
10 *Berliner Herold* Nr. 26, 30. 6. 1934

11 ebenda
12 *Berliner Herold* Nr. 26, 30. 6. 1934
13 Jonny Heling, Interview mit dem Verfasser. Berlin, 12. 10. 1991
14 Schreiben vom 6. 4. 1943/Bauakten
15 Eugen Szatmari, Berlin. Was nicht im Baedeker steht. München 1927, S. 144 f.
16 Curt Moreck, a. a. O., S. 180
17 Meldung des *Berliner Tageblatts* vom 4. 3. 1933, abgedruckt in: Eldorado. Homosexuelle Frauen und Männer in Berlin 1850–1950. Geschichte, Alltag und Kultur. Katalog der Ausstellung im Berlin-Museum. Berlin (1984), S. 44
18 Vgl. *National-Zeitung/8 Uhr-Morgenblatt*, 23. 4. 1933
19 *Die Reichshauptstadt* Nr. 9, März 1938
20 *Berliner Herold* Nr. 4, 25. 1. 1931
21 1934 war von Friedrich Hussong das Buch »Kurfürstendamm. Zur Kulturgeschichte des Zwischenreichs« erschienen, eine Abrechnung des Chefredakteurs der ultrarechten Hugenbergpresse mit »Entartungen« während der »Systemzeit«, als deren Sinnbild er den Kurfürstendamm sah. – Vgl. dazu: Karl-Heinz Metzger/Ulrich Dunker, a. a. O., S. 159 f.
22 *Berliner Herold* Nr. 45, 11. 11. 1934
23 *Berliner Herold* Nr. 3, 20. 1. 1935
24 Jonny Heling, Interview mit dem Verfasser. Berlin, 12. 10. 1991
25 Horst Winter, Dreh dich noch einmal um. Wien/München 1989, S. 25
26 Horst H. Lange, a. a. O., S. 84
27 ebenda
28 *Berliner Herold* Nr. 4, 24. 1. 1932
29 Fritz Schulz-Reichel, Interview mit Katrin Briegel

11. Ausgrenzung und Reglementierung: Berliner Tanzlokale und Tanzkapellen im Nationalsozialismus

1 In: *Amtliche Mitteilungen der Reichsmusikkammer* Nr. 22, 14. 8. 1935
2 Gisela Blum-Leschetizky, Schreiben vom 12. 4. und 12. 5. 1991 an den Verfasser
3 Vgl. dazu v. a.: Joseph Wulf, a. a. O., S. 383 ff.
4 Werke emigrierter Komponisten waren seit 1935 anzeigepflichtig. Vgl.: *Amtliche Mitteilungen* vom 17. 10. 1935
5 Dieser Titel erscheint auf der Verbotsliste in: *Amtliche Mitteilungen* Nr. 4, 15. 4. 1940
6 In: *Amtliche Mitteilungen* 1938, S. 32
7 Erst in letzter Zeit, im Zusammenhang mit der Erforschung des Alltagslebens im Nationalsozialismus, ist das Thema »Jazz/Swing im Dritten Reich« quasi »entdeckt« und zum Gegenstand besonderer Untersuchungen geworden. Dazu sind seitdem einige recht unterschiedliche Arbeiten erschienen, etwa: Michael H. Kater, Forbidden Fruits? Jazz in the Third Reich. In: The American Historical Review, Vol. 94, Nr. 1, Febr. 1989; Christian Kellersmann, Jazz in Deutschland 1933–1945. *Jazzfreund*-Publikation Nr. 40. Hamburg, Menden 1990; Bernd Polster (Hrsg.), Swing Heil. Jazz im Nationalsozialismus. Berlin 1989; Hans Dieter Schäfer, Das gespaltene Bewußtsein. Deutsche Kultur und Lebenswirklichkeit 1933–1945. Ffm., Berlin, Wien 1984; Mike Zwerin, La Tristesse de Saint Louis: Swing unter den Nazis. Wien 1988
8 Siegfried Schmidt-Joos, in: Showtime – Die Show von gestern. SFB I, 7. 10. 1990
9 Aus einem Schreiben von Robert (Bob) Hertwig vom April 1991 an den Verfasser.
10 Walter Haas, Plattentext zu »Swingtanzen Verboten«, TELDEC Nr. 6.28360 (1976)
11 Astrid Eichstedt/Bernd Polster, Wie die Wilden. Tänze auf der Höhe ihrer Zeit. Berlin 1985, S. 81
12 Hans Dieter Schäfer, Das gespaltene Bewußtsein, S. 146
13 Vgl. dazu: Joseph Wulf, Musik im Dritten Reich. Eine Dokumentation. Frankfurt/M., Berlin, Wien 1983. S. 293 ff. und besonders S. 383 ff.
14 Fritz Stege, Kreuz und quer durch die Musik, in: Die Unterhaltungsmusik 57, Nr. 2789 (1. Juni 1939), S. 765. Zit. nach: Christian Kellersmann, a. a. O., S. 15
15 Horst H. Lange, a. a. O., S. 76
16 a. a. O., S. 35
17 Beschreibung der männlichen Mitglieder der Hamburger Swing-Jugend in einer 1942 erschienenen Denkschrift der Reichsjugendführung über »Cliquen- und Bandenbildung unter Jugendlichen«, zitiert nach: Arno Klönne, Jugend im Dritten Reich. Die Hitler-Jugend und ihre Gegner. München 1990, S. 245
18 Heinrich Kupffer, a. a. O., S. 44
19 Detlev Peukert, Die Edelweißpiraten. Protestbewegungen jugendlicher Arbeiter im Dritten Reich. Köln 1980, S. 154

12. Swingende Tanzmusik im totalen Krieg: Berliner Szenelokale

1 Heinrich Kupffer, a. a. O., S. 41
2 Vgl. etwa: Hans Dieter Schäfer, Berlin im Zweiten Weltkrieg, S. 194; Heinrich Kupffer, Swingtime, S. 45
3 Berichte darüber bei: Hans Dieter Schäfer, Berlin im Zweiten Weltkrieg, S. 194 und 197
4 Geb.: 26. 11. 1888 in Neiße; gest.: 21. 1. 1963 in Stuttgart
5 Franz Jung, Der Weg nach unten. Neuwied und Berlin, S. 355. Zitiert nach: Speise-Lese-Karte. Ein Führer durch die Künstlerlokale im Neuen Berliner Westen. Berlin 1988
6 Heinrich Kupffer, a. a. O., S. 45
7 Coco Schumann, Interview mit dem Verfasser, 22. 11. 1991
8 Coco Schumann, Interview in der Sendung »Swingstadt Berlin«, RIAS I, 18. 10. 1990
9 ebenda
10 Coco Schumann, Interview mit dem Verfasser, 22. 11. 1991
11 heute: Rathausstraße
12 Swing-Generation, S. 31
13 ebenda
14 Horst H. Lange, a. a. O., S. 93
15 *Berliner Herold* Nr. 31, 4. 8. 1929
16 Vgl. BusB VIII B, S. 87
17 ebenda

18 Curt Moreck, a. a. O., S. 46
19 *Berliner Herold* Nr. 31, 4. 8. 1929
20 BusB VIII B, S. 87
21 Elow (eigentlich: Erich Lowinsky), Conférencier, geboren am 10. 2. 1893 in Berlin, gestorben am 2. 9. 1978 in Los Angeles
22 Elow, Von der Jägerstraße zum Kurfürstendamm, S. 267
23 Paul Weinappel (eigentlich: Pejsach Wajnapel), geb.: 24. 10. 1899/Warschau; weitere biograph. Daten nicht zu ermitteln
24 *Berliner Herold* Nr. 36, 9. 9. 1934
25 *Berliner Herold* Nr. 2, 13. 1. 1935
26 Günter Pätzold, Interview mit dem Verfasser. Kandern, 25. 9. 1991
27 Vgl.: Knud Wolffram, Ein Bulgare in Berlin. Die Geschichte des Lubo D'Orio. In: *Fox Auf* 78, Frühjahr 1990
28 Vgl. dazu: Volker Kühn, »Zores haben wir genug . . .« Gelächter am Abgrund. In: Geschlossene Vorstellung. Der Jüdische Kulturbund in Deutschland 1933–1941. Herausgegeben von der Akademie der Künste. Berlin 1992
29 Bully (eigentlich: Hans-Joachim) Buhlan, geb.: 3. 2. 1924/Berlin; gest.: 7. 11. 1982/Berlin; Pianist, Sänger, Texter und Komponist (»Wunschballade«)
30 Fritz Ringeisen, geb.: 5. 10. 1913/Berlin; gest.: 16. 1. 1952/Berlin
31 Die *Scala* war nach der Kriegszerstörung des Hauses in der Lutherstraße im November 1943 provisorisch in den Mendelsohn-Bau gezogen. (Vgl. Wolfgang Jansen, Das Varieté. Die glanzvolle Geschichte einer unterhaltenden Kunst. Berlin 1990, S. 219)
32 sazous: französische Bezeichnung für Angehörige der Swing-Jugend
33 Der Text wird in der Originalschreibweise zitiert.
34 Gemeint sind wahrscheinlich (die in diesen Jahren modernen) Nubuk-Schuhe, Schuhe aus einem wildlederartigen Kalbsleder.
35 Kriegsgefangene erhielten aus den USA monatlich ein »Rotkreuz-Paket«: »Ein Paket von fünf Kilo, das hundert amerikanische Zigaretten, Pulvermilch, Büchsenkäse, Büchsenmargarine, Sardinen, Schokolade, Schwarztee, Kakao und Nescafé enthält. Durchwegs Dinge, die auch bei der deutschen Zivilbevölkerung außerordentlich beliebt sind und einen ihrer Seltenheit und dieser Beliebtheit entsprechenden Tauschwert besitzen.« (René Schindler, Ein Schweizer erlebt das geheime Deutschland. Tatsachenbericht. Zürich/New York: Europa 1945. S. 44–49, zitiert nach: Hans Dieter Schäfer, Berlin im Zweiten Weltkrieg, S. 245)
36 Besagter »Chansonnier« war natürlich kein anderer als Bully Buhlan!
37 So z. B. bei Horst H. Lange, S. 117, und Hans Dieter Schäfer, Das gespaltene Bewußtsein, S. 175
38 Bericht über den »Sondereinsatz Berlin« für die Zeit vom 6. 6.–14. 1. 1945, in: Hans Dieter Schäfer, Berlin im Zweiten Weltkrieg, S. 249

Verzeichnis der Bildquellen

(Die Abkürzungen hinter den Seitenzahlen bedeuten:
o. = oben, u. = unten, r. = rechts, l. = links)

ADN Bildarchiv *11, 16, 115 l., 123, 151, 181 o.*

Ahlers, Gerd (Sammlung) *55 u. l., 57 o., 70 o., 80 l., 94 l. und r., 175 l., 177 r.*

Almanach Café Schottenhaml. Berlin (1927) *23 o., 30, 31*

Bauakten Joachimstaler Straße 10 (Landesarchiv Berlin) *172 o., 173, 174 u., 176 o., 178*

Bauakten Kantstraße 12 a (Bauaufsicht Charlottenburg) *128 u., 131, 132*

Bauakten Kurfürstenstraße 89 (Landesarchiv Berlin) *187 o., 188*

Bauakten Nürnberger Straße 50–56 (Bauaufsicht Schöneberg) *161, 162*

Bauakten Tauentzienstraße 12 (Landesarchiv Berlin) *183 o.*

Bauert, Ingeborg und Heinz (Privatbesitz) *38, 222*

Bauwelt, Jg. 1910 *89*

Bauwelt, Jg. 1935 *185 o., 186 o.*

Berlin-Museum *9*

Berliner Architekturwelt XIII/1911 *76*

Berliner Nächte. Berlin 1914 *12, 75, 169*

Bildarchiv Preußischer Kulturbesitz *119*

Das Europa-Haus in Berlin *109 u., 110, 111, 112, 113 u., 114, 118 r.*

Der Baumeister X/1912 *211 u., 212 u.*

Deutsche Bauzeitung Nr. 73/1925 *204 u.*

Drabek, Kurt (Privatbesitz) *53 o., 55 o., 205 u.*

Eldorado. Berlin (1984) *182 l.*

Femina, Programm vom Mai 1939 *160*

Gabriel, Hildegard (Privatbesitz) *85 o.*

Heling, Jonny (Privatbesitz) *166 u.*

Heimatmuseum Berlin-Wilmersdorf *214 u., 215 u.*

Innendekoration, Jg. 1927 *33, 34, 36*

Kleve, Hans Werner (Privatbesitz) *215 o., 217, 218, 219, 220*

Kludas, Erich (Privatbesitz) *82 o.*

König, Hedwig und Josef (Privatbesitz) *127, 128 o., 134, 137 l., 141, 142, 143, 144*

Kutschenbauer, Regina (Privatbesitz) *95 u., 98 r., 99, 100, 101, 102, 103, 104, 105 o.*

Landesbildstelle Berlin *25, 32, 72, 74 o., 116*

Alle übrigen Abbildungen stammen aus der Sammlung des Verfassers.

Namensregister